中国帰国者をめぐる包摂と排除の歴史社会学

境界文化の生成とそのポリティクス

「中国帰国者」の境界文化
国民の包摂と引揚
不完全な国民統合
もう一つの包摂物語
忘却と想起の痕跡
支配的物語の生成
境界の集合的構築
境界文化の政治学
生成的な境界文化

南　誠　MINAMI Makoto

明石書店

アメリカの世界――それは、黒人に真の自我意識をすこしもあたえてはくれず、自己をもう一つの世界（白人）の啓示を通してのみ見ることを許してくれる世界である。

―デュボイス―

グローバル社会が到来すれば、この（確固たるアイデンティティを探し求める）プロセスもようやく止まるだろう。そこでは、さまざまなアイデンティティがたえず交わり、互いの境界がいつまでも移り変わり続けるからである。強固なアイデンティティを切実に求めれば求めるほど、アイデンティティが崩れ去っていくというのは、まさに皮肉なことである。

―ジョック・ヤング―

目次

まえがき

「中国残留日本人」「中国残留孤児」「中国帰国者」を知っていますかと、今の大学生に問いかけても、ほとんどの学生は手を挙げない。手を挙げた学生も言葉だけ知っていても、詳しくは知らない。中国残留婦人を祖母に持つ筆者は大学で職を得てから、機会のあるごとに、学生に問いかけてみた。しかし反応はけっして芳しくない。もちろんこれはけっして今の若い大学生に限った話ではない。当事者である筆者でさえも、かつては（今でもというべきかもしれないが）詳しく知らなかったのである。それがこの研究を始めたきっかけでもあった。

中国帰国者当事者として、中国帰国者を研究するのはごく自然な流れだと思われがちだが、筆者の場合はけっしてそうではなかった。筆者が実際中国帰国者研究を始めたのは、中国帰国者に向けられたまなざしに気づいたときである。それは、大学院の修士課程に入学し、二一世紀に入ってから二〇〇一年以降の出来事に過ぎなかった。それまでの筆者は自分たちのことを華人・華僑だと考えていた。もちろん「日本人」の祖母を持つ混血の華僑としてである。しかし中国残留日本人と中国帰国者をめぐるまなざしが自分たちに向けられていたことに気づいたとき、中国帰国者の社会的存在と今後の生き方について考えるようになった。そうした疑問は下記の通り、二〇〇三年の京都大学大学院博士後期課程への編入学受験時の願書の一文に集約されている。

「中国帰国者」のひとりとして、その歴史に参与し、自らの主体性を明らかにするために、「中国帰国者」がいかに過去を総括し、現在の位置を見定め、未来への方向を設定しうるかについて考えていきたい。

言うまでもないことだが、この問題は本書のなかで解決できたわけではない。なおこれまでの中国帰国者をめぐるまなざし――戦争犠牲者と棄民――が所与として扱われてきたのに対して、本書がそれらを研究俎上に載せたことは一歩前進したと言えよう。

正確な統計データはないが、今日の日本には一〇万人以上の中国帰国者が生活している。これまでの日本社会では一般的に、中国帰国者が戦争犠牲者や棄民といった言説によって認識され、特殊な事例として扱われがちであった。そのため、他者化の力や差別的なまなざしが生じやすい構造であったことは否めない。このことは、中国帰国者をめぐる研究の成果が、現代を生きる人びとに共通する問題を解決する上で、充分に生かしきれていない一つの現れでもある。これに鑑み、本書は中国帰国者を包括的に研究するための分析枠組みを提示したうえで、マクロ、メゾ、ミクロの多元的な社会領域にかかわる多様なデータの分析を通して、既存研究では説明し得なかった豊かな生活世界を浮き彫りにしつつ、中国帰国者を単なる特殊な事例（戦争犠牲者と棄民）ではなく、近代社会を生きる人びとが持つ普遍的な問題（境界文化）として捉え直すことを試みる。

中国残留日本人の国家賠償訴訟運動が二〇〇八年に終結してから、中国帰国者と日本社会との関係を見直す動きが日本各地で展開されてきたが、六年以上経った今でも、その方向性が見出せたとは言いがたい。また中国帰国者に対する社会的まなざしもけっして国家賠償運動を通じて、充分に改善されたとは言えない。そうした社会環境のなかで、中国帰国者と日本社会との新たな関係構築の方策を模索するにあたり、中国帰国者一世を含めた歴史・社会問題の総括と現在の立ち位置を再確認するのに、中国帰国者問題を普遍的な問題として捉え直そうとする本書を通じて、何らか新しい知見と展望が導き出されることを筆者は切に願っている。さらにこれまで一国単位で論じられがちだった中国帰国者研究をトランス・ナショナルでクロス・ボーダーな世界へと架橋し、その国際的な学術交流を促す起点になることにも期待を寄せている。

もちろん今日の日本社会には、「内なる他者」としての中国帰国者だけではなく、中国系の華僑・華人、在日朝鮮・韓国人、ブラジル人、フィリピン人とペルー人も多く住んでいる。国立民族学博物館で日本の外国籍住民の特別展示（二〇〇四年三月二五日から六月一五日）を開催する際に、本来ならば「多民族日本」と標記するところ、そうした日本社会の多様性を表すために「多みんぞくニホン」という言葉を用いた。筆者も本特別展示の企画と開催に関わり、中国系住民の一つとして「中国帰国者」のコーナーを担当した。この特別展示に関わったことで、日本社会に住む外国籍住民の多様性をますます痛感するようになっていった。そうした「多みんぞくニホン」の現状に鑑みると、本書で論じた中国帰国者という事例は、国民とエスニシティとの分岐メカニズムに関して国民のあいだで再考を促す契機を提供し、日本社会で生活する多様なエスニック・マイノリティへの理解を深めるとともに、他者の受容と日本型共生社会の構築にむけた構想や実践に貢献することも期待されよう。

序章

「中国帰国者」の境界文化

社会学的決定論のもとでは、どんな粉飾が施されようと、人間は環境や状況によって決定される操り人形に過ぎない、ということになってしまう。いくら、人間には自発性があると言葉で飾っても無駄である。生成の論理を適用しない限り、自発性なる語はどんな内容をも指示することができない。

―作田啓一―

今日のグローバル社会において、人やモノの越境はけっして珍しくない現象になりつつある。しかしそうした脱領域的な越境は、ナショナリズムをかえって強化している[1]。また近代の国民国家の形成から今日のグローバル社会に至るまで、そうした越境は常に国民国家の管理対象として扱われてきた。国民国家の形成やその境界が変動するたびに、人びとをめぐる包摂と排除が行われ、国民像と相容れない人たちが排除されていく。それらの人びとは移民／難民として越境し、特定の国民国家のなかでエスニック・マイノリティ化される。本稿の研究課題は中国帰国者を事例として、植民地時代からポストコロニアルに至る過程において、国民国家の包摂と排除によってエスニック・マイノリティ化された人びとの生活世界にアプローチすることである。これを通して、中国帰国者を「戦争犠牲者」という特殊な事例ではなく、近代社会を生きる人びとの一般問題として捉え直すことを試みる。

一　「中国帰国者」の問い

（一）本稿の問題意識

「やっと日本人になれた」。
「ようやく日本人と認めてもらった気がする」（『毎日新聞』二〇〇七・七・八）。

二〇〇七年七月、「中国残留邦人等支援策」の改善が本格的に検討されるのを契機に、二〇〇二年から始まった中国残留日本人の国家賠償訴訟運動が収束に向かった。当時の新聞は、中国残留日本人孤児の笑顔とともに上記の言葉を掲載した。支援策の改善を政治的解決で獲得したという観点から言えば、訴訟運動は一定の成果を得られたと評価できる。実際二〇〇八年四月より「改正中国残留邦人等支援策」の施行によって、中国残留日本人の生活がある程度改善されたのも事実である。だが一見円満な解決／和解を成し遂げた国家賠償訴訟ではあるが、上記の言葉があるように、多くの問いかけを発し続けている。

そもそも中国残留日本人孤児のいう「日本人」とはどのような人間を指し、それを管理し認定する権利はいかなる人間／機関にあるのだろうか。なぜ中国残留日本人と呼ばれる人たちが「日本人」を認めてもらわなければならなかったのか。また「気がする」という言葉は日本人への同一化ではなく、むしろ日本人との微妙な距離感を表しているのではないのか。これらの問いは個人と国家、個人と社会との関係を研究視角に入れて考察することで、はじめて明らかにされる。また中国残留日本人が歩んできた歴史的経緯を考えれば、近代的な国民国家建設プロジェクトを試みる日中両国のパースペクティヴから考察すべき課題でもある。しかし中国残留日本人は戦争被害者で「日本人であること」を前提に議論されがちであったため、彼（女）らが歩んできたマクロな歴史／社会環境は充分に議論されてこなかった。

また政治的解決による華々しい和解劇の背後には、中国残留日本人に関する差別的なまなざしが依然存在していることも看過すべきではない。二〇〇七年三月から四月までのあいだ、京都原告団帰国者二世・三世のホームページの掲示板には、以下のようなコメントが書き込まれた[2]。

残留孤児よ、自分達が努力もしねえくせに国のせいにしてんじゃねえぞ。

自分で努力しなさいよ。国に頼らないで！　手も足もあるし。

ここからふたつの問題がうかがえる。一つは「努力もしねえ」というコメントから分かるように、中国残留日本人の「貧困」問題がいかなる歴史的背景や社会構造によって生み出されたのかはまったく問われずに、個人レベルのみで解釈されていることである。もう一つは、中国残留日本人が「努力もしねえ」受け身的な存在として捉えられたことである。このような見方は、社会的に流通してきた犠牲者的な言説（戦争被害者と棄民）と大きく関係している。つまり中国残留日本人が「日本人である」ことを訴えるために、喪失の物語が強調されてきたがゆえに、常に受動的に自己を表象してきたからである。そこには、主体的に生きてきた生活世界が描かれていない。そうした受動的な姿がネガティヴに捉えられ、批判的なまなざしに変わったのであろう[3]。

また中国残留日本人に好意的な理解を示す人が、無意識ではあるが、犠牲者的な言説に囚われて当事者の語りを聞き漏らしてしまうこともある。中国残留婦人佐藤はるの話を聞き取り、その家族を「今なお望まぬ家族」（大越 二〇〇九：一五九）であると解釈した大越葉子の聞き書きが一事例としてあげられる。こう解釈したのは、犠牲者的な観点が強いがゆえに、一時堕胎を試みようとした佐藤の語り（大越 二〇〇九：一一八）のみが聞き取られ、その家族を受け入れた語りが落とされてしまったからであろう[4]。このように、中国残留日本人は多くのことを語っているが、それらは必ずしも聞き取られていない[5]。

以上のふたつのまなざしはいずれも、犠牲者的な見方によってもたらされた意図せざる結果であると言えよう[6]。そのなかでは、主体的に生きてきた当事者の姿は必ずしも描かれない。当事者の語りは常に、聞く／解釈する他者の枠組みによって取捨選択されてしまっている。こうした社会的な関係の特質に起因する構造的差別（三浦 二〇〇六）を考えるにあたって、まずその構造の歴史／社会的構築を明らかにしておく必要がある。それは、中国残留日本人の子孫を含む中国帰国者にとっても、重要な問題である。

以上のような問題意識から、本書は中国残留日本人や中国帰国者を歴史／社会的構築物として捉え、その構築過程での包摂と排除によって形成された境界に焦点を定めて、議論を展開していく。こうした作業をもって、中国帰国者をめぐる社会構造の歴史／社会的構築をまず明らかにしていきたい。また境界をめぐる個々人の生と構造的要因とを一つの社会過程として把握し、その表象と実践を分析することで、境界をめぐる実践の諸相を浮き彫りにしていく。以上の分析作業をもって、従来の犠牲者的な喪失の物語を脱構築しつつ、生成的な観点から中国帰国者の生活世界を捉えるための道筋を呈示することが本稿の最終的な目論みである。それは結果的に構造の歴史／社会的構築を明らかにするだけでなく、そうした構造内の合理性や合法性に隠された暴力を感知する（冨山二〇〇二）ことで、想像力の場の再・発見／設定につながる課題でもある。

（二）用語説明

本論に入る前に、本稿の研究対象や用語について確認しておきたい。中国帰国者をめぐる諸呼称はいずれも日本社会との関係において、付与されたものである。本来ならば、「」をつけるべきだが、本文中では引用を除き、「」を外す。

「中国帰国者」：一九七二年の日中国交締結以後に日本へ永住（帰国）・定住するようになった中国残留日本人とその家族のことを指している。一九八〇年代に入ってから、これらの人びとの日本での定着や自立を促進するため、支援策が講じられた際に用いられ始めた呼称である。「中国帰国者定着促進センター」「中国帰国者自立促進センター」や「中国帰国者支援・交流センター」といった支援施設が設置されている。ただし、これらの施設は原則として国費の帰国者のみを支援対象としていた。

「中国残留日本人」：戦前あるいは戦中の時期に、中国大陸へ渡り、戦後長い間中国で「残留」し、日中間に国交が締結されたのを契機に日本へ永住帰国するようになった人たちのことを指す。この呼称は、民間団体の社会運動によって用いられ始めたものである。そこには、中国残留日本人を忘却してきた日本政府の政策に対抗する意味合いが込められている。こういった観点から、筆者は引用する場合を除いて、中国残留日本人を用いる。

「中国残留日本人孤児」：右記の中国残留日本人のなかで、敗戦時一三歳未満の人をさす呼称である。一般的には、

「中国残留孤児」と表現される場合が多い。この呼称が普及したのは、一九八一年の訪日調査が開始されてからである。

「中国残留婦人」：上記の中国残留日本人孤児の年齢基準を超えた者のほとんどが、一三歳以上の女性であったことから生まれた呼称である。一九八〇年代半ば頃から、中国残留婦人を救済する社会運動が展開されるなかで定着した呼称である。なお一三歳以上の男性を呼ぶ呼称として、「中国残留邦人」が使われる場合もある。

「中国残留邦人等」：「中国残留邦人等の円滑な帰国の促進及び永住帰国後の自立の支援に関する法律施行規則」（一九九四年）が議員立法されたように、中国残留邦人は公的用語として定着している。それは民間団体の中国残留日本人に取って代わって、名付けられたものである。こういった名付けには、日本政府の統合政策の意図が含まれる。「海外にいる日本人」をさすことの多い言葉「邦人」を用いることで、中国にいる日本人の存在を自然化しようとしている。民間団体が対抗的に用いた法的主体性を強調する「日本人」が無力化されている。また民間団体が日中国交締結以後も中国に「残留」している日本人を呼んでいるのに対して、日本政府は一九四五年の敗戦時を区切りの時間にしている。ただし、実際の公的な統計データは、一九七二年以後に帰国した人のみを対象としている。

「残　留」：「残りとどまること」を意味している。「残留する」と通常使われるため、そこには能動的なニュアンスが強いとして、多くの批判を招いた表現である。なお残留という表現は、戦後処理の書類のなかに頻繁に出てくる言葉であり、それは単に能動的なニュアンスだけではなく、「残留を余儀なくされた」といった表現もあるように、一見矛盾したふたつの意味が含まれる。

「中国帰国者二世・三世」：中国帰国者のうち、中国残留日本人が一世として位置づけられるため、その子孫が中国帰国者二世・三世と呼ばれている。

「未帰還者」：戦後海外に取り残された日本人をさす言葉である。未帰還は、帰還してくることを前提に用いられた言葉である。そのため、戦後の日本政府は「未帰還者留守家族援護法」（一九五三年）や「未帰還者特別措置法」（一九五九年）の一連の政策を講じてきた。これらの法律は帰還問題だけではなく、留守家族に対する援護策、行方不明者の調査といった問題をも規定している。

「引揚者」：引揚事業によって日本に帰還した人のうち非戦闘員をさす言葉である。一方の軍人は復員者（復員兵）と呼ばれている。なお一九七二年以降、日本に永住帰国した人は中国残留日本人と呼ばれているため、それ以前に帰還した人は引揚者である。

引揚事業に関しては、本文中で詳述するが、分析の便宜上、筆者は一九七二年以前に帰還した人を、前期集団引揚者（一九四六年～一九五〇年）、後期集団引揚者（一九五三年～一九五八年）、個別引揚者（集団引揚者以外の人、主に一九五九年～一九七一年）と区別して呼んでいる。

二 「中国帰国者」の先行研究

（一） メディアの取り上げ方

中国帰国者の日本への永住と定住は、一九七二年の日中国交締結と一九八一年の中国残留日本人孤児の訪日調査の開始を契機に始まった。中国残留日本人孤児の訪日調査が活発に行われるなか、国家や家族に捨てられ、異国の地で敗戦国民／敵国民として生活してきた中国残留日本人孤児の姿や肉親再会の場面がメディアによって大きく取り上げられ、人びとの涙を誘った。そのようなメディア空間において、中国残留日本人の「戦争被害者」

「棄民」という犠牲者的な見方が形成され再生産されたのである。中国帰国者研究は、こうしたジャーナリスティックな捉え方に対して[7]、日本社会のエスニック・グループが注目されるようになった一九九〇年代に入ってからようやく始まった。

先行研究を検討する前に、ここではまず一九九〇年代までのあいだ、中国帰国者がどのように把握され表象されていたのかを新聞／雑誌記事、テレビ番組と書籍を基に説明しておきたい[8]。これらのメディアの取り上げ方は、当時展開されていた社会運動と大きく関係していた。社会運動との関連は本論中で詳述するが、ここではとりわけ、メディアの取り上げ方として顕著に現れる祖国と家族、歴史的形成や日本社会での適応という三つの表象について敷衍する。これらの表象によって、中国帰国者の認識枠組みが作られていった。

第一に、祖国と家族に関する表象である。中国残留日本人の日本への帰国は日本社会にさまざまな感傷を呼び起こし、多くの涙を誘った。それは「祖国への帰国」の物語であり、親子の再会劇であった。日本へのノスタルジックな感情や、中国で背負わされた「敵国人」の烙印による被害などが物語の中心を占めていた。泣きながら「なんで、もっと早く探してくれなかったの」と親に問い詰める孤児と、答えられずに悔し泣きする親とが抱き合っている姿がテレビや新聞の紙面を飾り、それに感動を覚えた人が少なくなかった。こうした祖国や家族をめぐる語りは、中国残留日本人の物語を構成する重要なプロットとなっている。

第二に、歴史的形成に関する表象である。中国残留日本人の形成原因は、かつての「満洲国」や敗戦直後の「満洲」の混乱状況に求められた。一九四五年八月九日、ソ連が満州に侵入した際、国策として渡満した満洲移民は、関東軍の保護を受けることもできずに、男子が召集され、老弱婦女子だけの混乱した「逃避行」のなかで、「中国残留日本人」は現地の人に助けられたり、もらわれたり、売られたり、現地の人と結婚したりなどのかたちで現地の家に入っていった。こうした敗戦直後の悲惨な状況下で、「中国残留日本人」が生まれたと把握されていた。

しかし敗戦直後の悲惨な状況が克明に描かれているのに対して、戦後の視点が欠落している。

第三に、日本社会での適応に関する表象である。中国帰国者の存在を感傷的に捉えるのではなく、その実態は帰国というよりも「移民」であると指摘する人もいる。そう考えるのはけっして無理なことでもない。約三〇年ぶりに帰国した中国残留日本人は日本語を忘れ、「浦島太郎」的な存在になっていた。はじめて日本の土地を踏む人も少なくない。一緒に帰国した家族は中国で生まれ育ったため、日本社会をまったく知らないだけではなく、日本に対する思いもさまざまである。配偶者のなかには満洲時代に日本語を習った者や、日本人と接触したことのある者もいる。このような配偶者の日本社会への適応は簡単にできるとも考えられたが、実態は違っていた。配偶者の記憶は日本に対する憧れ・親しみの感情よりも「侵略」の痕跡のほうが深かった。こうした感情は、ときには配偶者の日本社会への適応を阻んでいる。また一緒に来日した子ども達も日本の学校や社会への適応に苦しみ、もがいている。このように、中国帰国者の日本社会への適応はけっしてやさしいものではない。「祖国への帰国」の物語だけに収まらない問題性を中国帰国者は抱え込んだ。そのため、日本社会が感傷を覚えたのも束の間、国際化やエスニシティの問題が注目されるのとも相まって、日本社会に馴染めず適応に苦しむ中国帰国者の姿が取り上げられるようになった。

帰国した日本人のはずだった中国帰国者は中国的な考えを持っていた。そのような中国帰国者が日本社会への適応に戸惑い、苦渋している姿がメディアによって描かれた。生活してきた文化、社会システムの違いから生じる摩擦が、中国帰国者の生活をさらにどん底に陥れている。こうした摩擦は日本人の目には理不尽とさえ見えるような出来事として克明に記録されている。このようなジャーナリズム的な報告は、中国帰国者の理解を深める一方、必要以上に日中間の習慣の違いが強調されるため、ときにはオリエンタリズム的なものになってしまっている（姜（麦）二〇〇〇）。

以上の祖国と家族や歴史的形成の表象によって、中国残留日本人は「戦争被害」を被り「棄民」となった日本人、戦後の中国で祖国日本を思い家族の再会を祈願しながら、波瀾に満ちた中国社会の変動を生き抜き、やっとの思いで永住帰国した日本人として描かれた。祖国日本に対する思いが強調される一方、共産主義国家中国はノスタルジアとしての祖国日本の対立軸として、かつての戦争における被害者と加害者の構図で解釈され、中国残留日本人の生を抑圧する存在として表象された。このような表象は、一九八〇年代以降の日中両国の歴史認識をめぐる対立によって増幅される一方、日中友好の象徴として中国帰国者が表象されていったことで、とりわけ問題視されることがなかった。また第三の日本社会での適応に関する表象によって、中国帰国者が周縁化された事実が明らかになったのと同時に、その周縁化がさらに固定化されていったのである。

(二) 日本における「中国帰国者」研究

ジャーナリズムの世界でしか捉えられてこなかった中国帰国者問題は、その後ポスト・コロニアリズム的視点からの植民地や戦争体験研究についての世界的な展開、そして日本におけるニューカマーの外国人を対象とするエスニック・スタディーズの盛況を背景に、次第に学問の世界でも注目されるようになった(蘭 二〇〇〇:六)。実際、中国帰国者に関する学術的研究が出版されるようになったのは、一九九〇年代に入ってからであった。主要な学術書として、蘭信三著『「満州移民」の社会学』(一九九四)、江畑敬介ら編著『移住と適応』(一九九六)、蘭信三編『「中国帰国者」の生活世界』(二〇〇〇)、呉万虹『中国残留日本人の研究』(二〇〇五)や蘭信三編『中国残留日本人という経験』(二〇〇九)が挙げられる。

中国帰国者研究のパイオニア的な存在である蘭(一九九四)は中国残留日本人を満洲移民の延長線上に位置づけて、ある中国残留婦人の聞き書きを基にその体験の特性を抽出して、中国残留婦人のアイデンティティについて論じた。その後の蘭編著『「中国帰国者」の生活世界』(二〇〇〇)では中国残留婦人の聞き書きだけではなく、中国帰国者の生活実態、中国帰国者二世・三世の適応問題などをも取り上げ、社会学、文化人類学、教育心理学や日本語教育といった学際的な研究を行った。日本社会における中国帰国者の姿に焦点を定める蘭の研究に対し、呉(二〇〇四)は蘭が抽出した分析枠組みを援用しつつ、中国側の視点も取り入れながら、中国残留日本人の移住とアイデンティティとの関係を論じた。

これらの研究は中国帰国者に対する認識を深めてきたとはいえ、ジャーナリスティックな観点をそのまま引用し、中国帰国者が形成した歴史的経緯や、生活世界と個々のアイデンティティを規定する社会構造には無関心に等しかった。[9] また蘭の研究は、中国残留婦人の「祖国の語り」を前提に議論を展開したため、中国残留日本人孤児に対する配慮はけっして充分だとは言えない。[10] その分析枠組みを引用した呉の研究もそれを超えることができていない。さらに、呉の研究は中国残留日本人孤児に注目したとはいえ、そのデータは実際の聞き書きではなく、メディア(TV、著書など)に登場する事例をそのまま引用している。[11] 実際の当事者の主体的選択や定住先の変化を捉えているとは言いがたい。

さらに当事者の語りを基にアイデンティティを論じる研究(蘭 一九九四;時津 二〇〇〇;山下(知)二〇〇三;呉 二〇〇四;張 二〇〇九など)も多い。こうした研究は、大きくふたつの立場からなされてきた。一つは、中国残留婦人が「日本人」であることを自明の前提として、日本人アイデンティティの保持に焦点を定めた日本人研究者の立場(蘭 一九九四;時津 二〇〇〇)である。これに対して、中国残留日本人は「日本人」としての要素だけでなく、「中国人」または「日中人」といった複数文化的なアイデンティティを有することを見出そうとする中国人研究者の立場もある(呉 二〇〇〇;張 二〇〇九)。

ただし、こうした一見対立するふたつの立場の研究は、いずれもそのアイデンティティを構築する社会構造や権力関係を、充分に明らかにしていない。またそれらは、一九七〇年代以降のメディア・社会運動・法制度によって生み出された物語を所与としたため、必ずしも当事者の生きた語りや生活世界をふまえたものではない。そこで当事者はしばしば外部から定義される受動的な客体とみなされ、自ら状況を定義して生活世界を能動的に創造する主体としては捉えられてこなかった。戦後長い間中国で生活してきた彼（女）らの生活世界も、戦争加害者と戦争被害者の二項対立的な構造のなかで、中国は祖国を求める語りのネガティヴな要素として排除され、議論されることはなかった。

こうした研究状況を招いたのは、端的に言えば、ジャーナリスティックな捉え方を所与として扱ったからである[12]。当事者の語りやそれを生み出す場に関する分析枠組みが構築されなかったのも、その一因として考えられる。蘭の研究は概ね公の場を前提にしており、それ以外の場における当事者の語りが看過されている[13]。また中国残留婦人佐藤はるの語りをめぐって山下は語りの変化に気づいたものの、語りの場を「一期一会」（山下（知）二〇〇九）として捉えただけで、それ以上の議論を展開していない。

なおジャーナリスティックな捉え方の問題性は、まったく研究されなかったわけではない。その例として、中国帰国者の表象は典型的な「オリエンタリズム」であることを喝破する姜（麦）二〇〇〇：三〇四）の研究が挙げられよう。この指摘は筆者も賛同するところである。既存研究において、中国残留日本人が生活していた中国社会の実態を顧みないのは、まさにこのようなオリエンタリズムが影響しているからである。しかし姜の議論は、中国帰国者の表象を題材に日中両国の相互認識の構築を主題としたため、表象のなかでの中国帰国者の位置づけという視点が欠落している。姜のいう「種的同一性」「人種的アイデンティティ」よりも、むしろ中国帰国者がいかなる「国民」あるいは「人間」として位置づけられたかが看過されているのである。

このほか、中国帰国者をニューカマーとして扱った研究（奥田・田嶋 一九九一；田嶋 二〇〇八など[14]）や、日本社会での適応問題に照準を合わせた研究も多くある（鄭 一九九八；鈴木 一九八八；趙萍・町田 一九九八、一九九九など）。なかでも、江畑らの研究は精神医学の観点から中国帰国者の日本での適応問題について考察し、多くの有益な視点を提起している（江畑ら 一九九六）。また浅野・佟の研究は、中国残留日本人孤児を養育した養父母の問題や、兵庫県在住の中国残留日本人に対する面接調査のデータを基に「戦争被害」の実態や日本への永住帰国／移住を促す要因を解明しつつ、「日本人」の枠に収まらない中国残留日本人孤児の姿や、中国残留日本人がもつ批判的普遍性を明らかにしている（浅野（慎）二〇〇六、二〇〇八；浅野（慎）・佟 二〇〇六、二〇〇八）。さらに、ジャパニーズ・ディアスポラ文脈のなかで帝国時代の「海外日本人」と帝国崩壊後の「海外日本人」を取り上げ、中国残留日本人を論じた玉野井の研究（玉野井 二〇〇六）や、満洲農業移民開拓団に注目し、中国残留日本人孤児の家族に焦点を定めた趙（彦）二〇〇七）の研究がある。

さらに特筆すべきなのは、日本における中国残留日本人研究の総決算を目指した蘭編著『中国残留日本人という経験』（二〇〇九）である。本書では、中国帰国者（中国残留日本人）を見る際の多角的な視点（歴史、国際関係、日中双方、満洲移民から日本への帰国までを対象としたライフヒストリー、ナショナリズム、日中双方の都市・農村でのグローバル化と彼（女）らの日本帰国との関連、諸外国の事例から中国残留日本人を相対化する比較社会学）がまとめられ、示唆に富む書物である。しかし本書はこれまでの研究の多くをそのまま収録しており、上述した既存研究の欠点を克服したとは言いがたい。

（三） 中国における「中国残留日本人」の捉え方と研究

一方、戦後の中国では、取り残された日本人が「日僑」[15]として位置づけられていた。日中国交締結や訪日調査の開始を契機に、彼（女）らの存在が中国社会でも注目を浴びるようになった。だが研究成果やジャーナリスティックな書物が本格的に出版されるようになったのは、一九九〇年代に入ってからである（梅 一九九一、二〇〇四；完顔 二〇〇四；曹 一九九八；関・張 二〇〇五；王 二〇〇四等）。これらの書物を検討する前に、戦後の中国にいた日本人はどのように把握されていたのかを振り返ってみたい。

中国の権威的な新聞『人民日報』の掲載記事に関する統計を手掛りに辿ると、中国と関わりを持つ日本人に対してさまざまな呼び方が存在していた。日本語の中国残留日本人孤児に相当する「日本遺孤」や「日本孤児」が使われるようになったのは、一九八〇年以降である。日本での用語形成や定着をともなって、輸入されたものである。一九八〇年代までには、在華日本人、戦犯、日俘や日僑といった用語が使われていた。これらの用語はそれぞれの意味を持っている。

「在華日本人」とは、戦時中に自ら進んであるいは捕虜となってから「日本人民反戦同盟」「日本人民解放連盟」に参加した日本人を指す[16]。戦犯とは戦時中、中国で罪を犯し、捕虜となった人やソ連から引き渡された日本軍人である。日俘とは終戦直前に捕虜となった日本軍人、日僑とは一般居留民を指している。このほか、中国政府の要請を受けて、技術者として留用した日本人もいる。彼らは一時期「留用者」と呼ばれていたが、一九五〇年代以後日僑に一括され管理されるようになった。だが留用者の存在は、日本人を利用して戦争をしたという批判があったため[17]、中国政府はこれまで公的な言及を避けてきたと思われる。なお、二〇〇〇年以降、留用者を取り上げた『新中国に貢献した日本人たち』（中国中日関係史学会 二〇〇三、二〇〇五）が中国で、『「留用」された日本人』（NHK取材班 二〇〇三）が日本で出版され、注目を浴びるようになった[18]。

戦後中国で生活する中国残留日本人の存在は、とりわけ注目されることがなかった。管見の限り、日中国交締結を契機に、戦後中国にしばらく「残留」したが、それ以前に日本へ永住帰国した日本人の存在（後期集団引揚者）がまず注目されたのである。たとえば、一九五〇年代に日本へ帰国した日本人孤児を題材に撮影された映画『桜』

は一九七九年に上映された。その主題は日本軍国主義批判や「四人組」[19]への批判、古くから存在する中日人民の友好を讃えることであった。『将軍と孤女』（一九八二年）は、戦時中日本人孤児を救った八路軍将軍が日中国交締結以降に孤児と再会した物語をまとめている。その後、中国残留日本人孤児の訪日調査の開始とも相まって、一九九〇年代に入ってからは映画『清涼寺鐘声』（邦名：乳泉村の子、一九九一年）、『離別広島的日子』（邦名：大草原に還る日）が放送され、中国残留日本人の存在が注目を浴びるようになった。総じて言えば、これらのメディアの取り上げ方では、中国残留日本人は日本軍国主義者の侵華戦争の産物で、中国人民と同じく戦争犠牲者であり、日中友好のために貢献した存在として描かれている。[20]このような捉え方は中国における中国残留日本人（日僑）研究にも用いられた。

中国における「日僑」研究は、主に歴史学の視点から行われた。日本の侵略戦争、偽満洲や満洲移民開拓団という視点から記述された政治協商委員会文史資料委員会『夢砕満洲』（一九九一）や、戦後の混乱や引揚げのプロセスに言及した梅（一九九一、二〇〇四）や完顔（一九九五）の研究がまず挙げられる。またそうした歴史において、中国残留日本人孤児を預かった養父母の存在に着目し聞き取り調査を行ったものとして、曹保明『第二次世界大戦収養日本遺孤紀実』（一九九八）がある。また歴史的な観点とは別に、中国での生活実態と日中両国につながりを持つ中国残留日本人孤児を描いた馮興盛『情糸華桑』（一九九七）や、中国での成功事例をまとめた湘湘『中国で成功した残留孤児たち』（二〇〇六）などもある。[21]

これらの研究の集大成とも言うべきものとして、関・張の『中国残留日本人孤児に関する調査と研究』（浅野〔慎〕監訳 二〇〇五＝二〇〇八）がある。同書は満洲移民の歴史的経緯、戦後の逃避行といった史実をふまえた上で、中国残留日本人孤児を養育した過程や、中国残留日本人孤児らの肉親捜しと永住帰国、その後の生活をまとめている。当事者への聞き取り調査だけではなく、黒竜江省、吉林省、遼寧省や内モンゴル地域の公安局に所蔵されている档案（資料）を用いて分析された点が、同研究の特筆すべきところである。

さらに日本に永住帰国した中国残留日本人孤児に関する研究として、江畑らの研究を翻訳した『日本孤児移居日本後的異文化適応』（曾ら 一九八八―一九九六）のほか、王歓[22]『帰根』（二〇〇四）がある。江畑らの研究は中国人学者との共同研究で、日本に永住帰国した中国残留日本人孤児とその家族の適応を追跡調査している。一方、王は社会心理学という立場から、日本人というルーツを持つが故に生じる日本社会での適応の難しさや失敗を考察し、日本と中国のふたつの文化周縁を生きる「血縁辺際人」（血統的マージナルマン）としての中国残留日本人孤児の姿を描き出している。

以上のように、中国における中国残留日本人研究もメディアで取り上げられ、そのなかで作られたイメージが先行していた。それらの研究成果によって、中国残留日本人の歴史的過程や、中国における彼（女）らの生活実態が明らかにされていったが、日本と同じくジャーナリスティックな捉え方を所与としたため、戦争の記憶[23]が彼（女）らを捉える大きな枠組みとして固定化されてきた。そのため、中国帰国者をめぐる社会構造はほとんど議論されることがなく、彼（女）らを能動的に創造する主体として捉えることができていない。

こうした既存研究の欠点を顧みて、本論はまず従来正面から論じられることのなかった中国帰国者の歴史という主題を取り上げる。中国帰国者が満洲移民の延長線上にあるという見方が多かったのに対して、満洲移民との連続性ではなく、その断続性に注目して研究分析を行う。またこれまで中国帰国者を理解するための資料として扱われてきたジャーナリスティックな言説や社会運動のロジックをも研究俎上に乗せ、国民国家論や法制度といった観点から歴史社会学的に議論を深め、中国帰国者をめぐる包摂と排除の力学を明らかにしていく。これらの作業を踏まえて、中国帰国者の越境する生活世界とそれを規定するマクロな社会構造を一つの社会過程として捉え、当事者による多様な場での実践の分析を通じて、中国帰国者の創造的な主体性へのアプローチを試みる。

三　本研究の分析視角と枠組み

（一）包摂と排除の歴史社会学的試み

人やモノのグローバル化が顕著な現代において、国境の壁が低くなったとはいえ、差異と統合を固定する装置としての国民国家は依然として機能し続けている。国民国家は、包摂と排除、記憶と忘却を通じて国民のなかにナショナル・ヒストリーを構築し、その共同体を想像していく。こうしたなかで差異化され、社会の周縁を生きる人たちがいる。中国残留日本人やその子孫を含めた中国帰国者はその一例である。

今日、中国帰国者は「日本人であること」を政治的言説として用いる中国残留日本人がいる一方、社会における中国文化の表象によって、その存在は日本社会の周縁を生きるエスニック・マイノリティとして顕在化しつつある。このように、ナショナリズムやエスニシティが乖離する境界に位置づけられる中国帰国者であるがゆえに、問われるべき存在意義を内包している（梶田 一九九九）。その問いかけは今日の日本や中国という国民国家の空間に止まらず、近代化や今日のグローバリゼーションが孕む問題にも向けられる。

既存研究では中国帰国者や中国残留日本人を所与として扱ってきたのに対して、本論はそれらを歴史／社会的に構築されたカテゴリーとして捉える。それはけっして自然発生的なものではなく、日本という国民国家とのかかわりで、歴史／社会的に創造されたのである[24]。既述の通り、これらの名称は一九七〇年代以降、日本というナショナルな空間において形成されたものである。本稿はカテゴリーの構築過程の解読を通じて、中国帰国者と社会との関係について考察を行っていく。これらのカテゴリーが構築されていく過程において、常にある種の境界線が引かれ、これを基準に包摂と排除が行われてきた。今日の中国帰国者を理解するには、まずこのような境界をめぐる包摂と排除の過程を歴史社会学的に考察することが必須である。

そもそも近代の政治は境界線によって支えられてきたと言われるほど、近代化のプロジェクトにとって境界線は重要な概念である。境界線には二通りの引き方がある。一つは空間に対する境界線、もう一つは人間の群れに対する境界線（杉田 二〇〇五：一四）である。このように、境界線は国民国家体制の確立を目指した、国境の画定と国民統合にかかわる問題である。自己と他者を区別する物理的境界と意味的境界は、近代的な価値そのものにかかわってくる。この境界線の論理によって、人びとが包摂／排除されていく。中国帰国者はまさしく、こうした境界線が引かれていく過程で包摂／排除されていった人びとである。それは過去と現在に渡って行われている。したがって、それに関する考察は二つのレベルからなされる。

第一の包摂と排除は、日本帝国の崩壊にともなって、ポストコロニアルにおける日本と中国の国民国家構築の過程で行われたものである。一九四五年から一九七二年までのあいだが考察期間となる。既存研究が問題視した敗戦直後ではなく、戦後空間に照準を合わせる。

戦後空間とは第二次世界大戦の終結後の時空間であり、多くの国にとってはそれが脱植民地化を意味していた。戦後の植民地の消滅にともなって、何らかの形で植民地に関わりを持つ人びとは改めて新興／再建した国民国家に包摂または排除されるようになっていた。それは植民地帝国の分解とアジア、中東、アフリカにおける新興独立国家の建設にともなう地球規模での移民の第四の波（Weiner 一九九五＝一九九九：五二）でもあった。しかし、日本は敗戦の結果、ポツダム宣言の受諾によって他律的に戦後の領土が決められたため、かつて植民地化した地域の脱植民地化への関与は無きに等しかった。そのため、戦後の日本においては、脱植民地化を自国の問題として省察することはほとんど行われなかった（三谷 一九九三：vii―viii）。そのような日本にとっての戦後とは、ひとえに、国民国家再建の一連の過程であった（西川 一九九八：二六四）。それは日本帝国臣民から日本国民へと境界を設定しなおす過程であり、それによって人びとの移動が管理された[25]。

第二の包摂と排除は、日中国交締結の一九七二年以後、中国に取り残された日本人の再包摂過程である。その家族を含めて、中国帰国者と呼ばれた人びとが日本社会において、包摂を通じて管理されながらも、フィヒテのいう言語や文化の同一性による内的国境によって排除されていく。この過程において、中国帰国者は社会の周縁に追いやられ、エスニック・マイノリティ化されていったのである。マイノリティとしての中国帰国者をめぐる包摂と排除に関する考察は、宮島と梶田が提起した分析枠組みが有効である[26]。

宮島や梶田の定義に従えば、マイノリティとは何らかの属性的要因（文化的・身体的等の特徴）を理由として、否定的に差異化され、社会的・政治的・経済的に弱い地位に置かれ、当人たちもそのことを意識している社会構成員を指している。こうした集団を研究するにはその存在を自明なものとして分析するより、むしろ彼（女）らをマイノリティ化する〈社会構造〉と〈まなざし〉の両方から検討すべきである（宮島・梶田 二〇〇四：二）。つまりマイノリティの従属的な位置を理解するには、入管法制、市場構造、資本や雇用の関係、さらに政府―政党―労組のあいだの決定構造を明らかにする構造的アプローチや、カテゴリー化や象徴支配の認識メカニズムを明らかにする文化・表象・意識のアプローチが必要である。そうしたアプローチによって、マイノリティの生き様の強さを単に言葉で美化するのではなく、マイノリティであるがゆえに自らの力ではコントロールできない社会的・政治的・文化的構造、およびマジョリティの「まなざし」の支配下に置かれた抑圧的な構造との相互行為を考察対象にすることが可能となる。相互行為の検討を通じて浮かび上がってくる姿こそ、マイノリティの「生き様の強さ」である。

包摂と排除はしばしば対立的な概念として捉えられるが、西澤が指摘するように、包摂と排除は対立するものではない（西澤 二〇一〇：二四）。社会における包摂と排除は常に絡み合って再生産されている。これに従って、本稿は包摂と排除を二律背反的なものではなく、国家、市場や社会において複雑に絡み合う、同時進行的なものとして捉える。また境界もけっして不変的な存在ではない。ジグムント・バウマンの「液体化する近代」を意識したヤングの指摘に従えば、それは頑丈で安定しているように見えるが、実際は不明瞭で、雑種混交化し、溶解する境界であり、確固たる空間的な拠りどころを失って久しく、文化と場所とがもはや不変ではなくなった文化的境界である（Young, J. 二〇〇七＝二〇〇八）。

（二） 境界文化への生成的アプローチ

中国帰国者は単に、歴史／社会的な包摂と排除によって創られたものではない。そこには、社会的構造とまなざしに順応／対抗しながら構築された当事者らが能動的に創造する生活世界が存在する。それはさまざまな境界――国境、国民、エスニック（少数民族）関係やマイノリティ――を跨がって構築された生活世界であり、個々人の生活戦略が凝縮されている。本稿では、そのような人びとの実践を境界文化と呼ぶ。境界文化は、境界を生きることによって生成する一方、その境界維持プロセスともなっている。また現代の支配文化からもれてしまいかねない文化でもある（桜井（厚）二〇〇五）。

すでに触れたように、境界の画定や境界をめぐる包摂と排除は、近代の特徴である。そうした近代という「ジャガノート」[27]に、人類は自己の選択の有無にかかわらず、乗せられている（Giddens 一九九〇＝二〇〇六）。境界文化とは、そうした近代の国民国家システムに埋め込まれた人びとの存在ではなく、むしろ境界によって作り出された統合化と差異化の過程を生きる人びととの実践文化を指す。[28] 明確な境界をもった本質主義的実体ではなく、そこにかかわる人びとと文化の相互交渉や浸透を通じて創造される異種混交のものであり、「同質化／消滅の語り」

ではなく、常に新しいものを獲得する「生成／創造の語り」（山下・山本 一九九七：二一―二四）である。そうした創造過程や対面空間において、文化を生きる主体が構築され、また文化が再構築されていく。

そのような境界文化を捉えるには、定着の論理ではなく生成の論理（作田 一九九三）が適している。[29] 生成的アプローチを用いることで、境界文化を分割することなく、総合的に捉えられる。また、研究対象者を予め何らかの属性あるいは分析概念によって絶対視することを回避できる。当事者が持つすべての所属関係を何らかの支配的なアイデンティティに服従させてしまうと、多様な人間関係がもっている力や幅広い関係を見失ってしまう（Sen 一九九九＝二〇〇五：四五―四六）。そこにあるのは本質性や真正性ではなく、国民国家や他の集団との相互関係を通じて実践されることで構築される主体性にほかならない。そこで見られる境界を越える移動には、アントニオ・ネグリのいう移民の可能性が胚胎されている（Negri 二〇〇四＝二〇〇五：二二二―二二四）。それは単に政治的な抑圧や貧困といったネガティヴな状況だけではなく、富や平和や自由を求めるポジティヴな欲望も携えての移動である。そうした拒否と欲望の表現が結びつくことによって、とてつもなく強力な行動を生み出している。そのような移動は国民国家の境界を揺るがし、入国管理政策、民族構成の変化や国際関係などに危機を惹起している（Weiner 一九九五＝一九九九：一三―四五）。そのため、国民国家はこれらの危機に対応して、統合政策や同化政策、あるいは排除政策を講じるようになる。それは国内問題に止まらず、ときには外交政策にまで影響を及ぼす。

なお境界文化という分析概念は中国帰国者研究だけではなく、境界が近代社会の特徴であることから、境界が重層的に交錯する現代社会を生きる人びとのあり方を検討するにも有効である。言い換えれば、境界文化で中国帰国者を考察することは、中国帰国者を特殊な事例（戦争犠牲者）ではなく、近代社会の普遍的な問題として捉え直す試みにもなる。特に中国帰国者が日中両国において境界に追いやられて生活している現状を考えれば、境界文化で研究することの意義がより明白である。また境界は他者の存在を前提にして生成維持されていくため、そうした構築メカニズムの明確化の企図は、新たな社会の創造を展望することにもなる。

以下では、境界文化を分析するにあたっての分析視角や分析枠組みを提示しておきたい。境界文化を考察するにあたって、とりわけ「国民国家のゆらぎ」「境界のゆらぎ」に注目する必要がある。その過程で確かに、国民、エスニシティやディアスポラといった概念を用いる必要性もあるが、それはけっして本質的な集団を意味するものではない[30]。むしろブルーベイカーの指摘に従って、それらは国家の内部と国家間で政治的・文化的枠組みとして制度化されたものであり、予め境界づけられた集団ではなく、実践によって構築されるものとして捉える(Brubaker 一九九二＝二〇〇五、二〇〇五＝二〇〇九)。

境界を分析するにあたっては、バルトのエスニシティ境界論(Barth 一九六九＝一九九六)、コーエンの境界シンボリック的構築論(Cohen, A. 一九八五＝二〇〇五)やイサジフのエスニシティ二重境界論(Isajiw 一九七四＝一九九六)が示唆に富む。本稿はこれらの議論を援用して、境界の生成維持に関する分析作業を行っていく。ここではとりわけイサジフの議論を切り口にさらに見ていきたい。

イサジフのいう二重の境界とは社会化の過程によって維持される内部からの境界と、集団間の関係によって作りあげられる外側からの境界を指している。二重の境界においては外的な境界、すなわち他者によっていかに認知され、いかに同定されているのかが問題である。そうした他者の存在のなかでも、特に権力を持ち、政策を決定し、影響力の強い組織体としての他者の存在が重要である(Isajiw 一九七四＝一九九六：九三)。中国帰国者にとって重要な他者は、中国帰国者を支援する民間団体である。そうした民間団体の社会運動やメディアを通じて、中国帰国者の言説[31]空間が創造されていったのである。

ここで重要なのは、そうした言説空間のなかで、中国帰国者が位置づけ(positioning)(Hall 一九九〇b＝一九九八b：九四）[32]られたことである。その言説空間には、社会運動に携わる民間レベルと制度レベルと当事者のレベルとのあいだに孕む力関係が凝縮されている。これらの力が競合し、交錯することによって「『外側』の生産」（Hall 一九九六＝二〇〇一：三一―三二）を促し、位置づけを固定化していった。この位置づけは社会的に消費され、さまざまな言説実践によって社会構造のなかにおける境界線を物象化し、主体を創造していくのである。本稿はこうした言説空間における記憶・表象に着目して、国民化という上からの力と異なる社会的な力関係を析出し、そこで生成した支配的な物語を明らかにしていきたい。

次の問題は、こうした位置づけをめぐる当事者の実践に関する分析である。当事者は社会的に付与された位置を取ることで、社会的発話権を獲得する。しかしそこで表出されるアイデンティティは、バトラーの議論に従えば、政治的／社会的に構築されたアイデンティティ・カテゴリーの実践を通して遂行されたものにほかならない（Butler 一九九〇＝一九九九：五八）。そこにおける主体は、アプリオリに仮定されるのではなく、むしろ言語行為によって事後的に構築される行為体（agency）である。このようなバトラーの概念を援用すれば、参与者の同一性を求める集合的表象だけではなく、個別の流動的なアイデンティティのパフォーマティヴィティに関する考察も可能となる。ただしバトラーは、性差の問題に関心を集中させているため、当事者の意識的な選択性やアイデンティティそのものの流動性に対する言及は少ない。そのため、アイデンティティを終わることのないプロセスと捉え、当事者の位置取りによって獲得される暫定的な位置として定義したホールの視点（Hall 一九九六＝二〇〇一：一二）も必要である。本稿は、こうしたバトラーとホールの議論に依拠しつつ、当事者のアイデンティティのパフォーマティヴィティについて分析し、境界文化の諸相を明らかにしたい。

以上のような分析視角や枠組みに基づき、本稿では、当事者の具体的な語りを素材にして、境界文化を分析していく。語りは、過去の単なる再現ではない。言語化そのものによって、アイデンティティが実現されていく。

そのような語りとは、「様々な位置（あるいは地位）の構造化された空間として現れる社会空間の下位概念の場」（Bourdieu 一九八四＝二〇〇一：一四三）における当事者の位置取り戦略や、物語化の試みである。つまり多様な関係者の力関係で構成される場に身を置く当事者が、自己に向けられたまなざしに対処するため、いかなる語りの戦略を用い、どのような位置を選択して遂行するのかに焦点を定め、当事者の境界文化を考察していく。[33]

以上のような研究方法をもって、中国残留婦人を祖母に持つ中国帰国者三世である筆者が目論むのは、中国帰国者の「今」の場所へ至る経緯において、起源（roots）ではなくその経路（routes）を構成する権力や記憶・表象の編成を明らかにし、それをめぐる中国帰国者の日常的実践による境界文化を描くことである。そうした作業から明らかになってくるのは、国民やエスニシティといった政治的・社会的カテゴリーを超えて、「生命＝生活（life）」を重視する人間としての普遍性（浅野（慎）二〇〇七、二〇〇九）にほかならない。それは近代というジャガノートを乗りこなす一様態であると同時に、ギルロイが描いた近代性の対抗文化としてのブラック・アトランティックに共通する要素を持っている。そこには国民国家の合理性を社会実践の場で遂行することで満足する「達成の政治学」だけではなく、崇高なものの追求に努め、反復しえないものを反復し、現前しえないものを現前させようと躍起になる「変容の政治学」（Gilroy 一九九三＝二〇〇七：七七―八一）も併存している。

こうした変容の政治学が捉える物語は喪失の物語ではなく、生成の物語である。それは、国民国家の論理や社会の論理によって排除された物語をもう一度当事者に取り戻すことである。従来流通してきた中国残留日本人の物語を「逆なでに読む」（ギンズブルグ 二〇〇三）ことで、新たな対話空間への想像を促していきたい。バウマンが言うように、「かの課題の本質は、閉じることではなく、開くことであ」り、社会学としてなすべき仕事は「個人の経験の立ち位置からでは隠されたままに、あるいは、不可視のままにとどまっている相互連関や依存関係の網の目の最重要部分を記録し、その地図を作る」（Bauman 二〇〇一a＝二〇〇八a：二五）ことである。

（三）　論文構成と分析データ

以上の研究課題を検討するには、植民地研究、ポストコロニアル研究、国際関係、移民と難民の国際政治学、国際社会学、カルチュラル・スタディーズ、国民国家論、エスニシティ研究、ディアスポラ研究やエスノメソドロジーといった学際的な視点が必要である。本稿はこれらの研究領域の知識を援用しつつ、次のような構成で議論を展開していく。

まず第一部の歴史編は中国残留日本人の歴史的形成、植民地時代の崩壊からポストコロニアルへの移行過程における国民国家の建設において、中国残留日本人をめぐる包摂と排除がどのように行われたのかを明らかにする。具体的には、第一章と第二章は戦後の日本国、第三章は戦後の中華人民共和国（以下、中国）の国民統合政策を手掛かりとして分析作業を行い、またそうした国民統合政策と日中関係との相互関連にも注意を払いつつ、議論を展開していく。この時期においては、「中国残留日本人」という呼称はまだ確立されていなかったが、議論の便宜上、中国残留日本人を用いることとする。また日中間に国交が締結されていなかったため、日本では当時の中国共産党政府を「中共」と表記していたが、ここも議論の便宜上、中国を用いる。

第一章「国民の包摂と引揚」は、戦後日本の国民統合と引揚事業との関連性を明らかにした上で、引揚事業の見取り図を示す。そうした一連の流れにおいて、日本への帰還だけではなく、さまざまな越境行為が見られ、また日本に帰還してから引揚者の境界線が画定されていくことを確認する。こういった議論を踏まえた上で、中国残留日本人が現地社会に入っていった経緯や、中国残留日本人の形成の契機となった後期集団引揚の終結について論じる。

第二章「不完全な国民統合」は、後期集団引揚の過程における中国残留日本人の排除と忘却の機制を明らかにしていく。未帰還者の処理や国籍問題を確認した上で、後期集団引揚からの排除、法的主体性の抹消、社会的忘却と排除について考察する。これらの分析作業を通して、後期集団引揚を終結させようとする日本政府の意図と、法的主体性の抹消や「弔いの共同体」の想像との関連性を明らかにする。

第三章「もう一つの包摂物語」は視点を中国に置き換え、戦後の中国における日本人の政策について議論する。これまでの研究では、戦後の中国の政策に関する言及が皆無であった。本稿での議論内容は史料の関係できわめて限られるが、それでも今日の中国帰国者を理解するのに、有益である。具体的には、日本人問題がどのように把握され、政策が模索されたのかを確認しつつ、日本人の帰国援助と里帰り援助停止に至る過程や中国側の論理、日本人に関する国民統合や社会統合およびその排除について論じる。

以上のように、第一部では、中国残留日本人をめぐる日中両国の包摂と排除の実態を明らかにしていく。そこでは、中国残留日本人が日本国から排除され、忘却されたことで、法の例外状態に置かれたことや、中国帰国者をめぐる境界形成の歴史的要因が確認される。これを踏まえた上で、第二部の表象／実践編は、日中国交が締結された一九七二年以降、中国残留日本人がどのようにして、日本に再び包摂されていったのか、そこで形成される支配的物語や境界線、およびそれらをめぐる中国帰国者の集合的構築や個別の実践について論じる。

第四章「忘却と想起の痕跡」は、忘却の政治に抗して、中国残留日本人の存在を社会問題化し、消極的な日本政府を動かした民間団体（「日中友好手をつなぐ会」）の肉親捜し・帰国促進運動を取り上げる。民間団体がどのように中国残留日本人を問題化し、社会運動を展開したのかを明らかにすると同時に、そうした社会運動を通じて行われた意味付与について論じる。また民間団体の意味付与に対して、日本政府はどう捉えたのか、その両者の相違を比較しつつ、残留と棄民の系譜や、他者化のメカニズムを明らかにしていく。

第五章「支配的物語の生成」は、テレビドキュメンタリーを手掛かりとして、中国残留日本人の記憶・表象や、それによって生成された支配的物語（戦争被害者）やその再生産過程について分析する。具体的には、中国残留日本人を記憶・表象するにあたって、いかなる位置から、いかなる記憶が動員されたのかを浮き彫りにすると同時に、そこに存在する表象の政治性や非対称性を明らかにしていく。ここでは、こうした記憶・表象を通じて、中国帰国者をめぐる外的境界線が物象化されていく過程も確認される。

第六章「境界の集合的構築」は、これまでの議論を踏まえつつ、中国帰国者の永住と定住の実態、中国帰国者をめぐる境界線の変遷、その境界線をめぐる集合的構築について論じる。集合的構築として注目したのは、中国残留日本人孤児の国家賠償訴訟運動（二〇〇一年から二〇〇七年）である。そうした運動のなかで、中国帰国者がどのようにエスニシティとして顕在化していったのか、またそこから垣間みるディアスポラとしての中国帰国者を取り上げる。

第七章「境界文化の政治学」は、中国残留日本人という呼称と具体的な語りを手掛かりとして、中国残留日本人のアイデンティティのパフォーマティヴについて論じる。第六章の集合的構築にかわって、ここは個人に焦点を合わせることで、議論をさらに深めていく。ここでは、命名のポリティクスとカテゴリー化、位置づけの移行や法による支配的物語の再生産を確認しつつ、呼称によって呼びかけられた行為体が社会的実践の場において、いかなるアイデンティティのパフォーマティヴィティを遂行したのかを明らかにし、境界をめぐる中国帰国者の実践文化の諸相を浮き彫りにしていく。

終章「生成的な境界文化」は、これまでの議論を統括しつつ、本文で展開できなかった貧困問題と社会的排除の問題や、今後の見通しや研究課題を含めて論じたい。

本稿で用いる分析データは多岐にわたり、主に四種類に分けられる。第一に、日本外務省資料館や中国外交部档案館で収集した一次史料である。こうした外交史料を用いたのは、中国残留日本人問題が国内問題だけではなく、外交問題とも関連するからである。外交資料からその両方の問題について考察することができる。分析するにあたって、中国東北三省などの档案館で収集した一次資料も参照している。なお中国側の一次史料は、史料破損の防止や公開整理との関係で部分的にしか公開されておらず、本稿はそうした限られた史料で考察を行っていることを予め断っておきたい。

第二に、日本政府や地域がまとめた引揚に関する公的記録や、中国政府や地域がまとめた「地方誌」や「文史資料」である。第一の史料を補助する意味で用いる。

第三に、当事者によって書かれた自分史、体験記、民間団体の会報、文学作品、メディア作品、インターネットの書き込み、新聞記事や雑誌記事などである。言説分析を行うために収集した資料であるが、それらの資料を年代順で読解していくと、当事者の語りの変化が読み取れる。本稿ではとりわけ詳述しないが、いくつかの議論はこれを参照している。

第四に、支援活動、参与観察や当事者に対するインタビュー調査で得た語りのデータである。筆者が本格的に中国帰国者研究に取り組み始めたのは、二〇〇三年からである。ただしそれ以前から、中国残留日本人の聞き取り調査を行ったり、中国残留日本人孤児の国家賠償訴訟活動の支援に関わったりしてきた。二〇〇三年、京都に移ってからは、京都市の国家賠償訴訟活動への支援だけではなく、地域のボランティア活動（日本語教室やバス旅行など）にも参加した。また関東周辺、関西周辺や長野県などの地域でも、中国帰国者聞き取り調査を行ってきた。

なおデータを引用する際は、固有名詞や数字データを元のままにしている。論文中では調査協力者が特定されると不利益が生じる恐れがあるため、当事者の氏名を必要に応じて仮名にしている。また以上の研究課題や分析枠組みを顧みて、筆者は聞き取り調査を行う際あるいはデータを分析する際、スピヴァクのいう「学び捨てる」

（unlearning）[34]方法をとって作業を進める。
スピヴァクは、サティ（ヒンドゥの寡婦が死んだ夫に殉死する儀礼）の事例を挙げて、語ることの可能性について分析している。サティをめぐって、植民者イギリス人と被植民者のインド人の伝統主義者といった帝国主義と家父長制、主体の構築と客体の形成のはざまにある当の女性の像は、ある一つの暴力的な往還のなかへと消え去っていくとスピヴァクは指摘する（Spivak 一九八八＝二〇〇〇：一〇九）。こうした指摘から三つの問題が提起されている。第一に、サバルタン（従属的社会集団）は常に他者によって表象＝代弁されてしまうため、誤って表象されてしまっている。第二に、そうしたなかで、サバルタンは自己を語ろうとしても、聞き取ってもらえない。第三に、サバルタンの物語が聞き取られたときはもうサバルタンでなくなっている。筆者はこれらの指摘を念頭に置きつつ、研究者自身も表象＝代弁していることを意識し、常に語られない（語りきれない／聞き落とされた）中国帰国者の語りに耳を傾けることで、その生成的な境界文化を捉えるよう努めたい。

【注】

1　大澤真幸が指摘するように、国境線の廃棄は「第三世界」から「第一世界」への移民の増加をもたらし、それが「第一世界」のナショナリスティックな移民廃棄運動を活性化してしまう。ナショナリズムそのものはけっしてなくなることがない（大澤（真）二〇〇九）。

2　同ホームページ（http://www.geocities.jp/genkokusien/index.html）は二〇〇五年三月、京都の国家賠償訴訟運動の支援の一環として、関西周辺の中国帰国者二世・三世によって開設されたものである。

3　これらのコメントは、ネット右翼によって無差別的に書き込まれた可能性もある。しかし、こうしたコメントのもとを辿っていけば、中国残留日本人の言説とまったく無関係であるとも言いがたい。

4 佐藤はるは、戦時中満蒙開拓団に参加して家族とともに旧満洲に渡り、戦後長い間中国の方正県に「残留」した日本人女性である。第五章でも触れるが、ドキュメンタリー『忘れられた女たち』（一九八九年放送）に取り上げられたことで一躍有名になり、典型的な事例としてメディアや研究者の注目を集めた中国残留婦人である。彼女が注目されたのは、その語りが中国残留婦人の生活世界を代表的に現しているというより、むしろ「祖国をめぐる語り」や「日本人であること」といったジャーナリスティックな捉え方に合致しているからであろう。こうした彼女の語りは最初から存在していたのではなく、一九八〇年後半に入ってから、中国残留婦人を救済する社会運動を背景に構築されたものであると筆者が解釈している。

5 こう解釈した理由は聞き書きのなかで明らかにされていない。佐藤の語りの文から「望まぬ家族」という言葉を見つけることもできない。いかなる理由であれ、こうした解釈は当事者の家族を傷付けてしまう恐れがある。なお誤解のないように付言しておくが、ここで大越の聞き書きを取り上げたのはけっして、その聞き書き活動やその内容を批判しているわけではない。むしろ、筆者を含めて誰もが当事者を誤って表象してしまい、差別してしまう恐れがあることを強調したい。

6 犠牲者的なまなざしが批判（差別）的なまなざしに転化しがちであることは、多くの研究者が共有する問題意識でもある（蘭二〇〇九；大久保二〇〇九など）。しかしそうした犠牲者的なまなざしを生み出す社会構造に関する議論は今のところまだ見当たらない。

7 本稿でいうジャーナリスティックな捉え方とは、中国帰国者問題を時事問題として報道した新聞、雑誌、ラジオなどに登場した解説や批評を指す。そうした解説や批評は既存の言説や当時の政治的磁場の影響を強く受けている。これらの解説や批評は書物として出版される場合もある。また政治的磁場、特に社会運動の必要性を意識して、中国帰国者問題を戦略的に解説／批評するジャーナリストもいる。

8 具体的には、新聞は朝日新聞と読売新聞、雑誌記事は大宅壮一文庫のデータベース、テレビ番組はドキュメンタリーとテレビドラマ、書物は大衆向けのものを中心にまとめた。

9 なお例外として、鍛治の「中国残留邦人」の形成と受入をめぐる選別と選抜に関する研究（二〇〇一）がある。

10 蘭の一連の研究（一九九四、二〇〇七）においては、中国残留日本人孤児に関する言及はあるものの、その多くは聞き取り調査で得た語りのデータではなく、書物に書かれた語りを引用している。

11 中国残留日本人の歴史的経緯は、単純に満洲移民→引揚者→中国残留日本人と図式化して、日本への帰国を前提に議論される傾向が強かった。呉の研究成果によって、こうした状況は多少改善されたが、しかし呉は一九四五年以降の引揚者をも中国残留日本人として捉えてしまっている。それを考察するための枠組みはすでに中国残留日本人の課題を越えているにもかかわらず、そのような枠組みが提示されていない。

12 この点に関して、時津は既存のカテゴリーに依存して「残留婦人」を理解するがゆえに、「残留婦人」の中国でのポジティヴな体験を語りにくくしており、「いかにして今まで作ってしまったそのカテゴリーを破るか」が今後の最大の課題であると指摘している（時津 二〇〇〇）。こうした問題意識は筆者も賛同するところである。そのために、筆者は戦略的にスピヴァックの言う「脱構築」「学び捨てる」という立場を取って、聞き取り調査を行ってきている。そうした聞き取り調査の技法を桜井（桜井（厚）二〇〇二）のいう対話的構築主義に沿って考えれば、脱構築的対話アプローチと呼べるであろう。

13 蘭は一九七二年以降の「語りの場」、中国で「語りの場」を持たない事や「語りの場」の消滅等を論じる際、公的な場と公的な語りだけを意識している（蘭 二〇〇七）。だが社会生活のある限り、中国残留日本人は何らかのかたちで社会とかかわり、その社会的営みを行うさまざまな場を持っている。

14 なおこれらの研究はしばしば、中国帰国者二世・三世のみを研究対象とする傾向が強い。

15 これは法的地位を表す呼称で、日本国籍を保持して中国に居住している人を指している。日本国籍を持たない人は、この限りではない。なお後期集団引揚以降の中国では、日本人が三種人（日本国籍を持つ日僑、中国国籍を持つ日本人、日本人孤児）として把握されていたという記述もあるが、こうした分類がいかなる根拠でなされたのかは定かではない。

16 鹿地亘、野坂参三などが有名である。

17 共産党と国民党の内戦に、日本人をも参加させたことに対する批判である。

18 研究としては、鹿（二〇〇四、二〇〇五）や楊（二〇〇九）などが挙げられる。

19 中国の文化大革命を主導した江青、張春橋、姚文元と王洪文の四人を指している。

20 このほか、日本が幻滅の天国であり、そうした資本主義を暴露する材料として用いられることもある。
21 こういった有名な著作のほか、地域密着の小説も多く見られる。それらの詳述は割愛する。また中国残留日本人に光を当てて制作したものではないが、中国残留日本人と思われる人がよく映画のなかに登場している。最近では、中国残留婦人を題材としたテレビドラマ『小姨多鶴』が放送され、大きな話題を呼んでいる。
22 王は、東京大学での留学や桜美林大学での訪問期間中（一九九四年から二〇〇〇年までのあいだ）に行われた調査を基に分析を行っている。その後、中国人民大学で博士学位を取得し、現在北京郵電大学で教鞭を執っている。
23 第二次世界大戦後、戦争の記憶は国単位で構築されていったため、対立的なものとして捉えられがちであった。しかし国単位別に構築された縦の公共圏に対して、一般人には国籍に関係なく戦争の犠牲者であることで構築された横の公共圏がある。こうした点を考慮して、本稿は縦の公共圏に位置づけられる戦争被害者と、横の公共圏に位置づけられる戦争犠牲者とを使い分けている。戦争被害者は加害者を前提にする言葉として、他者との対立や排除を前提するのに対して、戦争犠牲者は他者との連携を可能にする。中国帰国者はこの横の公共圏に位置づけられた存在である。そうした位置づけによって求められる物語は犠牲者的な物語にほかならない。縦と横の公共圏に関しては、西原和久の議論に負っている。
24 もちろん中国帰国者と中国との関係も重要であることは言うまでもない。なお中国に関する調査は目下進行中であり、本論はその詳述を割愛する。
25 こうした研究の発想は、小熊英二の論考（小熊 一九九五、一九九八）に負うところが大きい。
26 このほか、包摂と排斥の構造を日本文化との関連で論及した間庭の研究（間庭 一九九〇）や、差別部落の調査を基に議論を展開した八木（二〇〇〇）の研究も大いに参考になった。
27 ジャガノートとは超大型長距離トラックのことである。ギデンズは、近代をジャガノートに喩えて、人間はある程度まで制御できるが、同時に制御不能に陥る恐れもあると指摘する。
28 こうした試みとして着想するに際しては、ナショナルな領域や枠組みを前提としてきた思考回路の脱構築や、国民国家を所与とする従来の社会科学の枠組みの組み替えを目標とするグローバリゼーション研究（伊豫谷 二〇〇四）から多くの示唆を得ている。

29 生成に関しては、作田（一九九三）と西原（二〇〇三）の議論に負っている。特に分析を行う際は、西原が提起した①歴史社会論的・系統発生的な発生論、②行動発達論的・個体発生的な発生論、③存立構造論的・関係発生的な発生論の三レベルを意識して、課題検討を構成している。なお、筆者は起源的な意味合いが強い「発生」より、過程的な意味合いが強い「生成」を用いる。

30 ここでいう国民とは「日本国民」というカテゴリーで、エスニシティは国民国家のなかで、国民国家との関係ないし他の集団との境界生成維持を通じて構築される集団である。ディアスポラとは今福龍太がまとめたようなギルロイの言う「人がある特定の国に住みつつ、別な場所との強い絆を維持し続けているような場合に生ずる特異な関係」（上野（俊）一九九九：四七）を指すものとして用いる。

31 本稿でいう言説はテクストのような特定の形式に限定しない。リサ・ロウに倣って、それをテクストや文化的資料だけでなく、社会的実践、公式・非公式の法、包摂の政治や排除の政治、組織の制度的形態などをも含んだ一つの網の目として捉える（ロウ 一九九六）。つまり中国残留日本人についての知を構成し、規定するすべてのものを指す。

32 positioningの訳語として、本稿では「位置」のほか、他者からの「位置づけ」と当事者の主体的選択による「位置取り」とを使い分けている。

33 こうした境界文化は構造的制限を受けつつも、当事者の潜在能力（善い生活や善い人生を生きるのに望ましい状態や行動の機能集合）（Sen 一九九二＝一九九九）によって大きく左右される。当事者は日常的実践において、構造的な境界だけではなく、必要に応じて自らの知識在庫から新たな境界を呈示して位置を取ったりもする。これらの境界文化から、当事者のソフトでミクロでヘテロな抵抗戦略（松田 一九九九）が読み取れる。こうした抵抗戦略が社会変革や多文化共生社会への新たな可能性を示していると考えられる。本稿はこれらを詳しく論じるに至らないが、今後の研究課題として挙げておく。なおセンの潜在能力に関しては、浅野慎一の研究調査から示唆を得ている。

34 近年、スピヴァックの言う「学び捨てる」（unlearning）は知そのものに対する批判の有効性が注目され、さまざまな分野で取り上げられている。たとえば、歴史学では酒井（二〇〇六）、移民研究では伊豫谷（二〇〇七）が論及している。

第一部

歴史編

犠牲の言説に囚われると、歴史上の主体がみずからの過去について、複合的でバランスのとれた認識をもてなくなってしまう。そのような過去認識がなくては、自分をとりまくいまの条件を理解することもできなくなってしまうだろう。

——イエン・アン——

八月一五日は、「終戦記念日」として定着して久しい。毎年、全国各地でさまざまな記念イベントが催され、戦争に関するさまざまな特集がメディアによって組まれる。これらの記憶や慰霊顕彰活動のなかで、戦争をめぐる記憶、戦死者への追悼、平和を祈念するさまざまな感情が表象され、「感傷の共同体」が構築されていく。だがこの終戦記念日は、そもそも日本国民だけに向けて構築された記念日であり、記憶・顕彰活動を通じて、日本国民という共同体の歴史や物語が想像され、再生産されてきた。[1] 一九七二年以降、中国残留日本人の記憶もこのナショナルな空間に包摂されるようになったのである。

中国残留日本人の存在がはじめて公にされ、日本社会に衝撃を与えたのは、一九七四年八月一五日の新聞による第一回の公開調査である。この日が選択されたのは偶然ではなく、日本国民やその共同体に訴えようとする民間団体の中国残留日本人肉親捜し・帰国促進運動の目的があったからだ。それ以後、日本というナショナルな言説空間において、中国残留日本人は救済されるべき日本人（棄民）、戦争被害者として記憶・表象され、「終わらない戦後」問題の一つとして感傷的に語られてきた。それは中国残留日本人独自のものというより、第二部で考察するように、引揚者の記憶や表象に包摂されただけであった。その節合によって、中国残留日本人の物語がナショナル・ヒストリーへと回収されつつも、語られた物語は「感傷の共同体」を通じて、ナショナリズムの充足としても機能した。

これまで、「棄民」や「戦争被害者」の犠牲者的な表象によって、中国残留日本人に関する政策の改善が促されてきた。しかしそれは同時に中国残留日本人の語りを規定し、「忘却の穴」（高橋（哲）二〇〇一）[2]をも創造していた。国家賠償訴訟運動が展開されるようになった二〇〇二年以降の運動の場や司法の場においても、「忘却の穴」や中国残留日本人の語りがたさを確認することができる。[3] このような言説空間において、中国残留日本人は充分語られたとは言えず、その「残留」の歴史も問われることがほとんどなかった。

今までの法的概念や社会通念に照らせば、中国残留日本人とは戦前あるいは戦中に、中国大陸へ渡り、戦後長い間中国で「残留」し、一九七二年の日中国交締結を契機に日本へ永住帰国するようになった人たちを指す。一九七二年より前に日本に帰還した人たちは中国残留日本人ではなく、「引揚者」と呼ばれていることに注目すべきである。しかし、これまでの研究や言説空間において、両者が分岐した契機は必ずしも明らかにされていない。その分岐点は、敗戦直後の混乱した状況において、日本人が現地中国人の家庭に入った出来事に見出されてきた。しかし、現地人の家庭に入ったのは、中国残留日本人だけではなく、引揚者も多くいた。したがって、両者の分岐点は敗戦直後ではなく、国民統合政策が施行された戦後空間で生じたものだと考えるべきであろう。以下、第一部の歴史編は、戦後の国民統合政策、特に引揚事業[4]に注目して、中国残留日本人と引揚者の分岐点がどのように形成され、中国残留日本人が生まれたのかについて考察する。また、これまでほとんど議論されなかった中国側の政策をも取り上げ、中国残留日本人をめぐる戦後の日中両国の包摂と排除メカニズムに関する理解を深めたい。

【注】

1 八月一五日の神話は佐藤卓己（二〇〇五）、「感傷の共同体」やナショナリズムと感情は酒井直樹（一九九六）とスピヴァック（中国清華大学での講演――「民族主義と想像」――（二〇〇六））などを参照。「感傷の共同体」とは、国民共同体の一部分で起こった事件をあたかも共同体全体の事件であるかのように感じる感傷を伝播し、それを通じて想像された共同体を指す（酒井 一九九六）。なお本書で「想像」を用いる際は、ベネディクト・アンダーソンの『想像の共同体』の議論を念頭に置いている。

2 「忘却の穴」とはそもそもハンナ・アレントがアウシュヴィッツを論じる際に用いた言葉であり、ひとりの人間の存在がまるでなかったことのように扱われていくことを指す。だが高橋哲哉が指摘するように、「忘却の穴」はアウシュヴィッツなどのような特殊な場所にのみ存在するのではなく、それは遍在的であり、「記憶の破壊」のような忘却のテロルをはじめ、一般に「忘却の政治」によって生じた「語りえぬもの」を意味する（高橋（哲）二〇〇一：六四）。なお、筆者の意図と異なるが、蘭も「忘却の穴」を用いている（蘭 二〇〇七：二一三）。

3 国家賠償訴訟運動を通じて、自らの体験を語ることなく生活してきた多くの中国残留日本人孤児の語りは、初めてその社会的意味や、言説空間における発話の位置を獲得した。この文脈のなかで、中国残留日本人ら自身の「記憶の共同体」が初めて想像されたが、聞き取られない語りもあることを、筆者は支援活動や参与観察で感じ取った。

4 近年、引揚げに関して、日中関係論（大澤（武）二〇〇三）、文学（成田 二〇〇三）や歴史学（阿部・加藤 二〇〇四）の分野から興味深い研究成果が出されている。このほか、研究論文ではないが、引揚体験と国民国家との関係を考えるに当たって、一九七〇年代の竹内好と鶴見俊輔の対談が示唆的である（潮 一九七一）。

引揚事業を史実として扱う場合、国際関係や地球規模の人的移動の観点は重要であるが、筆者はそれを（特に引揚者あるいは残留日本人の体験を捉えるには）国民国家論と結びつけて考察するのが必要不可欠であると考えている。引揚をめぐる内から外／外から内への人びとの越境するプロセスと国民国家論を結びつけることによって、国民国家を相対化していくための問題構成――〈越境のなかの近代日本〉――（杉原 一九九六）だけではなく、ナショナリティの脱構築をも研究の射程に入れることができる。

第一章

国民の包摂と引揚

第二次世界大戦の終結は地球規模の人的移動をもたらし、かつての宗主国と植民地国とのあいだの人的移動が活発に行われた。[1] そうした移動によって、関係諸国の国家管理システムや国民統合をめぐる諸制度が影響されただけではなく、異文化が持ち込まれたことで自国の文化までもが変化した。[2] 本稿はこうした帝国主義からポストコロニアルへの歴史的移行過程における人的移動に焦点を合わせて、中国残留日本人と呼ばれる人びとがどのように包摂／排除されたのかについて考察する。

一九四五年八月、日本はポツダム宣言を無条件に受諾したことで、日本の敗戦が決定的となった。日本帝国時代の勢力圏であった地域（朝鮮、台湾や満洲など）が切り離され、日本の境界領域は本州、北海道、九州や沖縄に局限された。こういった境界領域の変更にともなって、それまで日本帝国により包摂管理されていた人びとをめぐる境界画定作業も、国民統合の一環として行われたのである。かつての勢力圏であった地域にまで、その作業は及んでいた。

そこで何よりも重要なのは、日本国民と認められた人びとをいかに帰還させるかであった。それは国民統合作業に止まらず、関係諸国と平和条約を締結していない緊張した当時の情勢を考えれば、邦人保護としての意味合いも強い。中国残留日本人はまさにこういった過程のなかで排除、忘却されたことで、中国での「残留」を強いられたのである。その契機となったのは、後期集団引揚の終結とその後の特別措置法による法的処理である。本章は、中国残留日本人のほとんどが満洲国と呼ばれた地域に「残留」していたことを考慮して、満洲国へ渡った日本人の経緯を簡単に触れた上で、戦後日本政府が国民統合政策の一環として展開した引揚事業について概観する。そして、後期集団引揚の終結について考察する。

一　国民の送出と包摂

（一）満洲への移住と戦後

満洲国とはかつて、現在の中国東北地域に存在した政治的／地理的空間であった[3]。その理想国家像を正当化するためのレトリックとして、五族（日、満、漢、蒙、鮮）協和や王道楽土が掲げられていた。しかし当時の満洲にはこれらの五族だけではなく、ロシア人、ポーランド人、ギリシャ人やユダヤ人なども居住していた。そこには、植民地社会の非対称的構造性が存在したとはいえ、人びとは何らかのかたちで接触／交流し、ある種の多民族国家の様態を呈していた。だが一九四五年、満洲国が崩壊し、そこで暮らしていた人びとはさまざまなルートを通じて、満洲から離散していった。ここでは、そうした過程において日本人がどうであったのかに焦点を定めて論じていく。

満洲に移住した日本人の歴史は明治時代に遡る。一九〇三年当時、約二、五〇〇人が中東鉄道付属地に住んでいた。そして日本人移民が急増する契機となったのは、一九三二年の満洲国建国や一九三六年の国策「満洲農業移民百万戸移住計画」であった。

満洲農業移民事業は、①国防、②五族協和における日本人の役割の強調、③満洲の産業開発、④内地農村問題の解決等を目指した国策として遂行された。これらが日本中に力説されたのは一九三六年頃であった。満洲への移住は南米・南洋への出稼ぎと異なって「移民の永住」「新日本の建設」であり、「安定性」が保障されるとも唱えられた（満洲日日新聞社　一九三七）。こうした世論を背景に満洲農業移民が送出され、また現地での定着率向上のために「大陸花嫁」政策（相庭　一九九六）が施行され、開拓地へ日本人女性が送り込まれていった。

以上のような経緯のなかで、終戦時までに、満洲にわたった日本人の数は、約一五五万人にまで達した。しかし終戦時の満洲の民族構成から言えば、日本人の数はその一割にも満たない。職業別には①公務自由業二四・二%、②工業二〇・六%、③農牧林業一八・二%、④商業一三・七%となっている（山本（有）二〇〇八：七―八）。

満洲における日本の特権が存続する間は、満洲移民の生活の「安定性」が保たれていたが、満洲国の崩壊によって、その「安定性」が維持できなくなった。そのため、満洲移民のほとんどが当時の居住地を離れ、満洲大都市、朝鮮半島、ロシア、そして日本、日本経由で海外などへと離散していった。

ここではまず、『引揚と援護三十年の歩み』（以下引揚げ三十年）（厚生省　一九七七）のデータを基に、日本がポツダム宣言を無条件受諾した一九四五年八月の、海外全域や中国に取り残された日本人の数について確認しておきたい。

表一―一のように、終戦時、海外に取り残された日本人は、軍人三一〇万と民間人三五〇万の計六六〇万人である。中国にいる日本軍民は四一三万九千人で、そのうち軍人が一八八万九千人（満洲の関東軍六六万四千人、中国本

表１－１　戦後の在中「日本軍民」

	軍　人	民間人	合　計
全地域	3,100,000	3,500,000	6,600,000
中　国			
満洲・関東州	664,000	1,400,000	2,064,000
中国本土	1,056,000	500,000	1,556,000
台　湾	169,000	350,000	519,000
合　計	1,889,000	2,250,000	4,139,000
割　合	60.94%	64.29%	62.71%

土のシナ派遣軍一〇五万六千人、台湾（南西諸島含む）の第一〇方面軍一六万九千人）、民間人が二二五万人（満洲（関東州含む）一四〇万人（一九四五年六月までに召集された一五万人を引いた数）、中国本土五〇万人、台湾三五万人）である。こうして見ると、軍人は全地域軍人の六〇・九％、民間人は全地域民間人の六四・三％、全体の六割以上が中国で終戦を迎えた。

グローバル化と騒がれる今日でさえ、海外在留日本人は一一八万二五五七人（二〇一一年一〇月一日現在の統計）に過ぎず、当時の中国居住日本人の五割にも達していない。これを見れば、戦前海外に移住した日本人の数がいかに多かったのかは、一目瞭然である。

（二）ポストコロニアルと境界設定

第二次世界大戦の終結は、多くの国にとってポストコロニアルを意味していた。それは同時に、植民帝国の分解や、アジアと中東およびアフリカにおける新興独立国家の建設にともなう地球規模移民の第四の波（Weiner 一九九五＝一九九九）でもあった。人びとの移動をめぐって、諸国は独自の包摂と排除の基準を用いて管理し、新たな国民を創造していった。日本もこの歴史の波のなかで、「日本帝国臣民」にかわって、「日本国民」を創造したのである。引揚事業はその国民化装置の一環として行われた。

引揚事業は単に海外に取り残された日本人の帰還だけではなく、日本にいる外国人の送還事業も含まれる。日本政府にとって、引揚事業は「民族的新生への課題」（引揚援護庁 一九五〇：一二）と位置づけられたように、それは国民国家再建の一環であり、「日本国民」をめぐる境界の設定や包摂と排除が行われる過程であった。このような引揚事業は、海外にいる未帰還者を「日本人」（日本国民）へ包摂するための措置であった。同時に、日本というナショナルな空間やナショナル・ヒストリーも構築されたのである。

しかし、敗戦直後の日本政府は、引揚よりも現地での「残留」を訓令していた。

政府としては、事情の許す限り、多数のものが海外に残留することを訓令したのが実情である。それにもかかわらず、全東亜地域のみに限らず、ほとんど地球上の全面にわたって同胞の故国引揚げが実現されたのは、一つは現地の実情が残留を許さない情態にあったことと一つは連合国軍の要求にもとづいている（傍線の強調は筆者による。以下同様）（引揚援護庁 一九五〇：一）。

引揚援護の記録がはじめて編集された一九五〇年のこの文章から、それまでの日本政府は、「海外部隊並びに海外邦人に関しては、極力之を海外に残留せしむる」（引揚援護庁 一九五〇：七七）方針を採っていたことが分かる[4]。しかし、この記述は、後に編纂された引揚援護記録から消されている[5]。

このような公的機関による恣意的な編集は、ナショナル・ヒストリーの構築にとって大きな意味をもっている。従来の消極性ないし「残留せしむる」方針があったという事実を隠蔽し、引揚事業に積極性を持たせることで、それを「国民救済」の物語として語っていく。それによって、人びとのあいだに一体感、「われわれ日本人」という「感傷の共同体」を生み出させ、「民族的新生」のナショナル・ヒストリーが構築されていったのである。

この構築は国家という上からの一方的な力だけではなく、留守家族や遺族などを含む人たちの未帰還者帰国促進や留守家族援護政策向上の社会運動という下からの力も作用していた[6]。実際、この下からの力によって、日本政府の消極性が積極性に変わらざるを得なかった側面もある。同時に、下からの力を宥和することは、当時の国内政治の安定を図るための喫緊の課題でもあった。こうしたふたつの力が渾然一体となって、未帰還者を救済し、彼（女）らを包摂するナショナルな空間が想像されていった。

二　引揚と「再祖国化」

（一）　引揚事業の展開

一九四五年、ポツダム宣言を無条件に受諾した日本は敗戦を迎えることとなった。そのポツダム宣言第九条では、「日本軍隊は完全に武装を解除せられるのち各自の家庭に復帰し平和的かつ生産的の生活を営む機会を与えるべし」と規定し、日本軍人の帰還が約束されていた。しかし、一般邦人の引揚げに関する法的な根拠は、言及されていなかった。一般邦人は、一九四六年九月七日のジョージ・アチェソンの声明（『朝日新聞』一九四六・九・八）によれば、「人道主義」に基づいて行われるとされた。

海外に取り残された日本人の引揚事業は、集団引揚と個別引揚に分けられる。[7] 集団引揚は、二段階に分けることができる。第一段階の前期集団引揚は、一九四五年九月二五日の中部太平洋メレヨン島からの帰還から、ソ連政府の日本人捕虜の送還が終了したのを伝えるタス通信が発表される一九五〇年四月二二日までのあいだの集団引揚を指す。第二段階の後期集団引揚は、一九五三年三月から一九五八年七月までのあいだの集団引揚を指す。一方の個別引揚は、一九四五年以降、断続的に行われていた。前期集団引揚の前や、前期集団引揚が終了してから後期集団引揚が開始されるまでのあいだ、自力で日本へ個別に引揚げてきた人たちがいた。また、後期集団引揚が終了してから日中国交締結する一九七二年までのあいだには、約七二三人が国費で日本へ個別に引揚げてきた。[8]

引揚事業が行われるなかで注目すべき制度に、永住帰国と異なる一時帰国（里帰り）がある。一時帰国とは、中国人と結婚した日本人女性の里帰りのために実施された制度であった。第二章で詳述するように、中国残留婦人となった人たちは、この制度との関係で、永住帰国の道や日本とのつながりが断たれたのである。

このほか、前期集団引揚と後期集団引揚とが異なる国際情勢のなかで行われていたことも、確認しておく必要がある。前期集団引揚時の日本は、占領下で総司令部を介して関係諸国と交渉していた。それに対して、後期集団引揚時はサンフランシスコ条約が発効された後であり、日本の外交主権が回復していた。一方の中国大陸では、一九四九年一〇月一日、中国共産党による中華人民共和国が成立した。このように、前期集団引揚の時期は日中両国の国家体制がまだ確立されていなかったのに対して、後期集団引揚の際はそれぞれ独立した国家主権が確保され、国民国家としての体制が確立されていく過程にあった。後期集団引揚では、日中両国は当時の冷戦構造の影響をある程度受けたが、決定的な要因とは考えにくい。実際、冷戦構造下であっても、日中両国は「人道主義」に基づいて引揚事業を進めることができていた。

ただし、両国とも国家主権を確立した後には、それぞれの国家にとっての国民国家の再建や国民統合問題が引揚事業を規定する要因になったのである。たとえば、後期集団引揚において、日本政府にとっての「人道主義」は、国民統合問題と関連しており、その支援対象は限定的であった。日本政府は日本へ引揚げられる人を①日本国民、②日本国民に同伴する外国籍の妻、③日本国民たる父または母に同伴する満二〇才未満の子で配偶者のないもの、④もと日本の国籍を有したもの（朝鮮人、台湾人を除く）とその同伴する満二〇才未満の子で配偶者のないもの、に限定していた（海外同胞引揚及び遺家族援護に関する特別委員会、一九五〇年三月四日）。このように、戦後の日本政府はその再建過程において、国内に居住していた朝鮮人や台湾人などを排除しただけではなく、彼（女）らの海外からの「引揚げ」や流入をも阻止していたのである。

（二）「再祖国化」と越境／再境界化

これまで見てきたように、引揚事業は日本国の日本国民化作業であった。一方海外に取り残された日本人にとって、それは「再祖国化」（市野川 二〇〇七）を意味していた。[9] だが「再祖国化」は単に祖国に向かうものではなく、そこにはさまざまな越境や移動形態が見られる。[10] また日本国内に戻った彼（女）らは、日本国民として包摂されながらも、「引揚者」という境界線を認識するようになっていったのである。[11]

これらの人びとをコーエンの議論に従って言えば、「帝国ディアスポラくずれ」（Cohen, R. 一九九七＝二〇〇一：三〇三）と呼ぶことができよう。[12] 彼（女）らは帝国ディアスポラになり損ねたが、帝国の崩壊によってさまざまな離散が生じ、あるいは日本国内におけるアイデンティティ・ポリティクス運動や、かつての居住地に対するノスタルジアを通じて、新たなディアスポラ的な経験を生み出している。以下はそうした経験について少し敷衍してみたい。

戦後の中国に取り残された日本人が目指したのは、祖国日本だけではなかった。ロシアを戦後の居住地に選んだ人や、国民党の留用者あるいは国民党関係者の家庭に入ったため国民党の台湾への敗退にともなって台湾へ渡った人もいる。[13] ロシアに関しては、シベリア抑留を経て定住した日本人もいる（川越 一九九四）。また当時の居住地での定住を希望する人も少なくなかった。[14] このほか、満洲に渡った約二千人（玉野井 二〇〇八：一三）のアメリカ日系人の存在もある。これらのアメリカ日系人は、戦後あるいは中華人民共和国の成立の前後に、直接あるいは日本経由でアメリカへと帰っていった。[15]

なお、日本に帰還してからも、その移動が停止したわけではない。その全体像を描くことはできないが、『長野県満洲開拓史』（長野県開拓自興会 一九八四）を手掛りに、長野県に限定して考えてみたい。

出身地での生活基盤を失った彼（女）らは食糧難のなか、戦後の農業改革の一環として推進された国内開拓事業で再入植せざるをえなくなった。県内再入植戸数は一九四六年から一九五五年までのあいだで四、〇三八戸に達し、再入植地は県内の一六郡に渡った。なかでも有名なのは軽井沢大日向村である。県外へは一九四六年から一九五四年までのあいだ、茨城県、北海道、大分県、愛知県、静岡県や岩手県などへ一、八七四戸再入植した。さらに開拓団レベルで見ると、たとえば泰阜村の場合（二〇〇四年度の開拓団員名簿[16]による）、引揚者一五二人中、村に留まったのは七人（いったん村を出たがまた戻ってきた人も含む）だけで、周辺の町や村には三五人、県内には一四人、県外には九六人が移住していった。

このほか、国外へ再移住した人もいる。長野県の場合は信濃海外協会によって海外移住事業が推進されていた。一九五〇年から一九七三年までのあいだ、アメリカ三〇人、ブラジル一、〇七二人、アルゼンチン八五人、メキシコ四〇人、カナダ二六人、その他七人計一、二六〇人が送出された。このなかには満洲からの引揚関係者も含まれている[17]。

その一方、日本社会に止まった人びとは戦争犠牲者として包摂され、語られていった。それが戦後の日本国民の物語の一形態を構成していた[18]。しかし引揚げられてきた人びとの物語は必ずしもそれだけではない。彼（女）らは日本人として包摂されながらも、「引揚者」として位置づけられた。それは制度的な問題でありながら、意識の問題でもあった。いわば彼（女）らは日本に引揚げてから、他者と関わるなかで自分を引揚者と認識するようになっていったのである。

戦前に国を挙げて送出された人びとは戦後、社会的には日本帝国の先兵として名指され、批判の対象にされている。また冷戦構造において、共産圏から帰還した「アカ」として、公安局によって監視され、社会的差別を受けた人も少なくない[19]。こうした差別構造のなかで、海外から引揚げた人は引揚者の位置づけを獲得していた。たとえば、佐世保港で下船すると「ほらまた、ムダめし食いの連中が帰ってきた」という囁きを耳にしたり（潮一九七一：一六三）、定着してから「満洲帰りが来たから米が足りない」（創価学会一九八七：一〇一）と言われたりして、彼（女）らは日本社会での疎外感を覚える。また引揚者の大陸感覚に関して、当事者が「大陸育ちのバイタリティー」「バカがつくくらいの正直モノで苦労をものともしない。反面、ユーズーのきかない頑固なところもある。損だと思うがどうにもしかたがない……」(潮 一九七一:一五八)と考えたのに対して、日本社会はそれを「大陸的、ヌーボー」[20](潮 一九七一:一八七)と捉えるのも対照的である。こうした疎外感や意識の違いによって、引揚者は「対人関係に打ち解けないという日本風土のなかでの『暗黙のうちに了解されているもの』に対してある種の不能感覚」(潮 一九七一:一四〇)を覚えたりする。

そうした日本社会への順応に苦しむ人の多くは、かつての居住地を心の故郷として思いを寄せていく。自分が満洲のモダンな生活環境やロシア人のバタくささに順応し(潮 一九七一:一四〇)、アカシヤの大連は心の内でいつまでもなつかしく、美しい思い出として残っている(潮 一九七一:一五六)と語ったりするように、かつての満洲体験を心の糧にする人が多くいた[21]。また戦後の日本に対する違和感や不能感覚といった理由で、日本に寄留する「在日日本人」(潮 一九七一:一三八)、「死ぬまで日本のなかでの〝中国人〟であり続け」(潮 一九七一:一八七)ると自己を位置づける人さえいる。

三 包摂の余剰

第二節では引揚事業の展開と再祖国化の過程を鳥瞰的に論じた。こうした戦後のポストコロニアル過程において、中国残留日本人が歴史的に形成されたのである。本節は、その形成を決定づける後期集団引揚の終了について考察する。その前に、まず日本が敗戦してから、中国残留日本人となった人たちが現地の中国人家庭に入った経緯を確認しておきたい。

（二）先行する包摂

表一―二から分かるように、中国残留日本人の六割強は満洲開拓団関係者である。[22] 満洲開拓団は国策移民政策として遂行されたものであり、一九四五年五月までに、約二七万人が満洲に送出された。だが敗戦前の根こそぎ動員によって、開拓団の男性五万人が現地で軍隊に召集されていった。そのため、敗戦時の開拓団には、老幼婦女子しか残されていなかった。自衛能力に欠けるこの集団が戦後混乱した満洲を生きていくのに、いかに過酷な運命を辿ったかは想像に難くない。彼（女）らの生はいわば剥き出しの状態に置かれたのである。

一九四五年八月九日、ソ連軍が満洲に侵攻する一方、日本軍は南方へと撤退していた。それにともなって、同地域は無政府無秩序の状態に陥った。そうした状況下で、植民者としての日本人は、現地での居住を維持していくのが困難であった。また八月一一日、軍が満洲国武部総務長官を通じて、在留邦人の自主疎開を命じた（佐久間 一九九七：一二）。これらの要因が重なって、開拓団のほとんどは居住地を離れ、大都市を目指した。その途中で財産や生活の術を失い、あるいは途中で遭難したことが原因で、多くの人が現地の中国人に救助を求めてその家庭に入っていった。このなかには中国残留日本人だけではなく、後に引揚者となる者も多くいた。以下は、中国残留日本人に焦点を定めて、中国人の家庭に入った経緯の類型を、類型化を通じて示してみたい。

中国残留日本人に関する分類はすでに多く存在する。[23] これらの類型を参照しつつ、筆者が収集した事例を総合的に考えると、中国残留日本人が中国人の家庭に入ったのは、①中

表１－２　中国残留孤児の親族関係の職業別割合　（厚生省 1987：5）

職業別	開拓団	会社・自営業	軍人・軍属	満鉄・各公社	官公署	教員	その他	不明	計
判明孤児	341	73	41	35	34	8	4	15	551
比　率	61.9	13.2	7.4	6.4	6.2	1.5	0.7	2.7	100

国人に助けを求めて入った求助型、②中国人に助けられて入った救助型、③徴用あるいは就職をしているうちに中国人の家庭に入ったり、中国人と結婚したりした徴用・就職型[24]、④混乱した社会情勢のなかで拉致されたり、自己の意志とはまったく関係なく、知らぬ間に現地の家に売られてしまったことで入った拉致・売買型の四類型に大きく分けられる。なおこのうちの①求助型と②救助型にはさらにいくつかの類型が見られる。

求助型はさらに五類型に分けられる。まず中国残留日本人孤児によく見られる類型であるが、逃避行あるいは難民収容所で、食料不足が理由で餓死するのを避けるために、現地の中国人に子どもを預けた難民型である。そして中国残留婦人の場合であるが、夫が現地で召集され、一人（あるいは子どもを連れて）でどうしようもなく、現地の家庭に入った離別型[25]、夫と一緒に逃避行の道中で、暴徒に犯されたのをみた夫に見放された後に現地の人と結婚した見捨てられ型[26]、夫に「死ぬほどなら中国人に助けを求めろ！　結婚してもよか。とにかく生きていろ、そのうちにきっと帰れる日がくるからな」と言われ、中国人と結婚した勧められ型[27]、家族や親族と一緒に逃避行し、あるいは難民収容所で、食糧難という理由で、家族親族のためと思って、現地の家に入った家族・親族救済型[28]がある。

救助型には、佐渡事件と葛根廟事件のような殺りくの戦場で、親の死体の陰で生き残った子が助けられた撃滅型、逃避行の途中、親とはぐれた子や、足手まといになると殺されかけた子が現地の人に救われた避難型、また、逃避行や収容所で親が餓死、凍死し、残された子らを中国人が拾って育てた難民型がある。そして中国残留婦人によく見られるが、現地の中国人に助けられて、その感謝として中国人と結婚して入った感謝型がある。

この類型をふまえて、中国残留日本人孤児の発生地域との関係を考えてみたい。表一―三[29]が示す通り、発生地域の上位八位までの市県の合計は、全体の五割を超えている。五位までは、大都市の奉天市（現遼寧省瀋陽市）、ハルビン市、新京市（現吉林省長春市）、大連市の順となっている。こうして見ると、大都市で中国残留日本人孤児が発生する確率が高いと言えよう。

そして現地の家に入った日本人も引揚者と同じく、一つの「越境」を体験していた。彼（女）らは漢民族だけでなく、朝鮮族、回族やモンゴル族などの少数民族の家庭にも入った。かつての「満洲国」境を越えて、中国本土へ移動した人もいる。またそうした目に見える移動がなくても、彼（女）らは「移動なき越境」を体験していた。つまり「満洲国」を一つの政治的／地理的な空間として捉えた場合、政権が交替したことで、新たな政治的空間が創造されていく。その際、目に見える国境を越えた移動がなくても、そこに住む人びとはすでに政治的な「越境」を体験している。

これらの人びとはその後、帰国意志の有無に関係なく、後期集団引揚の過程で制度的に排除されていった。それが原因で、彼（女）らが再び、日本に帰国できるようになったのは、日中国交が締結した一九七二年以降であった。

表１―３「中国残留日本人孤児」の発生地域別順位

順位	省　名	市県名	人　数	累　計	割　合
1	奉天省	奉天市	227	227	12.36%
2	浜江省	哈爾浜市	167	394	9.10%
3	吉林省	新京市	132	526	7.19%
4	関東州	大連市	115	641	6.26%
5	奉天省	撫順市	89	730	4.85%
6	牡丹江省	寧安県	84	814	4.58%
7	竜江省	斉斉哈爾市	58	872	3.16%
8	牡丹江省	牡丹江市	53	925	2.89%

（二）集団引揚の終結

中国との後期集団引揚は、一九五二年一二月の第一次北京放送を契機に、日本三団体（日本赤十字社、日中友好協会、日本平和連絡会）[30]と中国紅十字会が主体になって交渉し、翌年三月から開始された。終結する一九五八年七月までに計二一回行われ、約三万五千人が日本に帰還した。後期集団引揚が終結した直接の原因は、長崎国旗事件であるとされてきた。長崎国旗事件とは、一九五八年五月二日、日中友好協会長崎支部が主催する中国切手剪紙展示会で起きた右翼団体による中国国旗の毀損事件である。この事件を機に、日中関係が全面的に断絶し、これを背景に集団引揚も終結したのだと言われてきた。しかし、日中関係が全面的に断絶するという宣言が発表された後においても、日中間貿易の再開や人的交流などが途絶えることなく行われていた[31]。唯一再開されなかったのは集団引揚だけであり、残留日本人をめぐる交渉さえも行われなかった。

これまで、中国側の後期集団引揚を終結しようとする意図を示す根拠として、次の中国紅十字会から日本三団体宛の電報が挙げられてきた。

「日本の岸信介政府が中国人民を敵視することを継続しているので、本会は里帰り日本婦人に対し、彼らが日本へ里帰りに行くことを援助するのを暫く中止する」（厚生省 一九六三：五八）

この電報は、六月四日に日本三団体へ送られたものである。当時の日本政府の中国敵視政策が一つの原因としてあげられている。しかし、それは集団引揚の終結を意味するのではなく、中国人と結婚した日本女性の里帰り（一時帰国）に対する援助をしばらく中止するという意味であった。また、後期集団引揚が終結した後の一〇月に、中国紅十字会よりふたたび中国に居住する日本人の帰国を援助したい旨の北京放送が流れていた（厚生省 一九六三：四五六）[32]。このような中国側の呼びかけに対して、日本政府は応答することなく、集団引揚は終結したままで、個別引揚政策を採用したのである[33]。

以上のことを顧みれば、後期集団引揚が終結した理由は、これまでの通説――日本政府の中国敵視政策、冷戦構造――では、説明しきれるものではないことが明らかである。いったい、この後期集団引揚は、なぜ終結するに至ったのだろうか。外交史料館が公開している「引揚関係」史料に、その原因をうかがうことができる。

厚生省に於いては、七月早々白山丸を今次引揚の最終船として出航せしめる予定の由なるところ、右便は国会終了後（会期三週間と見れば）のことでもあり、最近の日中関係に鑑み、我方において万一その意向あらば、あまり目立たず自然な形で利用し得る機会であるとも考えられるにつき為念。[34]（外交史料館、K'七・三・三：八九三）

「極秘」と扱われたこの資料の日付は、中国紅十字会の電報が届いた翌日の六日になっている。この資料から分かるように、日本政府に後期集団引揚を終結させようとする意図があったことがうかがえる。当時の悪化する日中関係——長崎国旗事件、中国紅十字会からの電報など——は、〝目立たず自然な形〟にするために利用されたに過ぎない。中国側の再度の呼びかけに応じなかったのは、このような集団引揚を終結させる考えが日本側にあったからと思われる。また悪化する日中関係を利用して、中国と交渉する道をも閉ざしたのである。

四　国民の包摂と外交

（一）　外交戦略の衝突

さて、なぜ日本政府が後期集団引揚を終結させようとしたのか。それを明白に示す資料は、今のところ見つかっていない。だが日本と中国と台湾との戦後の越境的移動に関する筆者のこれまでの調査成果[35]を踏まえて考えると、それには次のような要因があったと考えられる。対外的には国際関係（冷戦構造）特に対中外交の展開、対内的には戦後の国民統合政策や、「抑留」だと捉えていた人たちがすでに帰還したことや、未帰還者の最終処理や、留守家族の社会運動との関連である。

戦後の冷戦構造において、アメリカの対中封じ込め政策を打破するために、中国政府は人民外交を展開していた。人民外交とは、周恩来が提唱した「民間先行、以民促官」（民間の交流を先行させ、民間の交流を通して政府を促す）の外交方針である（中共中央文献編集委員会 一九八九：一二七）。経済文化交流のほか、中国政府にとって後期集団引揚への援助もその一環として行われた。その一方、サンフランシスコ条約の締結によって、資本主義国家陣営の一員となった日本政府は、他の資本主義国家との協調を保ちながら、国内の帰還促進運動にも応え、後期引揚事業を行った。そうしたなかで、中国政府の人民外交にも対処しなければならなかったのである。このような国際環境や国内情勢のなかで行われた後期集団引揚の主導権は、中国政府にあったように思われる。実際、後期集団引揚に関する日本政府と台湾政府との談話では、人民外交を「人質外交」と揶揄するほどであった。だがこうした事態に対して、日本政府もけっして受動的ではなかった。

人民外交の最終目標は政治的なものであり、日本国内の民間勢力を用いて日本政府を動かし、日中国交の締結に至ることであった[36]。しかし当時の日本政府は、台湾のみを公式に承認し、中国政府を承認できなかった。そのため、中国政府が展開する人民外交に対して、日本政府は「人道外交[37]」を展開したのである。

人道外交とは、中国との交渉を引揚げといった人道主義に関わる事項のみに限定し、政治的事項に関する交渉には応じないものであった。しかしそれはけっして単なる人道主義に基づくものではなく、そこには三団体方式の解消による国内勢力の弱体化や、共産主義国家中国に対する攻撃的な要素も含まれている。これらの歴史的経緯は本論で詳述できないが、後者に焦点を定めて少し論じてみたい。

日本政府が戦犯釈放や行方不明者調査のために、中国の駐ジュネーヴ大使と交渉を始めようとした一九五五年七月に、その点が顕著に現れている。ジュネーヴ交渉（一九五五年から一九五七年までのあいだ、日中両国ジュネーヴ駐在総領事を通じて行われた交渉）を開始するにあたって、台湾政府の諒解を得るために、外務省アジア局中川局長は当時の中華民国大使を訪れた。その際、中国との交渉は人道問題に限定しており、それは宣伝上大きなメリットを持っていて、中国政府がこれに応じなければ、そのことを公表して、中国政府が人道主義に違反したことを世界世論に訴える、と中川局長は説明した[38]。このように、行方不明者の問題特にその数の開きは純粋な人道主義ではなく、政治的な駆け引きの道具として位置づけられ、中華民国政府をなだめ、中国を攻撃するための宣伝戦に用いられたのである[39]。

このように、中国政府の「人民外交」に対して、日本政府は「人道外交」を展開していた。ふたつの異なる外交戦略が衝突し合うなかで行われた後期集団引揚が終結したのは、当然の結末であったかもしれない。しかし日本政府が後期集団引揚を終結させようとした背景には、日本国内の政治安定という課題が関係していた。それには大きくふたつの側面が存在する。一つは日中国交の締結に向けて運動する勢力、もう一つは未帰還者の帰還促進を行う勢力である。中国の人民外交を崩すには、こうした勢力の影響をいかに抑えるかがきわめて重要であった。

すでに触れたように、前者の影響力を削減させるために、三団体方式の解消が狙われたが、それは失敗に終わった[40]。また後者の勢力は当初日本政府に傾倒していた。しかし第二章で述べるように、それが次第に日本政府と異なる立場を取るようになっていったのである。そのため、その勢力をいかに無力化し、そして国内の留守家族の要請にも応えつつ、帰還促進運動を宥和させるかが重要な課題となってきた。

こうした内的要因と外的要因が複雑に絡み合う情勢に対処するのに、後期集団引揚の終結が「最善の対策」として選択されたと言えよう。つまり後期集団引揚を終結させることで、当時の冷戦構造とも相まって、日本社会に〝日中関係の全面断絶＝未帰還者の救済不可能〟という言説を創造すれば、未帰還者を救済しようとする社会運動を弱体化させることができる[41]。それがまた対中宣伝戦としてもきわめて有効であった。

（二）不完全な国民包摂

戦前、中国や満洲と呼ばれた地域に渡った日本人は、日本の敗戦によって、敗戦国民として現地に取り残された。そうした人びとを日本に帰還させるために行われたのが、引揚事業である。一九四九年までの前期集団引揚だけで、約九割強の人が日本に帰還し、日本国民として包摂されていった。敗戦当時の日本の経済状況を考慮して、こういった民族の大移動を成し遂げたことは、賞賛に値するという評価も存在する。しかし中国残留日本人と呼ばれる人びとはまさにこういった大事業が遂行されるなかで排除され、形成されたことも忘れてはならない。これはけっして特殊なものではなく、一般に言われる戦争によって生じた「必然」的なものでもない。まして歴史的な一過性の問題でもない。近代国民国家が国民の境界線を引く際、あるいは福祉政策を施行する際に、常に起こりうる問題である。中国残留日本人や中国帰国者の現在や将来を考えるにあたって、こういった歴史的文脈に関する研究分析は必要不可欠である。それは彼（女）らを理解するための第一歩でもある。

本章はこうした認識をもって、中国残留日本人の歴史的形成を決定づける戦後の一連の流れを論じてきた。またこうした帝国の崩壊からポストコロニアルへと移行する過程において、中国にいた日本人は単に日本に帰国し、日本国民となっていたわけではない。そこにはさまざまな越境や移動が見られる。本章はそのような日本人の離散の略図を描きながら、そこに多様な境界線や人間性が生み出されていたことを指摘した。さらに日本の敗戦によって戦後の現地社会に包摂された中国残留日本人の類型を確認しつつ、後期集団引揚が終結した原因を探求して、その理由を日中関係という視点から考察した。

中国の人民外交に対して、日本政府は人道外交を展開していた。こうした異なる外交戦略のなかで行われた後期集団引揚に限界が見えてくるのは、必然であったとも言えよう。ただしそこで問われる課題は、国民の包摂作業が完結されたか否かである。それを決断する権利は、日本政府にあった。だが中国残留日本人の存在を考えれば、国民の包摂作業はけっして完遂されたとは言えない。それは不完全な国民の包摂作業にほかならない。次章は、中国残留日本人が具体的にどのように排除、忘却されていったのかについて論じたい。

【注】

1 劉建輝は終戦前後の人びとの移動を「『満洲』ビックバン」と呼んでいる。こうした「『満洲』ビックバン」によって世界に離散していった人びとを「満洲移民ディアスポラ」と呼ぶことができよう（南 二〇〇九a）。

2 満洲の政治／経済システムが戦後の日本に応用され、戦後の日本経済の高度成長を支えたことは、小林英夫の一連の研究によって明らかにされている（小林 二〇〇五、二〇〇八）。一方、満洲国大都市のモダンを体験した人たちの経験は、戦後日本社会のモダン文化受容の基盤となっていた（劉建輝の議論に負っている）。また筆者は食文化や大衆文化に注目している（南 二〇〇九a）。戦後日本社会での餃子の普及は満洲引揚者の活躍によるところが大きい。さらに映画監督山田洋次が制作した国民的映画『男はつらいよ』、漫画家赤塚不二夫の『天才バカボン』の名キャッチフレーズ「これでいいのだ」（没法子（メイファーズ））（赤塚 一九九九）はいずれも満洲での生活体験や引揚げ体験から示唆を得ている。

3 一九三二年から一九四五年までのあいだに存在した満洲国に対する評価は、きわめて複雑である。これまで、日本側の満洲国政権の正当化や美化、および、中国側の偽満洲国や傀儡政権といった見解がよく問題視される。しかし中国でのメディアの取り上げ方を辿ると、近年、満洲国政権の真偽よりも、その地域をフロンティアとして描く傾向が強くなっている。本論では、満洲国に対する歴史的評価よりも、それを一つの辺境、政治的／地理的空間として扱う。

4 一九四五年八月二六日、大本営参謀がまとめた「関東軍方面停戦状況に関する実施報告」では、現地での土着化をめざす「土着せしむる方法」が具体的に提起されていた（坂本 一九九五：三六―三八）。その理由としてあげられたのは、「内地に於ける食料事情及び思想経済事情」であった。なおこの背後には、日本人の海外財産の確保という理由もあったと筆者は考える。

その後、九月二四日の次官会議の「海外部隊並びに海外邦人帰還に関する件」では、「帰還すべき者に対しては、速に配船其の他帰還に必要なる措置を講じる」と部分的な引揚が認められるようになったが、すべての帰還が決定されたのは、連合国最高司令部が「引揚に関する基本指令」を出した一九四六年三月であった。

5 引揚援護に関する記録は一九五〇年のほか、一九五五年（続編）、一九六三年（続々編）、一九七七年（引揚げと援護三十年の歩み）や一九九七年（援護五〇年）に編纂され、出版されている。また中国残留日本人孤児に関する記録も、一九八七年に出版されている（厚生省援護局 一九八七）。

6 浅野は海外から帰還した「引揚者」の「国民再統合」について、一九五〇年までの引揚者を中心に考察した（浅野（豊） 二〇〇四）。そこで提起された方法論は示唆に富んでおり、ナショナルレベルより下位にある社会集団や、それらの記憶の論争や国民的記憶への収斂プロセスの重要性が指摘されている。

7 本稿が言及する引揚は主に中国との関係のみを議論している。

8 厚生省援護局（一九七七）と厚生省（一九九七）の記述により算出した人数である。

9 「再祖国化」は、海外に渡航した時期と居住期間、引揚げた時期によって、異なる意識様態を呈している。たとえば、満洲国の成立より前に、当地に移住した久保钦哉は、他の引揚者が満洲を「第二の故郷」と語っているのに対して、日本を「第二の故郷」と称している（潮 一九七一：一六〇）。こうした「再祖国化」や戦後の海外に留まる期間に関して、政治情勢、引揚政策や現地の政策を考慮して考えると、①流離期（一九四五年～一九四六年）、②寄留期（～一九四九年一〇月）、③居留期（～一九五八年）、④僑留期（～一九七一年）、⑤残留期（一九七二年～）の五つの時期に分けられる。なお、日本政府の政策を考えると、④と⑤は同じく残留期だと言ってもよい。こうした時期による意識様態の違いに関して、筆者は別の論考で論及しているが、更なる研究調査が必要である。

10 既存研究のほとんどは、日本の敗戦によって、海外在住の日本人は日本に帰還してくるという論理で議論されがちである。しかしそこにはさまざまな越境行為が見られる。本論では論及しないが、引揚事業と逆行する越境行為も存在する。

11 そもそも一九四五年の敗戦によって、それまでの「日本人」のまとまりは、旧宗主国／旧植民地の相違から、男性／女性、本土在住者／復員者、旧植民地人／日本人、大人／子どもといった帝国／植民地の関係、性別、階層、体験の差異、地域、世代、信条・思想など、戦時と戦後の状況の差異があらゆる関係において分裂を生じさせている（成田 二〇〇二：三五―三六）。

12 蘭はコーエンの分類を参照して、中国残留日本人を「帝国ディアスポラ」と呼んでいる（蘭二〇〇九：二九）。しかし中国残留日本人の歴史的形成過程を考えれば、帝国時代はすでに存在していない。そうした捉え方には、中国残留日本人を「主体として」ではなく、むしろ「客体として」日本帝国やその後の日本国のナショナリズムで捉えてしまう危険性が孕まれている。なお本章の注1で触れたように、筆者は「満洲移民ディアスポラ」という概念を提案している（南 二〇〇九ａ）。ここでいう満洲移民とは、日本人だけではなく、当時の満洲国という政治的／地理的空間に移住したすべての人びとを指している。筆者はこの概念を用いて、満洲移民の離散やそのアイデンティティの変遷を辿り、戦後に形成された国民国家の記憶や近代における「満洲」の意義について再考したいと考えている。

13 これに関しては中国東北三省の史料館で確認したものであるが、具体的な統計データはない。少人数であったと思われる。

14 当時の中国において、どれほどの日本人が現地での定住を希望していたかは、正確な統計データがない。しかし中国だけではなく、台湾での資料調査からも、現地での定住を希望する日本人の存在を確認できる。その多くは、日本で身寄りがなく、現地で財産を保有していたり、頼れる人が現地にいたりして、定住を希望している。

15 満洲でのアメリカ日系人として、日本で紹介されたのは、日本・アメリカ・満洲の『三つの祖国』やユキコ・スーツオン（淑仲）・ルシールという三つの名前をもつアメリカ日系人ユキコ（上坂 一九九六）がとりわけ挙げられる。ユキコは初代満洲国国務総理鄭孝胥の孫鄭子罕と結婚して満洲に渡り、戦後、中華人民共和国が成立した直後に日本に戻り、その後アメリカへと帰っていった。

16 二〇〇一年、蘭信三が主宰した共同研究会の協力者として、筆者は長野県下伊那郡飯田市周辺の中国残留日本人に対する聞き取り調査活動に参加した。そのなかに、泰阜村も含まれていた。このときの調査をきっかけに、筆者が博士課程に入った二〇〇三年から、泰阜村について単独調査を継続してきた。この資料は、同村主催の慰霊祭に参加した際、元大八浪開拓団団員から頂いたものである。なお同開拓団団員の戦後移動をまとめるにあたって、この名簿を基に、同村出身の中国残留婦人に教えてもらった情報を最終的に用いている。

17 『長野県満洲開拓史』（長野県開拓自興会満洲開拓史刊行会 一九八四：七三四―七四八）を参照したが、海外への移住者のなかに含まれる引揚関係者の人数は、不明である。なお海外に移住したとしても、かつての開拓団との関係が切れたわけではない。かつての開拓団員や日本国内の引揚者と連絡を取り合い、絆が保たれたケースもある（木村 一九九六）。

18 引揚者の物語が悲惨的に語られることは多くの論者によって指摘されている（山田（昭）一九七八など）。戦争や引揚の悲惨さを伝えるベストセラー『流れる星は生きている』（藤原 二〇〇二）を見ても、それが明らかである。しかし、『流れる星は生きている』の視野は「家族」と「日本人」に限定されており、「他者」は不在である（成田 二〇〇三：一六二）。その一方、藤原はそれ以前に「他者」（朝鮮人）との交流について『灰色の丘』を著したが、今日ではその小説の存在すら忘れられている（成田 二〇〇五）。

19 中国残留日本人の支援活動を長年行ってきたKは、シベリア抑留を経て日本に帰還した人物である。筆者が参与観察を行う際、Kから中国残留日本人に対する思いや、彼の「アカ」としての差別体験を聞いた。その後、当事者の体験記を整理する際にも、似たような体験が多く見られた。

20 ヌーボーとは、ぼうっとしていて、人の行動や性格がつかみ所のないさまを表す。

21 このようなモダンな生活環境へのノスタルジアは都市部居住民によく見られる。戦後、大連やハルビンに関するノスタルジックな回想録が多く出版されたことからもそれが明らかである。こうした都市部居住民の満洲の記憶に関しては、坂部（二〇〇八）に詳しく論じられている。

22 この表は、肉親が判明した中国残留孤児だけを統計している。そのため、これは一つの目安でしかない。筆者が聞き取り調査を行っていくなかでも、満洲開拓団関係者が多いというのを感じたが、そうではない事例にも少人数であるが聞き取りを行った。

23 まず残留孤児の類型に関しては、郡司彦の①撃滅孤児、②避難孤児、③難民孤児、④拉致孤児や⑤潜在孤児（一九八一）、菅原の①避難孤児、②難民孤児、③預かり孤児、④拉致孤児や⑤売買孤児（一九八六）、中野の①難民孤児、②預かり孤児や③その他の孤児などが挙げられる（一九八七）。これらの諸類型をふまえつつ、具体的な事例を用いて、敗戦時の居住地や年齢差に注目した浅野（浅野（慎）二〇〇八）の類型は大いに参考になった。また猪股は開拓団の行動分類から①遭難型、②困窮型や③就労型の三類型を析出している（二〇〇九）。

24 筆者は聞き取り調査のなかで、戦後軍隊の看護婦に徴用されたことで、その後、中国人と結婚した中国残留婦人と出会っている。この類型の多くは、軍の関係者である。

25 班忠義『曾おばさんの海』（一九九二）の曾秀英、西条正『中国人として育った私』（一九七八）、『二つの祖国をもつ私』（一九八〇）の西条正の母などがその例として挙げられる。

26 吉永勢伊子『忘れられた人々』（一九九六）の保子。

27 上掲書の君江。

28 『忘れられた女達』のなかの牧野ちほえや佐藤はる。

29 厚生労働省の未判明孤児データや図書などを基に、筆者が統計し、作成した表である。省や市県名は当時の名称に従っている。この統計には、肉親が判明した孤児らのデータが不足している。また統計的に大都市が多かったのは、実父母と生き別れた場所を分かりやすく言うために、実際は農村であっても、大都市の名前を挙げたとも考えられる。

30 日本三団体のうち、日中友好協会と平和連絡会は左翼的団体として、当初から日本政府から言動を監視され、交渉の中核から遠ざけられていた。

31 たとえば、一九六二年、高崎達之助と廖承志の交渉によって、「日中長期総合貿易に関する覚書」（通称：LT貿易）が日中間で交わされた。その後、日中国交が締結される一九七二年まで、同覚書に基づいて、日中間の貿易交流が盛んに行われた。

32 この北京放送が放送された経緯や具体的な内容は、確認できていない。なお、放送されたのは次のような理由が考えられる。一つは帰国したい人の申請が増えたためで、もう一つは外交的な戦略「断而不絶」の一環として行われたものである。第二〇次引揚船の際（一九五八年六月一四日）、趙安博が日本三団体乗船代表に「岸政府の非友好的態度の続くかぎり、引揚げのみならずいっさいの交渉に応じられぬ」と伝えたのは、岸内閣の態度を牽制しようとする一方、引揚をめぐる日中間のつながりを「絶」えさせないためであったが、それは功を奏しなかった。なお趙の発言は、中国側の「引揚げ交渉打ち切り」の言明として捉えられてきたが、しかし「続くかぎり」に注目すれば、それはむしろ日本政府の態度を牽制しようとして発言されたものであると解釈すべきであろう。

33 個別引揚政策が取られたのは、中国側の意向でもあった。というのは、在中日本人が自分の意志で「僑留」しており、大規模の集団引揚はもう必要ないと認識されていたからである。なお、それは交渉に応じないという意味ではない。

34 為念とは、気にかける、万が一に備えて、といった意味を表す。

35 戦後の三地域をめぐる人びとの国際的な移動をポストコロニアル、越境や国民国家論といった観点で辿っていくことは、きわめて興味深い現象である。本稿でそれらの議論を展開していくことはできないが、また別の機会に論じたい。

36 人民外交は、経済文化交流の面において長期にわたって積み上げられ、一定の成果を収めたと言える。しかし、集団引揚や人的移動という面においては、失敗したと言わざるを得ない。そうした戦略自体に必然的な限界があった。こうした人民外交の失敗に関する詳しい分析に、劉（二〇〇八、二〇〇九）の論考が挙げられる。日中の後期集団引揚と日ソの集団引揚との比較もなされていて、非常に納得のできる議論である。

37 大澤武司は、戦後の日中関係の積み上げ方式という観点から、人道問題に関わる日中間の交流を「人道交流」や「戦後日中民間人道外交」と枠づけている（大澤（武）二〇〇三、二〇〇六）。しかしそうした「人道交流」の背後には、中国政府の人民外交だけではなく、日本政府の外交戦略として掲げられた「人道主義」がある。そこでいう「人道主義」は普遍的なものではなく、戦後日本国の国民統合との関連性がきわめて強い。またそこには、後期集団引揚の主導権をめぐる争奪、冷戦構造における日本国の位置づけの保持、対中外交戦略といった政治的な要素もきわめて濃厚に織り込まれている。さらに後期集団引揚においてキーマンとして挙げられるのは、一九五五年七月、外務省から日赤外事部に出向した井上益太郎である。彼は日赤を代表する人物として、北京了解や僑民相互往来などの中国との交渉や三団体方式の解消において重要な役割を果たした。この背景に、日本政府が関与していたことは公開された資料からある程度見えるが、まだ明らかではない。しかし彼を中心に日赤が関わった北朝鮮送還事業において、日赤が「日本の国益」を代行していたことはテッサ・モーリス・スズキの一連の研究（モーリス＝スズキ二〇〇七）によって明らかにされている。当時の日赤外事部は「第二外務省」と称されるほどであった（モーリス＝スズキ 二〇〇七：八八）。以上のことを考慮して、筆者は大澤のいう「人道問題」を解決するための人道外交ではなく、（対中）外交的戦略も含まれているという意味で「人道外交」を用いたい。

38 台湾中央研究院近代史研究所档案館一一—EAP—〇〇六四七。

39 当時の中国政府が把握する日本人の数は八千人であった。これに対して、日本政府が提起した行方不明者の数は、四万人に上っていた。こういった人数の開きが政治の駆け引きの道具として用いられたのは、はじめてではない。一九五〇年ソ連との交渉の際においても、同様のことが見られた（栗原（俊）二〇〇九：一一七）。なお中国政府は、日本側から出された行方不明者資料を基に、公安部を通じて、中国各地で調査を行った。その成果がどうであったかは公開されていないが、判明した人の資料は内政の問題であり、日本との国交がないという理由で、日本に向けて公開しないという内部意見がまとめられていた。またジュネーヴ交渉とは別に、中国側は、日本赤十字社から得た資料や、留守家族から直接送られてきた手紙を基に、国内調査を行い、それぞれに対して回答していた（「日本人の行方を探す書簡に関する処理意見（一九五六年二月）」中国外交部档案館一〇五—〇〇七九五—〇四）。

40 三団体方式の解消が失敗に終わったのは、日中友好協会や平和連絡会の二団体が三団体方式の解消に積極的ではなかったことや、中国側が日本三団体としか交渉しない姿勢を崩さなかったからである。

41 留守家族団体の社会運動が弱まったのはこういった外的要因だけではなく、内部の確執も一つの要因である（留守家族 一九五九）。

第二章　不完全な国民統合

日本帝国が崩壊してから、日本国は日本国民の境界を画定するのに、さまざまな制度的措置を実施してきた。基準として用いられたのは、国籍のほかに、戸籍制度があった。[1] 一八七一年に成立した戸籍制度は、戸という社会構造の最小単位である家族を管理することによって「対内的日本人」を創造する、日本独自の国民化装置であった（嘉本 二〇〇一）。一八九九年、国籍法が成立してからも戸籍制度は依然としてその機能を失っていない。というより、血統主義重視の国民化制度においては、戸籍制度がより重要視されていた。つまり日本は対外的には国籍制度、対内的には戸籍制度という二層構造をもって国民化を試みたのである。両方の籍を持つ人のみが真の日本人とされ、対内的にも対外的にもそれにともなって付与される権利を享受することができる。

日本はこうしたふたつの制度を用いて、大日本帝国時代では、朝鮮半島や台湾の人びとを対外的に国籍によって包摂する一方、対内的には戸籍によって排除していた。一方大日本帝国が崩壊してから、帝国臣民から日本国民へと国民概念が変遷していくのに従って、戸籍制度を用いて、外地籍の朝鮮人や台湾人の国籍を剥奪し、排除していったのである（尹 一九九七；小熊 一九九八）。このように、戸籍と国籍の二層構造性は日本という国民国家形成のなかにおいて、国民化の装置として重要な役割を果たしている。それは自然なものではなく、社会的に構築されたものであり、行政によって恣意的に解釈しうる余地を持っていた（尹 一九九七：一〇〇）。

後期集団引揚が終結してからも、今日のいう中国残留日本人が中国での残留を強いられたのは、こうした戦後日本政府の国民画定作業の対象者から排除、忘却されていったからである。そのために、日本へ永住帰国できるようになったのは、日中国交の締結を待たなければならなかった。いわば中国残留日本人は、戦前の「複合民族」「雑種民族」から戦後の「単一民族」へと変遷していく過程で、「残余カテゴリー」（佐藤（成）一九九五：一一四）として排除されたのである。本章では、こうした排除過程を、後期集団引揚や法的制度、および社会的な観点から詳しく論じていきたい。

一　法的処理と国籍問題

（一）「未帰還者」処理と国民統合

海外に取り残された日本人は、未帰還者と呼ばれていた。その未帰還者に関する法律「未帰還者留守家族援護法」（以下援護法）が公布されたのは、後期集団引揚が始まった後の一九五三年八月一日であった。その目的は、「未帰還者が置かれている特別の状態にかんがみ、国の責任において」「その留守家族に対して手当てを支給するとともに」「未帰還者が帰還した場合において帰郷旅費の支給などを行い」「もってこれらの者を援護すること」である。

この目的から明らかなように、同法は海外に取り残された未帰還者というより、むしろ留守家族に重心を置いてある。同法が成立した背景に留守家族団体の社会運動があったことを考えれば、これは当然だと言えよう。一方の国家側から言えば、この法律は国内安定と国民統合のために講じた政策であった。

同法によって、未帰還者の範囲が規定された。それによれば、未帰還者は「日本国籍を有する者で未復員者や拘禁を受ける戦犯のほか、「昭和二〇年八月九日以後ソビエト社会主義共和国連邦、樺太、千島、北緯三八度以北の朝鮮、関東州、満洲または中国本土の地域内において生存していたと認められる資料があり、且つ、まだ帰還していないもの」と定義されている。なお「自己の意思により帰還しないと認められる者及び昭和二〇年九月二日以後において、自己の意思により本邦に在った者」は未帰還者ではない。この規定に従えば、集団引揚の援護対象は「日本国民、日本国民とその同伴する外国籍妻、日本国民の父または母に同伴する二〇歳未満の子で配偶者のないもの、もと日本国籍を有した者（朝鮮人、台湾人を除く）とその子供」に限定された。

元日本国籍であった朝鮮人と台湾人が排除されたのは、戦後の国民統合政策と大きく関係している。そうした措置は日本国内でも行われた。

日本政府は、主権回復直前の一九五二年四月一九日、通達（民事甲第四三八号法務府民事局長通達）をもって「朝鮮及び台湾は、条約の発効の日から日本国の領土から分離することとなるので、これにともない、朝鮮人及び台湾人は、内地に在住する者を含めてすべて日本の国籍を喪失する」ことを宣言した。ここで境界線変更の論理が強調されているが、通達のなかで「もと内地人であった者でも、条約の発効前に朝鮮人または台湾人との婚姻、養子縁組等の身分行為により内地の戸籍から除籍せらるべき事由の生じたものは、朝鮮人または台湾人であって、条約発効とともに日本の国籍を喪失」するとあるように、戦後の日本政府の国民統合政策は戸籍制度――内地戸籍と外地戸籍――によって実践されていたことが分かる。このような戸籍制度による包摂と排除を通じて、戦後の日本社会に単一民族神話――「日本人」＝「日本民族」＝「日本国民」――が創造されていったのである。それは対外的にも対内的にも「日本人」を創造することであり、従来の戸籍と国籍の二層構造による国民化政策を踏襲したものであった。戦後になって施行された諸戦後補償政策から外地籍の人びとが排除されていったのも、同様の論理が用いられた。

また援護法の第二九条では、「国は、未帰還者の状況について調査究明をするとともに、その帰還の促進に努めなければならない」と規定している。未帰還者は消息のある程度把握されている者と、行方不明者に大きく分けられる。行方不明者に関する当初の処理は主にふたつの方法に拠っていた。一つは利害関係者（留守家族）の請求による失踪宣告の方法（民法第三〇条）で、もう一つは次の回答のように、調査担当官庁による死亡報告の方法（戸籍法第八九条）であった。

元満洲国の民籍謄本を資料として、監督法務局長の許可を得て市町村長が職権により死亡の記載をして差し支えないとされた事例（一九五七・九・六民（二）発三七〇号回答）（法務省 一九八七：一二三七）

このような措置が取られた背景には、一九五七年六月一日に出された法務省令第二一七条により順次新戸籍法に基づく戸籍簿への改製が始まっていたことが挙げられる。新たな戸籍編製作業は戦後の国民統合政策の一環であり、国民を社会統合していくための基礎的作業である。だがこうした国民統合の作業は最終的に、未帰還者特別措置法の死亡宣告によって処理されていったことが後の議論で明らかになる。

（二） 未帰還者の国籍問題

未帰還者に関する法律のほか、国民統合において重要なのは国籍法である。一九五〇年、新国籍法の施行にともなって、海外にいる日本人の国籍は同法律に則って処理されるようになった。同法律の第一一条第一項は、自己の志望によって外国の国籍を取得したときは日本国籍を喪失すると規定していた。しかし、中国にいる日本人の国籍に関しては、異なる方針をとっていた。

一九五七年九月一六日、日本政府は「日本人が中共の国籍を取得しても、日本の国籍は離脱できない」（民事甲一七四九号回答）（法務省 一九八七：二二七）という方針を発表した。このような方針を取ったのは、一つにサンフランシスコ条約以後、日本政府が新中国政府を正式に承認しなかったからであり、もう一つに国籍取得が「中国当局の逮捕を恐れて」（民事甲一七四八号回答）（法務省 一九八七：二三六）の危険回避のための手段だと捉えたからである。こうした方針に従って解釈すれば、中国にいる日本人は中国国籍を取得しても認められない。そのため、中国国籍を取得した人でも、日本では日本国籍を保持していたということになる。いわば彼（女）らは潜在的二重国籍保持者であった[2]。

なおこの時期において、中国残留日本人の国籍は特に問題視されることがなかった。日本にいる留守家族と連絡を取って、彼（女）らを通じて自己の日本国籍を証明しさえすれば、日本への引揚が可能であった。しかし、日本が敗戦してから中国人と婚姻関係を結んだ日本人女性の国籍問題は、複雑であった。

一九五六年一二月五日の民事甲二七四六回答では、「旧国籍法当時中国本土人と婚姻した日本人女は日本の国籍を失う」（法務省 一九八七：二二三）と定められ、実際適用されていた。

元日本人甲女につき中国人乙男と昭和二一（一九四六）年に中国方式による婚姻証明書の提出があったとして婚姻及びそれを原因とする国籍喪失により除籍の記載がなされているところ、婚姻成立の日は中国方式により証人立会の下に公開の儀式を挙行した昭和三〇（一九五五）年一二月二五日と解すべきであるとして関連戸籍を訂正する旨の審判がなされ、戸籍訂正申請があったときは受理する。

（一九六六・一二・五民事甲三三一二号回答）（法務省 一九八七：二二七）

こうした措置がとられた法的根拠として、旧国籍法と中華民国の国籍法が挙げられる。旧国籍法第一八条では、「日本人カ外国人ノ妻ト為リ夫ノ国籍ヲ取得シタルトキハ日本ノ国籍ヲ失フ」とされている。一方の中華民国国籍法第二条によれば、中国人の妻となった者は中華民国国籍を取得する。戦後、台湾の中華民国政府を承認していた日本政府が中華民国の国籍を参照したうえで、こうした措置を取ったのである。しかし、日本が敗戦した一九四五年から中華民国が台湾に敗退していった一九四九年までのあいだには、異なる措置が取られていた。

一九四七年一〇月二八日国民党内政部の「日本人帰化処理辦法」[3]によれば、日本人であって、在華日本軍占領区域で中華民国の国籍に入った者は内政部の許可を経なければ、すべて無効（第二条）になる。日本人の女子で中国人の妻となったものは中国国籍法の規定により、中華民国国籍の取得を申請しなければならない（第三条）としながらも、国籍法における外国人の中国帰化の申請に関する規定を日本人に対して暫時その適用を停止する（第四条）、と定められていた。この帰化辦法にしたがって解釈すれば、戦後の中国において、日本人が中国国籍を取得するのは不可能であった。その背景には、中国国内の日本人をすべて日本に帰還させる政策があったからである。

なお日本政府が帰化辦法の存在を知っていたかどうかは、定かではない。上述した措置をとったのに、ふたつの理由が考えられる。一つは、後にも触れるが、一九五五年一二月の中国人夫入国問題と関連して、日本人女性の入国を管理しやすくするためである。もう一つは、日鮮結婚をした日本人と同様に、婚姻関係による戸籍の除籍（戸籍法二三条）が適用されたからである。すでに触れた通達（民事甲第四三八号法務府民事局長通達）で、内地人であっても婚姻や養子縁組などの関係で内地戸籍から除籍される場合は日本国籍を喪失すると定められていた。同様の論理が、中国人と結婚した日本人女性にも適用されたと考えられる。

二　「残余カテゴリー」の排除

（一）「救済」対象と孤児

集団引揚が国費で行われた理由は、次の通りである。

政府は抑留者はすべて抑留者、即ち中国側の権力によって残留を余儀なくされてきたものという立場に立ち、したがってその「引揚」を国家の事業として国費をもって行っており、これは引揚者及び留守家族の要望に沿っているわけである。（外交史料館、K７・一・三：一二七五）

一九五三年二月一三日、引揚げに関する関係各省間の連絡打ち合わせの際、アジア局第五課長はこのように説明した。この説明から分かるように、日本政府が主な支援対象として想定したのは、抑留者――何らかの中国側の権力が働いて残らざるをえなかった人――であった。このような方針は、留守家族団体などの国民運動に応答し、日本国内の内政の安定と国民統合を図るための統合戦略であった。しかし、中国にいた日本人は、必ずしも何らかの中国側の権力によって残留を余儀なくされたのではない。

当時の日本政府も把握していたように、新中国が建国された後も、中国にいる日本人は三種類――戦犯・捕虜、留用者、一般邦人――に分けられる。このうち、戦犯や留用者は何らかの中国側の思惑によって残されたと考えられるが、一般邦人に関しては「放置」され、金さえあればいつでも引揚げることのできる状態にあった（厚生省 一九六三：五四）。中国残留日本人のほとんどは、一般邦人の種類に属している。だが後期集団引揚の過程において、一般邦人に関する交渉は皆無に等しかった。たとえば、後期集団引揚事業が行われるなかで、国家レベルでの唯一の接触、ジュネーヴ交渉（一九五五年から一九五七年までのあいだ、日中両国ジュネーヴ駐在総領事を通じて行われた交渉）では、戦犯の帰還問題や行方不明者の調査が交渉課題として挙げられたが、その交渉内容から、一般邦人に限定した交渉は見当たらない。

以下は、中国残留日本人孤児と中国残留婦人に分けて、それぞれがどのようにして後期集団引揚の援護対象から排除されていったのかについて論じたい。

まず、中国残留日本人孤児についてである。日本政府は、日本に帰還した孤児（引揚孤児）に対して援助を行っていた。しかし、中国にいる孤児に対する支援は皆無であった。一九五三年の日本三団体と中国紅十字会との交渉において、孤児についての言及はあったが、具体的な政策は提示されていなかった。その後、孤児が少人数という理由で、再び交渉することもなかった[4]。

後期集団引揚が終結してから、日本政府の対応は、きわめて消極的であった[5]。たとえば、当時、帰国したいと訴えた孤児に対して、日本政府は次のような対応をしていた。

七月二二日、帰国について言及した貴簡に関して、左のように回答する。

一　日本国籍の保有者なら、誰でも帰国することができる。

二　貴方は日本人であるならば、まず貴方が日本国籍を保有していることを証明する必要がある。

三　照会の方法に関しては、日本に居住する親族、友人に依託するか、あるいは中国紅十字会を通して日本赤十字会に証明を申し入れるのが、もっとも適切である。

四　もし、貴方の原籍地（詳細に）、生年月日、日本人父母の名前、年齢及び現住所を知らせてくれれば、そこで初めて調査を始めることができる。

日本外務省亜細亜局　中国課長　岡田　晃
一九五八年八月一四日
（外務史料館、K'七・一・三：一一〇二）

同孤児は、敗戦時幼かったため、両親との死別・離別状況を覚えておらず（外務省史料館K'七・一・三：一〇八九）、肉親を捜すための情報は持っていなかった。その後、この孤児がどうなったかは、同資料からは分からない。しかし、これらの資料から、日本政府の消極的な対応がうかがえる。当時の政府は、孤児に対して、日本国籍保有の証明あるいは肉親を捜すための手掛かりを要求しただけで、積極的な対策を講じようとしなかった。いわば自己証明ができなければ、援護法を利用しての日本帰還はできなかったのである。

こうした日本政府の姿勢は、中国残留日本人孤児の訪日調査が始まる一九八一年まで続いた。中国残留日本人孤児が後期集団引揚終結後の個別引揚制度を利用できなかったのも、このような日本政府の消極的な姿勢があったからである。消極的な態度を取り続けた日本政府の背後には、「寝た子を起こすな」という論理が働いていた。

（二）　結婚と「帰国」

次は中国残留婦人についてである。すでに触れたように、後期集団引揚の支援対象は、限定的であった。それによれば、中国人と結婚した日本婦人が永住帰国しようとする場合は、単身あるいは二〇歳未満で未婚の子どもだけをつれて、永住帰国することが可能であった。中国残留婦人が夫を連れて、日本へ永住帰国することは、原則上不可能であった。この問題は、一九五五年一二月一八日の第一二次集団引揚のとき、「中国人夫」の入国事件（日本婦人にともなって入国しようとする中国人夫が不法入国として扱われた事件）が起きた際に表面化した。この問題に関して、後期集団引揚の日本側の代表団体でもある日本赤十字社島津社長は、日本婦人の永住帰国問題に触れて、次のように語った。

北京協定を厳格にみれば日本人の妻が帰国したい場合には離婚しなければならない。離婚はしたくないが、日本にいる肉親に会いたいという場合、やはり「帰国」という形式をとるほかはないんじゃないか。（『朝日新聞』一九五五・一二・一五）

このように、中国人と結婚した日本女性は、永住帰国するには離婚が前提条件であった。「家族は中国、祖国は日本」という「浮気」「わがまま」「身勝手」「ふたまた」「曖昧な態度」を許さない（鍛治 二〇〇二）日本政府の態度を表すものであった。一八九九年四月から一九五〇年までの旧国籍法の規定――第一八条、日本人が外国人の妻と為り夫の国籍を取得したるときは日本の国籍を失う――や、当時の出入国管理の方針――「入国抑止策と入国誘致の止揚」――によって正当化されていたと考えられる。より大きな文脈としては、日本政府の志向するナショナル・アイデンティティの構築や単一民族神話の構築という過程において、異質なものを排除しようとする姿勢があったことも指摘できる。中国人の家庭に嫁いだことは、戦時中の理想的な「日本人像」に対する裏切りであるとみなされていたからである。これらの要素によって、中国残留婦人の場合は、問題として取り上げられることのなかった中国残留日本人孤児と比べて一層複雑であった。

中国残留婦人に関連して、もう一つ重要なのは、里帰りのための一時帰国制度である。一時帰国制度がはじめて文書化されたのは、一九五六年五月二九日の天津協定である。中国人と結婚した日本人女性の里帰り問題は、次のように決められていた。

中国にいて中国人と結婚している日本婦人が、もし希望する場合は、正規の手続きを経て、日本に赴き、親類を訪問し、再び中国へ帰ってくることができる。(厚生省 一九六三：四五)

天津協定を受けて、多くの日本人女性(一九五六年八月七八人、九月一三七人、一九五七年五月八七一人)が肉親に会うために、一時帰国制度を利用して里帰りした。しかし、第三回里帰り婦人が日本に帰国する際、日本で中国人(華僑)と結婚した日本人女性が戦後中国に渡り、引揚船に便乗して日本を訪問するという再渡航者問題が注目されるようになった。日本政府は難色を示し、日本婦人の里帰り問題を含めて見直し、往航運賃の片道が本人負担という政策を取るようになった。[6]

この決定を受けてから、一時帰国制度を利用する人数は、もっとも多いときの八七一人から、一九五八年五月二七日の第一九次集団引揚の九八人に激減した。中国農村部の家庭に入った彼女らにとって、片道運賃の捻出は不可能だったからである。片道運賃本人負担という決定は、事実上、日本婦人の里帰りを制限するための措置であった。[7] このような措置が執られたのは、前述した諸要素と関連していることは言うまでもない。

三 法的主体の抹消

(一) 忘却と法の制定

「忘却」こそが「一つの国民の創出の本質的因子」(Renan 一八八二=一九九七)である。戦後の日本は、「戦後ではない」と「終わらない戦後」、「記憶」と「忘却」のあいだを往還しながら「戦後」を感傷的に語り続け、国民を創造していった。その過程で、かつての満洲や満洲から引揚げてきた人たちの記憶は、戦後長い間、公的な場で語られることは少なかった。[8] 中国残留日本人の記憶もこのような状況下で、ほとんど語られることなく、忘却されていった。この忘却を可能にしたのは、「未帰還者特別措置法」（以下特別措置法）の制定である。

後期集団引揚が終結した翌年、特別措置法が施行された。同法は、「終戦前後の混乱期に消息を絶ったものであり、生存の望みがきわめて薄いと考えられることから、これをいつまでも放置しておくことは、留守家族の意にも沿わない」（厚生省 一九九七：六八）として講じられた。その主旨は「未帰還者の大多数が終戦前後の混乱期に消息を絶ち、今後調査究明を行ってもこれ以上その状況を明らかにし得ない実情にかんがみ、留守家族の心情をも斟酌のうえ、厚生大臣が民法第三〇条の宣告の請求を行い得ることとするとともに、その遺族に対し弔慰料を支給することとする等、特別の措置を講ずる」とされている。

しかし、特別措置法の立案者である当時の厚生省内の動きを知るOBによれば、同法は「予算獲得」のために立案されたという。

当時の厚生省内の動きについて、複数のOBはこう話す。

「国交未回復のなかで生死確認は進まず、調査対象となったままの未帰還者はなかなか減らない。それは『成果が上がっていない』ということになる。大蔵省に説明がつかず、予算獲得にもかかわってくる。戦時死亡宣告により、数を減らそうということになった」

事実、（昭和）三四年に三万余人いた未帰還者は五年後、六〇〇〇人余りに「急減」する。

一方、厚生省は「自己意思残留者」の認定も進めた。消息はあっても真意はともかく、当時の状況下で帰国

意志を表さなかった、一部の残留婦人らが対象。こうした人たちも未帰還者名簿から削られた。(『朝日新聞』一九八六・三・八)

このように、特別措置法は「留守家族の意」だけで成立したのではなく、その背後には、厚生省の利益などの要因が複雑に絡んでいた。

同法の施行によって、約一万三六〇〇人の未帰還者が戦時死亡宣告され、戸籍が抹消された(厚生省援護局 一九七七:二〇一)。戦時死亡宣告のほか、未帰還者の数を減らすために「自己意思残留者」の認定も行われた。「自己意思残留」認定をしたのは、一九五三年から施行されている「留守家族援護法」で、「自己の意思により帰還しないと認められる者及び昭和二〇年九月二日以後において、自己の意思により本邦に在つた者」(第二条第二項)は未帰還者の範囲から除外すると定められていたからだ。この際、中国人との婚姻関係で除籍という論理も働いた。その基準は、日本国籍離脱を認めない理由と同じく、中国での生活に危険性があるかどうかである。極端な例には、留守家族などとの通信のなかで「幸せに暮らしている」という文言があるだけで、自己意思残留認定された人さえいる[9]。

(二) 法の設定をめぐる折衝

後期集団引揚の末期になると、集団引揚よりも日本の国内問題として、行方不明者の究明が大きなウェイトを占めるようになってきた。行方不明者の調査問題は、一九五五年から三回にわたって行われた日中政府間の接触(ジュネーヴ交渉)で取り上げられたが、結局は成果をあげることなく、両者の接触は失敗に終わった。接触のなかで問題視されたのは、行方不明者(調査)に関する責任である。これに関して、中国側は、中国に行方不明者は存在せず、それをめぐる責任も中国にないとした上で、名簿があればその調査に協力すると返答した。中国側の返答を受けてから一年半ほど過ぎた一九五七年五月一三日、日本側は行方不明者の名簿をはじめて中国側に渡した。

なお日中間の接触過程で、日本政府は中国との国交回復までを目論む左翼系団体を含む三団体方式の解消を狙い、国内問題としての行方不明者にかかわる説明責任を拡散させようとしていた。特別措置法は、行方不明者などをめぐる留守家族団体全国協議会（以下全協）と日本政府との折衝の過程で設定され、施行されたのである。

一九五六年三月、日本赤十字社は、単独で中国紅十字会との接触を試み、北京協定以外のことは赤十字同士でやることを要求して、それまでの三団体方式の解消を狙った。日本赤十字社の要求に対して、中国紅十字会の彭炎は「李会長とよく相談してみます」（外交資料館 K'七・一・三・一）と日本側の意思を上部に通達すると応答した。にもかかわらず、日本赤十字社は、このときの談話をもって北京協定以外のことを赤十字同士でやるという「北京了解」が成立したと解釈してしまった。[10] しかし、六月二四日の日本三団体と中国紅十字会の会議において、日本赤十字社は「北京了解」が成立していない事実に直面して狼狽する。[11]「北京了解」がそもそも成立していなかったことは、一月の中国側の日本赤十字社の単独訪問を受け入れるための準備段階において、中国紅十字会はその他二団体を孤立させようとする日本赤十字社に警戒心を抱き、事項によっては赤十字同士だけの協議のみ可能にして、三団体方式の変更必要性はないといった方針を立てていたことから明らかである。[12]

そして行方不明者の調査問題や説明責任に関しては、一九五七年八月二九日、全協会長有田八郎と中国人民外交学会との懇談のなかで、「一九四五年八月一五日以前に中国内で戦争または生活していた日本人の行方については、日本政府が全責任を負い、日本国民に説明すべきである」という意見が交わされ、責任は日本政府にあるという認識が確認された。これを受けて、一九五七年一〇月一五日、ハンガリーで開催された国際赤十字会会議で、中国紅十字会は有田八郎と交わした認識を用いて、日本赤十字社が提起する行方不明者問題に反論した[13]。

中国から帰国した有田八郎は帰国報告のなかで、中国側への過剰な期待に警鐘を鳴らしつつも、今後の問題は日本政府と留守家族とのあいだの問題であると訴えた。さらに、政府間の直接交渉が無理な現状では「日本側は過去のイキガカリにとらわれず、日赤を主とする三団体、政府それに全協とが渾然一体となり、中国側の理解を得やすいやり方で推進し能率と効果を挙げるという点に目標を集中して努力される」べきだと強調した（留守家族団体 一九五九：五二三―五二二）。

行方不明者の問題にとどまらず、三団体方式の継続まで、保守政党に傾斜していた留守家族団体の姿勢は、保守政党と異なる立場を取るようになっている。それまでの力関係が崩壊し、日本政府にとって、未帰還者問題は外交問題ではなく、国内の政治安定の問題となった。その問題解決のために施行されたのは、留守家族団体が要請する「三団体方式による中国側の理解を得やすいやり方」とはかけ離れた、死亡宣告と自己意思残留認定を主旨とする特別措置法であった。

一九五七年九月一四日、留守家族団体から当時の内閣総理大臣岸信介、厚生大臣堀木謙三宛に「未帰還問題の完全解決」や「不安と焦燥に呻吟する留守家族の惨状を救済する特別措置」（留守家族団体 一九五八：五九九―六〇〇）を要求する陳情書が提出された[14]。完全解決とは調査究明、保障援護、最終処理の三要素を含むものであるが、それに対して、政府は最終処理を主旨とする「死亡推定法案」を提案した。同法案に対して、留守家族らは「戸籍抹消をしてしまうならばその後の調査を要求することができなくなってしまい、「殺人法」であると激しく反発した。その反発によって、同法案は一度廃案となった。その際、「戸籍まで抹消しないから、殺人法ではない」と留守家族はなだめられたが、特別措置法が施行されたときは、戸籍が抹消されることになった[15]。戸籍抹消に至った背後には、一九五七年六月一日の法務省令第二一七条による順次新戸籍法に基づく戸籍簿への改製作業があるように、国民統合政策が大きく影響したと考えられる。「死亡推定法案」に反対していた留守家族であったが、政府と交渉している間に、日本政府は後期集団引揚を終結させた。後期集団引揚の終結によって、日中関係の全面的な断絶＝「救済不可能」「中国側の非協力的体制」という言説が形成され、社会の感情を「救済」から「あきらめ」「弔い」へと転換させ、特別措置法の成立につなげたのである。

四　忘却と記憶のあいだ

（一）「弔い共同体」の形成

後期集団引揚の終結や特別措置法の施行によって、未帰還者に対する日本社会の態度はそれまでの「救済」から「弔い」へと変容した。日本全国の各地に、拓魂碑や慰霊碑が続々と建立され、「死者」の名が刻まれた。それはかつての満洲開拓民に対する慰霊や顕彰だけではなく、「もはや戦後ではない」という空間のなかで、戦後との決着をつけるためでもあった。死亡宣告された残留日本人の名も慰霊碑に刻まれ、位牌が作られた。そして一九六三年八月一五日から「弔いの共同体」を形成し、強化する「全国戦没者追悼式」が始められた。

死者に対する国家レベルの「発見」と「追悼」によって、死者の「死」は意味づけられ、国民の物語として構築されていく。これは記憶と忘却という取捨選択を通じて、感傷的な装置を駆使しながら国民を想像し統合していくことであり、近代文化としてのナショナリズムを見事に表象する「無名戦士の墓と碑」（Anderson 一九九一＝二〇〇二）の発見とそれをめぐる「記憶の場」（ノラ 二〇〇二）の構築でもある。[16] この過程において、残留日本人となった人たちは、法的主体性を剥奪され、単一民族神話の逸脱者（残余カテゴリー）として排除され、忘却されていった。こういった排除や忘却の機制がどのようにして地域や家族のレベルに浸透していったのか。戦時死亡宣告と地域と留守家族との関連で考えてみたい。

一九六三年二月、兵庫県は県下の戦時死亡宣告を受けた留守家族二二五人（一般邦人九七人、軍人一二八人）に対して、「戦時死亡宣告に関するアンケート調査」を行った（兵庫県民生部、一九六四）。アンケートの結果に拠れば、戦時死亡宣告を「適当な方法である」と認識する留守家族は二五人（一一・一％）しかなく、それを「不適当な方法である」「やむをえない方法である」「ほかにいい方法があった」と考える留守家族は、一八五人（八二・二％）にも及んでいる。戦時死亡宣告を受けてからの気持ちが「遺族になるのは仕方がないとしてまだ気持ちがすっきりしない」という留守家族は、過半数を超えて一一六人（五一・六％）となっている。これらの結果から分かるように、戦時死亡宣告に同意する留守家族は、「やむをえない」と考える人が多い。一九六四年七月一四日、兵庫県民生部で開催された「引揚げ運動二〇年を語る座談会」において、運動に参加していた人は当時を回想して、特別措置法を「やむをえない」という状況のなかで成立したと語っている。

僅か一年で戦時死亡宣告が制定されたことですが、この裏面には、われわれの代表である全協が国会や厚生省とともに推進していったものであることを知り憤慨したものですが、全協としても資金面のこともあるし、有田会長の選挙出馬ということもあって、どうにもならなかったのでしょう。また引揚特別委員会の代議士に会っても、「もう時期が来ているなァ」ということだったし、戦時死亡宣告の内容も変わっていたし、これではやむをえないと思いました。要は感情でしたね（兵庫県民生部 一九六四：一六五）。

全協や地域や留守家族などの「個別理由」は、それぞれあったかもしれない。しかし、この「やむをえない」

空気を醸し出したのは、個別の理由よりも、上述した後期集団引揚の終結や特別措置法の成立にあると言える。

「留守家族の意に沿う」かたちで設定された特別措置法ではあるが、兵庫県のアンケート調査結果によれば、「一身上（家庭上）の都合から」という理由で死亡宣告を受け入れた人は七人（三・一％）しかいなかった。個別の留守家族の理由が同法の設定背景ではないことは明らかである。このほか、死亡宣告に同意するときの留守家族の理由として、①「早く霊を葬うべきだと思ったから」が一三一人（五八・二％）、②「きりがないと思ったから」が四五人（二〇％）、③「宣告の内容に納得したから」が一五人（六・六％）、④「消息調査に満足したから」が一二人（五・三％）、⑤「公務員に気の毒に思ったから」が一二人（五・三％）、⑥「その他」が三人（一・三％）となっている。[17]また、死亡宣告に同意した要因として、自ら肉親を捨てたという「負い目」、周り（地域社会）からの「責め」などに対する決着という内的要因や、役所の執拗な説得、慰謝金という経済的な誘引などの外的要因も挙げられる。[18]

このように、中国残留日本人の存在は、国家レベルだけではなく、地域や家族レベルにおいても忘れ去られていった。同時に、これらの忘却の力とは別に、中国残留婦人を社会的に差別し、排除する力も存在していた。

(二)「単一民族」の逸脱者

戦後の日本において、中国人と結婚した日本婦人は「満妻」「満妾」という蔑称で呼ばれたり、「中国人と結婚した汚わらしい女」「恥知らず、よくも日本に帰ってきたね、私だったら、首吊って死ぬわよ」と罵られたり（北崎一九七七：一〇九）して、社会から差別されていた。残留婦人らが長期間にわたって支援対象の中心から外されたのは、これが一原因であった。

このような否定的なまなざしや反共風潮は、一時帰国した日本女性の日本社会での定着を難しくしていた。一九五六年三月から一九五七年五月までの一時帰国した日本女性一、〇〇九人のうち、そのまま日本に永住できたのは、一割強の一一〇人に過ぎなかった（兵庫県民生部 一九六四：七〇）。約九割の人が再び中国へ戻らざるを得なかった。その理由は大きくふたつある。一つは家族の分断を避けたいという理由[19]、もう一つは日本社会での定着が難しかったからである。

まず、家族分断の問題についてである。中国残留婦人が夫と離婚して単身あるいは子どもを連れて永住帰国を選択しないのは、家族の分断を避けたかったからである。たとえば、一家揃って中国人家庭に入った家族が引揚げの際、その父親は引揚げない娘に対して「家族（中国人夫とその子ども）と一緒に永住帰国できるようになったら、私たちは喜んで受け入れるよ」と声を掛けて別れたという[20]。また、一時帰国を利用して、一旦日本へ引揚げた後、中国人夫を呼ぼうとするケースもある。一九五八年ごろまでの一時帰国者六五一世帯のうち、日本にそのまま残ったのは九六世帯（一四・八％）。そのまま残った理由は、死亡二人、病気三人、夫を中国から呼ぼうとする者四二人、理由を明らかにしない者四九人となっている[21]。この内訳から分かるように、夫を中国から呼ぼうとする人は、その半数近くを占めている。しかし、既述のように、当時は、中国人夫の日本への入国でさえ困難であったから、日本での永住は一層困難であった。実際、その呼び寄せに成功したのは、四二世帯のうちの七世帯に過ぎず、大半の人は失敗していた。このような彼女らに残された道は、家族の分断か中国への「残留」かという選択であった。

家族（特に夫）の呼び寄せが不可能で中国へ戻った人がいる一方、日本社会での定着が難しいがゆえに、中国へ戻らざるを得なかったケースもある。その一例として、馬君江（良永 一九九六）をあげてみたい。君江は一時帰国制度を利用して、そのまま永住帰国し、中国へ戻らない覚悟で里帰りした。しかし、地域からの否定的なまなざしを気にする実家には、長く留まることができなかった。町に出かけて仕事をしても、うまく行かずに実家に戻る羽目になった。その後、否応なしに、中国へ戻ることを選択せざるをえなくなったのである。このような事例から、日本婦人の永住帰国をめぐっては批判的なまなざしや当時の反共風潮が影響していたことがうかがえる。また、日本政府の積極的な支援政策がないなか、長い間別れていた留守家族は、彼女らを受け止めるほどの経済力や環境がなかったことも分かる。

一時帰国制度を利用できた人でさえ日本での永住が難しかったことから分かるように、一時帰国制度を利用できなかった人たちの永住帰国は、言うまでもなく不可能であった。このように、国家が施行する一連の政策によって、中国人と結婚した日本人女性は国家と家族との二者択一を迫られた。国家を選んだ人は引揚者となり、家族が分断されていく。家族を選んだ人は中国残留婦人となり、長い間、法的保護の対象外として軽視された。中国残留婦人に関する書籍や研究は多く出版され、それなりに注目されているが、引揚者となった女性たちの家族分断の物語はいまだに注目されることが少ない。

五　法の例外状態

本章は、中国残留日本人の形成について日本との関係を中心に考察した。その際注目したのは、戦後の日本政府の国民統合政策、後期集団引揚の援護対象、留守家族団体の社会運動や「弔い共同体」の形成である。

しかし、「中国残留日本人」の諸呼称が一九七二年以降に名付けられたように、それまでのあいだ、中国残留日本人と呼ばれる人たちは、政治の舞台に登ることなく、忘れ去られていた。それを可能にした歴史的経緯や要因は、これまで考察してきた通りである。政治の舞台で議論されなかったがゆえに、中国残留日本人をめぐる排除と忘却は、政策的に意図されたものかどうかを判断するのも難しい。ただ確かなのは、日本政府が後期集団引揚を終結させようとした意図である。その背景には、戦後の国民統合政策や、「抑留」だと把握されていた人たちがすでに帰還したことや、本章で考察した留守家族の社会運動との関連があった。その後、特別措置法の施行によって、中国残留日本人らはあたかも存在しないかのように忘却されていった。以下、本章の結びにかえて、引揚者にはない、中国残留日本人らの「残留」の持つ意味を筆者なりに示しておきたい。

本章で考察してきた歴史的経緯によって、中国残留日本人にとっての一九五八年から一九七二年までの空白期間が生まれた。この空白こそが中国残留日本人にとっての「残留」であり、引揚者にとっての引揚げまでの期間とは異なる意味を持っている。引揚者は法的主体性を保ったまま日本へ帰国できたのに対して、中国残留日本人らの法的主体性は剥奪されていた。そのために、中国残留日本人は日本という主権国家から排除され、法の保護対象からはずされていくという「ホモ・サケル（homo sacer＝聖なる人間）」（Agamben 一九九五＝二〇〇三）となってしまったのである。

戦後の中国において、さまざまな政治運動のなかで迫害を受けた中国残留日本人らは、日本政府によって保護されることがなかった。[22]それは特別措置法の施行後、日本における中国残留日本人らの法的主体性が剥奪され、保護対象とみなされなくなったからである。ホモ・サケル化した中国残留日本人は政治舞台に登場することなく、その迫害されていく事態を誰もが罪の意識を負わずに見過ごすことができていた。この点は、引揚者と大きく異なり、「残留」の意味するところである。中国残留日本人らが長い間、日本へ永住帰国できなかったのもこのためである。

【注】

1 国籍と戸籍制度に関しては嘉本（二〇〇一）、柏崎（二〇〇二）、近藤（二〇〇二）、佐藤（文）（一九八八）、佐々木（二〇〇六）、西川（一九九五）などを参照。

2 先行研究の多くは、国境の変更にともなって、中国残留日本人の国籍が「中国国籍に帰化し、日本国籍を離脱した」と認識している。しかし実際日本国籍の離脱が認められたのは、日中国交が締結してからである。

3 留日華僑総会組織（一九四七）を参照。「日本人入籍処理辦法」と呼ばれているが、議論の便宜上、本書では「入籍」を帰化に置き換える。また同様の処理方法は中国にいる朝鮮半島の人びとに対しても定められていた。同書は、日本にいる華僑の国籍選択などの参考資料として翻訳されたことから、国籍制度が人びとのアイデンティティに影響を与えていることが明らかである。だが同法律が戦後の中国で施行された実態は不明である。ただ、筆者は資料調査のなかで、青島市や台湾などの資料館で同法律が伝達され、施行されていたのを確認した。

4 大澤は、日本人孤児問題が交渉過程で議論されなかったのは、中国側が日本人孤児に関する情報をほとんど明かさなかったことに由来するという（大澤（武）二〇〇九：一六五）。その根拠は、次の通りである。一九五四年一一月、中国紅十字会訪日代表団との備忘録では、在中日本人の数は約八、〇〇〇人となっている。その後約二、〇〇〇人が引揚げたので、残りは約六、〇〇〇人であるはずにもかかわらず、一九五五年七月の公安部統計は八、四六四人で、しかもそのうち日本人孤児一、八九八人が含まれている。また一九五五年一月から、中国側は一八歳未満の日本人孤児を中国人とみなし、それ以上の場合は自願に基づいて決定するという規則を定めた。これらを勘案すれば、中国側はすでに把握していた日本人孤児の存在を明らかにせず、国内問題として処理したのではないかと推測したからである。

たしかに、本稿の第三章でも触れるように、戦後の中国では、日本人孤児は養子縁組の関係によって国民統合され、中国の国内（内政）問題として捉えられた側面は否めない。しかし上述の統計から、中国側が日本人孤児を明かさなかったと断定できない。そもそも二つの統計の内訳は異なっている。備忘録の内訳は男性と女性であったのに対して、公安部の統計の内訳は、中国男子あるいは中国女子と結婚した者で帰国を希望しない日僑と彼らの子ども五、八七〇人、日本人孤児一、八九八人（ほかは略）となっている。こうして見ると、両統計の誤差は日本人孤児ではなく、日僑の子どもである可能性が大きい。また、二つの統計の名簿を詳細に比較しないかぎり、備忘録の統計に日本人孤児が含まれていなかったと断定することはできない。このように、二つの統計の誤差は、中国政府が日本人孤児の存在を明かさなかった根拠とはならない。

5 前注とも関連して、日本人孤児に関する交渉がなかったのは、日本政府のこのような消極的な態度にあったと筆者は考えている。日本政府は留守家族から中国に取り残された日本人児童の数を把握しているにもかかわらず、中国側との交渉において、そうした一番無力な集団に焦点を定めた交渉を行わなかった。実際、未帰還者の処理を急がず、三団体方式を持続させていれば、違う展開になっていたに違いない。

6 なお、政党によっては異なる政策も提案された。これに関しては、別の論考（南 二〇〇三）で論じた。

7 残留婦人の里帰り問題に関連して、もう一つ厄介な問題がある。つまり日本に里帰りした人たちを中国へ帰らせるための船の派遣である。中国へ帰らせるための派船の催促が幾度となく、中国側からなされている。里帰り問題が存続するかぎり、こういった「人道的な問題」が提起される。制限措置がとられたのは、これも一つの原因であると考えられる。実際、後に触れるように、中国側が残留婦人の里帰り援助停止を決めたのは、岸政府の対中敵視政策のなかで、中国へ戻る手段が確保されないからである。

8 満洲移民の体験が戦後の日本社会において語られないのは、その体験の特殊性――内地人と共有できない体験――にあるなどとされてきた。筆者はそのような側面をある程度認めながらも、満洲移民の体験は戦後、「戦争犠牲者」――戦没者の物語としてナショナル・ヒストリーに回収されていったことにより大きな原因があると考える。

9 中国残留日本人の国家賠償訴訟の法廷弁論では、中国残留日本人が中国で「元気に暮らしている」のような文言だけで自己意思残留認定された例がよく見られる。その背後に、このような論理が働いていた。

10 こう解釈したのは、彭炎の「その通りにしたい」という発言があったからと思われる。ただし、両者の対話の文脈を顧みると、彭の発言は北京了解を承認したものではなく、日本赤十字社のやりたくないことを（できるだけ）強要しないことに関する言及である。

11 三団体方式の解消や日本赤十字社が認識する「北京了解」は、大澤（（武）二〇〇三）に詳しく記述されている。「北京了解」が成立していたかどうかは、さらに議論すべき課題である。なお、本章においては、その成立の真偽よりも、それを成立させようとする態度ないしそれをあたかも成立したかのように扱う姿勢を問題にしている。

12 中国側は一貫して、日本三団体のみを交渉相手としていた。後期集団引揚が終了してから、一九六一年九月、国際赤十字会議の場において、日本赤十字社は単独で中国紅十字会と接触し、手紙を渡して、日本人の帰国や戦犯の釈放について交渉しようとした。これに対して、中国側は日本三団体でなければ、交渉に応じない姿勢を貫き、手紙を返した（「日本赤十字社代表団が我が総会代表と日僑問題について交渉しようとした件に関する中国紅十字会の対応報告（一九六一年五月〜九月）」中国外交部档案館一〇五―〇一四七三―〇五）。にもかかわらず、日本に戻った日本赤十字社代表団は、中国紅十字会と協議したとメディアに発表した。このように、後期集団引揚が終結してからも、日本赤十字社は、中国が交渉に応じないという雰囲気を日本社会に向けて作り出していったと言える。

13 中国外交部が所蔵する档案（中国外交部档案館一〇五―〇〇五四四―〇五）による。

14 未帰還者援護法の実質的期限満了時期が一九五九年七月三一日となっていたため、この時期の留守家族団体は、行方不明者の究明と留守家族への援護の充実および期間延長を主要の目標として掲げていた。こういった陳情書が出されたのは、このような背景があった。

15 このあたりの記述は留守家族団体全国協議会（一九五九）を参照。

16 開拓団の慰霊祭などに関しては、筆者が二〇〇三年から研究調査を行ってきている。慰霊祭の場において、満洲移民や中国残留日本人の記憶は日本人戦死者の記憶を通じて、ナショナル・ヒストリーに回収されつつあることが感じ取れる。

17 この調査は、特別措置法が施行されてから行われたものである。「一身上（家庭上）の都合」のほか、積極的な理由を見出すことができない。①と②は行方不明者の調査に対する「不安」と「あきらめ」から生じたものであり、③〜⑤は特別措置法が施行されてからの感想でしかない。

18 この事例は朝日新聞（一九八六年三月一日）の記事を参照。

19 一般的には家族の離散のように「離散」という語が使われるが、ここでは政策という不可抗力による強制を強調するために、「分断」を用いた。

20 筆者の聞き取りによる。

21　ここのデータに関しては、高木の著書（高木 一九五八）を参照している。

22　戦後の中国において、日本人はかつての植民地支配、日中戦争に関する記憶の二項対立的な構造のなかで差別／批判され、差別を受けてきた、と捉えられがちであるが、これはけっして普遍的に言えることではない。詳しくは第三章でまた触れる。しかし、日中国交がなくても、文化大革命の最中、日本政府は中国で拘束された日本人記者の保護を中国に求めたが、戦後中国に「残留」を強いられたこれらの日本人に対して、何の保護策をも講じていない。

第三章　もう一つの包摂物語

これまで、戦後日本の日本国民をめぐる包摂と排除の過程から中国残留日本人がどのように形成されたのかについて論じてきた。本章は視点を中国に置き換えて、議論をさらに進めていく。

戦後の中国に取り残された日本人の日本への帰還は、日本では引揚げ、中国では遣返（遣送）（以下、日本語の「送還」に置き換える）と呼ばれていた[1]。終戦から前期集団引揚が行われる時期では、日本人の影響を一掃するためにすべての日本人を帰還させる方針が取られていた。しかしその遂行は中国国内の内戦や政治的混乱、個別の事情といった理由で実現できなかった。そのため、中国が成立してからも、中国には日本人が居住していた。

多民族国家を謳う中国は、戦後の少数民族政策や少数民族識別政策といった政策が行われたように、中国国内の諸民族をいかに国民として包摂し、安定した国民国家体制を構築するかを重要課題として掲げていた（王二〇〇五；坂元二〇〇四）。かつて日本帝国臣民であった人びとも、こういった国民統合政策によって識別され、包摂あるいは排除されていった。だが同じ日本帝国臣民であったにもかかわらず、日本人と対照的だったのは朝鮮人である。戦後中国の少数民族識別作業によって、これらの人びとは外僑（中国国内に居住する外国人）としての朝鮮人ではなく、中国の少数民族「朝鮮族」へと国民統合された（安二〇〇六；李二〇〇九）。一方の日本人は、外僑として、あるいは国籍変更を行った上で包摂されていった。こうした差異が生まれたのは、日本人が少人数で、中国での影響力が弱く、しかもそのほとんどが中国人家庭に入ったかたちで「僑留」していたからである[2]。日本人政策はけっして最初から存在したのではなく、さまざまな調査や模索を経て、提案され施行された。こうした戦後中国の日本人政策は、中国帰国者研究にとって必要不可欠な課題であったにもかかわらず、これまで研究されることがなかった。本章は戦後中国の国民国家の建設や国民統合の視点から、戦後中国において、日本人がどのように把握され、政策が模索されたのか、後期集団引揚に至る過程や終結の背景、および、集団引揚が終結してからの包摂と排除について議論する。議論の対象は、中国共産党政権の中華人民共和国のみとする[3]。

一 実態の把握

(一) 東北地域の日本人

一九四八年末、中国共産党が東北全域を統治するようになり、そして翌年一〇月一日、中華人民共和国が成立した。この時期の在中日本人のほとんどは、東北地域(旧満洲)に居住していた[4]。そのため、以下の議論は東北地域を中心に進めていく。

在中日本人は当初から、外僑政策の一環として、公安局によって管理されていた[5]。一九四六年四月、嫩江省人民政府は「外国僑民の保護に関する布告」を公表し、外僑の調査に着手した。調査によれば、チチハル市にはソ連、朝鮮、ドイツ、スイス、オーストリアと日本の僑民が合計三六、三六三人、そのうち三五、九九三人が日本人であった。一九四八年三月、市公安局が「日僑留用に関する管理方法」を制定し、該当者に「日本人留用証明書」を交付した。また同年一〇月から、満一四歳以上の者に対して「外僑居留証」が交付されるようになった(黒竜江省地方誌 二〇〇一)。

そして一九四八年一〇月、「各地域や各部門の日本人政策に関する研究と交流を通じて、日本人の実態と思想動態に関する研究調査、統一した政策方針の策定や、日本人管理および教育目的の達成と強化を目指」して、「東北行政委員会日本人管理委員会」が瀋陽市で組織された。[6] その後一九四九年九月東北人民政府が成立した際、同委員会は外事局の一部門として編成された。しかし一九五〇年四月には、委員会は東北人民政府や外事局などの行政機関ではなく、東北人民政府の諮問機関として再組織され、「東北日本人管理委員会」に名称変更された。[7] 当初、同委員会は政治委員会から二人、工業部、公安部、鉄道部、軍区政治部やハルビン市政府から一人ずつ参加し、計七人体制であった。名称変更の際には、工業部や瀋陽市政府から一人ずつ増員され、計九人体制となった。組織内部には、組織科、宣教科（民主新聞社）と総務科（日本籍人員収容所）が設けられ、実際の作業員は五一名までと定められた。

一九四八年一〇月から一九五〇年一〇月までのあいだ、同委員会から外交部宛にいくつかの報告書が提出されている。[8] これらの報告書には、日本人の生活実態や政治思想の変遷、宣教活動や帰国問題などに関する調査や分析結果が記載されており、対応方針も提案されている。[9] 以下はこれらの報告書を基に、日本人政策の議論を展開していく。なお、報告書には、農村部に散在する孤児や日本婦人に関する記述は皆無に等しかった。これらの日本人は、第三節で述べるように、現地の中国人家庭を介して、中国社会へ統合されていった。

まず、東北地域の日本人の人数と分布について確認しておきたい。同委員会の調査によれば、名前や所在が確定された人数は一七、七〇三人で、推定人数は三四、〇〇〇人である（表三—一）。人数が七千人以上は松江省、二千人以上は遼東省、千人以上は瀋陽市、吉林省、黒竜江省と旅大地区、千人未満は遼西省、熱河省、鞍山市と撫順市である。職業別の人数は、工場、病院、鉱山、機関、鉄道、農場、郵電、学校の順となる（表三—二）。

表３－１　省市別の日本人の人数

省市別	確定人数	推定人数	職　場
松 江 省	7,671	11,700	75
遼 東 省	2,519	5,650	40
瀋 陽 市	1,761	1,800	98
吉 林 省	1,652	4,800	54
黒竜江省	1,458	3,000	92
旅大地区	1,000	3,500	
遼 西 省	868	2,400	29
熱 河 省	370	700	13
鞍 山 市	305	350	2
撫 順 市	99	100	4
計	17,703	34,000	407

表３－２　職業別の日本人一覧

職業別	確定人数	推定人数	職　場
工　場	4,016	10,000	105
病　院	2,839	7,000	78
鉱　山	2,149	4,500	19
機　関	2,108	215	121
鉄　道	1,584	2,500	18
農　場	169	3,200	12
郵　電	149	500	24
学　校	149	150	11
その他	3,581	4,000	39
計	16,744	34,000*	427

＊合計値が合わない。

これらの日本人は、三つの要因によって中国東北地域に留まっていた。第一に、一九四六年の日本人送還の際の、軍（当時の東北民主聯軍）機関や企業の必要に基づく留用によるもの。第二に、国民党軍機関や企業によって留用された者が東北全域の解放時に取り残され、その後、共産党の接収によって留用されたことによるもの。ちなみに、これらの人は一般的に「日籍留用人員」（留用者）と位置づけられていた。第三に、辺鄙な地域に住んでいたため、ハルビンやチチハルなどの大都市へ集まるのに時間がかかり、送還の時期を逃したことによるものである。

（二）定着と帰国

中国外交部所蔵の報告書によれば、これらの日本人の意識は、三つの段階に分けて把握されていた。

第一段階は一九四五年八月から一九四六年末までのあいだで、悲観と失望の時期である。日本が敗戦したことで、日本人は敗戦国国民へと転落し、将来への希望を失っていた。なかには、いつか日本が復興して、中国やソ連に復讐してくると考える人さえいた。そのため、中国人や八路軍を蔑視し、毎日帰国のことばかりを考えていたり、自暴自棄になり、仕事に専念できない状態に陥っていたりした。

第二段階は一九四七年から一九四八年秋までのあいだで、中国に対する理解が深まる時期である。共産党や政府の指導下で長い間勤労した日本人は、政治学習や訴苦、坦白[10]、身上調査などの運動を経験して、中国に対する理解を深めた。また江南地域における解放軍の勝利を見て、意識が大きく変化し、日本の天皇制や帝国主義が推進した侵略戦争の罪悪についても認識し始め、さらにはアメリカ帝国主義が日本を植民地化しようとする陰謀を知るようになっていた。以前と比べて、仕事に専念できるようになっていた。

第三段階は一九四八年秋から一九五〇年一〇月までのあいだで、進歩の時期である。日本人は、中国（台湾や西蔵を除く）の解放戦争における解放軍の活躍や、中華人民共和国の成立を自分の目で見てきた。またこの一年間の軍事、政治や経済の発展を見て、日本人青年のほとんどは中国人民の勝利を自分たちの勝利のように感じていた。不満を抱いてきた日本人技術者でさえも、党や政府を敬服するようになっていた。

こうした意識の変化を見る限り、中国における日本人の統合は順調に行われたように見える。しかしこの見解は、中国政府の捉え方でしかないことを断っておきたい。そこで取り上げられた日本人は政府関係部門や企業で働く人に限られ、すべての日本人を含んでいたわけでもない。当時の日本人の実態をそのまま反映していたとは言いがたい。

実際、日本人政策の不備、日本人内部の矛盾や帰国要請運動といった問題点も報告されていた。たとえば、第二段階では、個別の地域や部門が土地改革での闘争経験をそのまま参考にして、日本人に対しても坦白運動と清算闘争を展開したため、日本人青年と技術者との関係が悪化し、不満を持つ者が続出した。一九四八年秋、「破壊分子」がその感情を利用して、ハルビン市で日本人の帰国請願運動を行った。この請願運動は政府によって抑えられたが、帰国願望は常に「潜伏状態」にあった。そして一九五〇年春から、帰国請願運動が再び起きたのである。この時の特徴は、帰国に反対していた人も帰国を請願するようになったことである。

帰国を希望する理由には、主観的要因と客観的要因がある。主観的要因として、四項目が挙げられる。一つは、日本に帰国した家族の生活を心配していたからである。二つ目は、年取ってから日本に帰国しても、老後の生活が安定できないのを心配して、若いうちに帰国したいと考えたからである。三つ目は、給料の低さや中国人との格差であった。日本人は行政関係の仕事や責任のある仕事に就けず、後から入ってきた中国人の昇進より遅かった。四つ目は、技術者が子どもらの教育を心配し、またソ連や南方からの技術者の転入増加を見て、自分たちの役割（優位性）はもうないと考えて、帰国を希望したのである。

客観的要因として、三項目が報告された。一つは、ソ連の日本人俘虜の帰還を知って、在中日本人の送還も当然だと考えた。ふたつめは、アメリカ帝国主義および日本の反動派が東京ラジオを通じて、日本人送還のデマを流していた。たとえば、四月三日の東京ラジオ放送は「毛主席が年内に日本人の送還問題を考えているようである」という情報を流した。また「日本はすでに船を派遣している」という噂を流したり、日本国内では留守家族が中心になって「日本人送還運動」を推進していることを放送したりした。三つ目は、日中間交流の始まりである。中国の革命は勝利しており、日本との貿易関係は非公式だが始まっていた。また解放日報に掲載された、上海から日本人が帰国した記事を読んで、自分たちの帰国も不可能ではないと考えたからである。

（三）　生活実態と「宣教」

日本人の生活水準に関しては、東北経済の発展や給与の調整を経て、全般的に向上した、と報告されている。瀋陽市の八三単位、一〇八世帯計一、七六九人の総収入は一八三、六二九分[12]、平均は一〇三分である。瀋陽市一人当たり生活費が六〇分／月であることを考えれば、その生活水準の高さがうかがえる。なかでも、工業部系列の企業に勤める工程師の収入は最高七五六分にも達していた。

なお生活水準の向上という報告がある反面、生活苦や失業した人の問題も報告された。たとえば、停薪留職（給料は支払われないが、職はそのまま）した東北鉄道の四五人、および、少数の孤児、寡婦や病人の生活は、日本人同士の相互救助に頼っていたが、困難な状況にあった。また管理委員会は一九四名の病人を収容し、彼（女）らの生活は政府によって支えられていた。このほか、管理委員会は職場の人員削減で職を失った日本人三六九名を収容した。そのうち二四五名は工業部を介して、鶴岡炭坑や本渓炭坑およびその他の工場に再就職したが、ほかの人は依然無職のままであった。このことから、東北日本人は失業（留用解除）の危機に曝されていたのが分かる。

他の地域からも同様の事例が報告されている。このような状況に置かれた日本人の救済や再就職の斡旋も、管理委員会の仕事であった。

また職場における日本人の不満は、次のように報告された。①技術が充分に発揮できないため、異動を要請したが許可されなかった。②低賃金で、昇給を要請したが応じてもらえなかった。③供給制の者は日本語書物や新聞の購入を希望したが、必要経費が支給されなかった。④学習組の組織を要請したが、許可されなかった。結局、中国人と一緒に学習することになり、中国語での発言を要求されるので、学習が進まない。⑤会議の開催、演劇やスポーツなどの文化娯楽活動を要求している。⑥日本人の旅行に対する制限が厳しすぎる。瀋陽市で仕事を見つけたのに、県公安局が旅行証を発行してくれない。⑦日本人の意見が正しいか否かにかかわらず、行政はそれを聞こうとしない。これらの不満が帰国の願望を増幅させていたのは、言うまでもないことである。

日本人の帝国主義やファシズムの思想教育の毒素を除去するために行われたのは、「宣教」活動であった。「中日人民の一致団結」という「宣伝方針」に基づき、中国人民解放戦争の偉大なる勝利、国民党政権の失敗と崩壊、革命を透徹する思想と解放区の政治・経済・文化の建設事業、アメリカ帝国主義の圧迫に苦しむ日本人民の生活、日本の労働者・農民・知識人の抗争運動などが宣伝内容であった。宣伝手段として用いられたのは新聞（書籍）、集会や団体組織である。

日本国内の労働者運動を報道していた二三の日本語新聞の内容は、日本人の視線を中国や東北に導くため、中国の内容を中心に編集され、増刷された。一九四六年一〇月に創刊された『民主新聞』（五日刊）は、一九四八年一〇月の一、六〇〇部から四、〇〇〇部（一九四九年三月）に増刷された。新聞一部で読者四名と計算すると、読者は一六、〇〇〇人以上にも達したことになる。また宣教用に、『戦後の日本』（ソ連作家）、『目下の情勢と我々の任務』（毛主席）、『医務事業の道』（賀誠部長）や『日本の民主化』（日本共産党指導者言論集）などの日本語書籍が出版され、一ヶ月以内に完売した書籍もある。出版のほかに、通信と文芸コンクールも催された。

集会は、ハルビン、吉林や瀋陽などの大都市を中心に開催された。たとえば、ハルビン市では長春解放祝賀大会（一〇月二三日）、全東北解放祝賀大会および一〇月革命記念大会（一一月一四日）、新年祝賀大会（一月一日）、平津解放祝賀大会（二月六日）や三八婦女節記念大会（三月八日）などが催された。こういった集会には日本人だけでなく、中国人や朝鮮人も参加し、国際主義精神の体験が目された。

東北日本人社会の自主団体として、一九四七年下半期から一九四八年上半期までのあいだ、ハルビン市、鶴岡炭坑や東北軍区衛生部などでは「日本人新民主主義青年聯盟」（壮年を含めた「日本民主聯盟」もある）、地域ではハルビン市日本人民会、チチハル市日僑協会、吉林市日本人管理委員会や延吉市日本人管理委員会などの日本人民会が組織された。日本人民会は日本人の精神の拠り所で、難民救済と相互扶助、政府と公安機関の管理を仲介する機関として位置づけられた。日本人民会を通じて、日本人の生活と密接に関係する小学校や合作社も建てられた。合作社は日常生活用品の他、日本人の風俗にあった品物や嗜好品をも販売している。そして東北では、日本人小学校が二九校開校された。小学校では、管理委員会が中国小学校の教育課程に沿って編輯した教科書が使われ、中国の中学校への進学のために、中国語教育が重視された。

以上のような東北日本人の生活実態や「宣教」活動からうかがえるように、新中国が成立してからの日本人政策は送還ではなく、むしろ中国社会への統合が図られた[13]。中国の国民的なイベントに日本人を参加させることや、小学校で中国の教育課程に沿って編纂した教科書で教育を行うことは、中国的な空間や時間、歴史や事件の記憶を共有させるためである。新聞の編纂からも明らかなように、日本の空間よりも、中国や東北地域の空間が重要視されている。そうした想像様式としての新聞や小説をもって、日本人と中国人とのあいだに同時性が作られ、日本人が中国人の感傷の共同体に包摂されていったのである。

また合作社に、日本人好みの品物や嗜好品が置かれたように、特別な政策も講じられた。その一方、小学校においては、中国語教育が重視されたように、同化政策の傾向も見られる。もちろん、この背後に、帰国願望の「潜伏状態」への対応が重要課題としてあったことは言うまでもない。

二　日本人政策の模索

(一)　統合と送還

当時の中国において、日本人問題は国内問題に留まらず、対米関係と国際統一戦線の構築の枠組みのなかで認識されていた。いかにして日本人民を革命側につかせ、中日間の統一戦線を構築していくかは日本人政策の課題であった。このような観点から、上述した報告を基に、①日本人の調査と登録、②送還、③戦争状態に陥ったときの対策、④日本人管理機構の強化、⑤日本人民主団体の設立、⑥日本人民会への指導の強化、を主旨とする日本人政策が提案された[14]。④〜⑥は既存機構や管理体制の強化であり、ここではとりわけ①〜③を取り上げて、提案された日本人政策について論じてみたい。

①日本人の調査と登録は、公安機関を中心に行い、すべての日本人を調査対象とした。調査の目的は二つあった。第一の目的は、政治的闘争を有利に進めていくために、戦犯や俘虜および僑民を区分することである[15]。俘虜を区分する基準は、一九四五年八月一五日以前に日本軍隊に入隊していたか否かである。ただし一九三七年から一九四五年八月一五日までのあいだの俘虜は少人数でしかも教育を受けたため、加算されない。その処理は日本への送還を原則とする。政治的に進歩し、かつ優秀な技術者のみは例外的にその「残留」を認めた。

この区分過程で注目すべきなのは、戦犯と俘虜を除いて、すべての日本人が「僑民」という身分を与えられ、認識されたことである。「日籍留用人員」と呼ばれた人たちは「日本僑民」として区分されたことで、それまでの優位性を失った[16]。企業の人員削減とも相まって、中国で失業する人が増え、これが帰国願望を増幅させた要因でもあった。

調査の第二の目的は、必要時の対策のために、日本人の政治的立場——スパイか、容疑者か、あるいは緊急時に敵に寝返る可能性を持つ者か——を明確化することであった。この目的は、③戦争状態に陥ったときの対策と密接に関連している。「必要時」とは朝鮮半島における争いが東北地域まで拡散して、東北地域が戦争状態に陥った状態が想定されている。そうなったときを想定して、公安機関によるスパイ容疑者の逮捕や集中管理、鴨緑江沿岸の日本人の北満への移住や職業再分配、国内旅行や国外との通信の禁止といった対応策が提案された[17]。

②日本人の送還は「客観的な条件が可能であれば行う」とし、具体的には「生活苦の一、四五七人をまず送還する。日本と外交関係がないため直接交渉できないが、ラジオ放送を介して、日本に呼びかける」と提案された。これは後に北京放送が行われたように、政策として採用されたのが明らかである。なおこの提案には、「送還の可能性がない場合は、日本人を安心させ、帰国運動を再び行わせないように、目下送還できない理由を全国の日本人に説明すべき」とも記されていた。

このような送還が具体的に提案され、またそれが政策として採用された背景には、日本人の帰国運動のほか、四つの原因が考えられる。第一に、提案のなかにも書かれた生活苦の問題である。太原市からの報告でも、生活に苦しむ日本人を一時的に救済できても、長引くと人民の負担が大きくなるという理由で、送還の可能性に関する照会があった。第二に、帰国願望が潜伏している状態では、仕事や生産作業にマイナスだからである。また事実上、日本人の多くは東北の経済建設に対して、すでにそれほどの役割を果たしていない。彼(女)らを送還しても、支障はない。第三に、危険人物の存在である。山東省からは、危険と思われる人物による秘密結社の報告が提出されていた。このような危険要因を除去するのが目的である。第四に、俘虜処理との関連である。俘虜処理の原則は全員送還であるのに加え、河北省在住の大橋雅治（仮名）は、「改造」教育を受けた俘虜らを革命闘士として送還することを周恩来総理に提案していた。こういった日僑自身からの提案が送還を後押ししたのである。

以上のように、戦後中国の日本人政策は、社会統合と国家危機管理といった国民国家の論理や、対米・対日関係と国際統一戦線の構築といった対外関係の観点が複雑に絡んで提案されたものである。なかでも、帰国を希望する日本人の存在が喫緊に解決すべき問題であった。その問題解決として行われたのは、一九五三年以降の集団帰国援助事業である。

（二） 集団帰国援助と「自願」帰国

一九五一年一〇月一四日、対外連絡部部長王稼祥と華僑事務委員会弁公庁主任李初梨の計画を受けて、周恩来総理の通達によって、「在華日本人事務委員会」が組織された[18]。同委員会の議論を受けて、一九五二年一二月一日「中国にいる日本人の帰国を援助する用意がある」といった内容の北京放送が日本に向けて放送された[19]。その後、政府の委託を受けた中国紅十字会は、集団帰国を援助したのである[20]。ここでは帰国援助に対する中国側の認識を確認しつつ、援助停止の契機とされた日本婦人の里帰り問題について考えてみたい。

「在華日僑の迅速なる送還に関する政務院の緊急指示」に基づいてまとめられた「日僑の帰国に関する中国紅十字会と日本代表団との談判要点」によれば、帰国援助は送還や撤退（引揚げ）ではなく、紅十字会が政府の委託を受けて帰国したい人を支援することである[21]。一方の日本政府は「中国側の権力によって残留を余儀なくされてきた者」の帰国を促進するものだと捉えていた。こうした捉え方から分かるように、日本政府は戦犯・捕虜と

（強制的）留用者を第一に考えている。ふたつの異なる認識の衝突は後期集団引揚のあいだ、常に潜在的に存在していたが、「人道主義」によってとりわけ問題視されることもなかった。

ここで注目すべきなのは、抑留であるがゆえの「引揚」という日本側の考え方に対して、中国側が「自願帰国」援助を表明したことである。第二章で述べたように、この時期の在中日本人は、戦犯・捕虜、留用者と一般邦人に区別して把握され、戦犯や留用者は中国側の「思惑」によって残されたと日本側が考えていた。しかし後期集団引揚の交渉が開始される前に、中国政府は留用者をも一般人の「日僑」として認定し直したのである。中国側のいう「自願帰国」には、このような法的根拠が隠されていた[22]。また「自願帰国」という表明の背後には、残りの人は「自願」で中国に居留しているという論理が働いている。しかし問題なのは、「自願」がどのように確認されたかである。戦後八年以上も経った当時では、日本人は中国で新たな関係性を獲得していた。こうしたなか、中国に留まる日本人の「自願」意志が確認されたのである。次節で述べるような統合政策――国籍変更、人民公社への参加――も「自願」の根拠にされていた。しかし後期集団引揚が行われるなかで、「自願」は中国政府によってどのように確認されたのかは明らかではない[23]。

これと関連して、後期集団引揚に参加できなかった個人側の理由も見ておくべきである。ここで詳しく議論を展開できないが、筆者がこれまで調査収集してきた事例を踏まえて考えられる類型を呈示しておきたい[24]。つまり①不知型（引揚の情報（手続きの仕方を含めて）や自分が日本人であることを知らないため）、②不能型（中国人の家族をつれて）帰国したくても制度的に許されなかったり、年少のために自己で判断（手続き）できなかったりしたため）、③疎外型（親族（現地の日本人集団）に永住帰国を拒絶されるか、一旦日本に帰国したが定着できずに中国へ戻ったため）、④生活重視型（中国での生活環境や社会的地位を顧みて中国定住を選択したため）、⑤家族重視型（中国人とのあいだに子どもができたため）、⑥感謝型（助けられたことに対する感謝の気持ちのほうが強かったため）、⑦説得型（帰国したいが周辺の人に説得され納得したため）、⑧停頓型（帰国したいが夫あるいは周辺の人に止められたため）、⑨様子見型（戦後の日本がどうなったのかは明らかではないので、日本への帰国を一時見送ったため）、である。

これらの類型と「自願」との関連を考えると、①は判断不能型、②と③は不本意的な居留型、④と⑤は本意的な居留型、⑥～⑨は消極的な居留型、と言えよう。直ちに「自願」と判断できそうなのは、本意的な居留型である。しかしその解釈もいささか軽率であり、生活や家族を重視することと、日本への帰国意志があったかどうかは別問題である。個人レベルにおいて、両者が併存するのはけっして不思議なことではない。

（三）援助停止と里帰り問題

中国側の帰国援助停止は、一九五八年六月四日の中国紅十字会の電報によるものだとされている。だがその電報は日本婦人の里帰り援助停止にしか言及していない。日本側がこの電報や当時の日中関係を利用して、集団帰国を終結させたのは既述の通りである。ここでは中国側の認識を確認したい。

まず日本婦人の里帰りに関する認識である。里帰りは「中日両国僑民の自由往来の突破口」「政治的に私たちに有利である」と認識されているように、当時の中国が展開している「人民外交」の一環としての役割もあった。

この事業は日本婦人およびその家族の家族団らんという願いを満たしている。日本政府が制限を加えている中日両国僑民の自由往来に対して、突破口をもたらすのみならず、さらに日本政府のいう「拘留日僑」（筆者：抑留日本人）のデマを粉飾し、新中国に対する日本人民の認識や中日友好関係の発展にとっても有利である。日本、アメリカや蒋介石も里帰り婦女を利用して情報活動を行う可能性がある。この事業を推進していくのに、多大な人力と財力も必要である。だが総合的に見て、日本人民はこれを歓迎している。日本政府は喜んでいないが、利害関係を考えれば、政治的に私たちに有利である。[25]

こうした公的見解とは別に、一九五七年黒竜江省公安庁から、里帰りを希望する日本婦人の目的が二つほど報告されていた。[26] 一つは日本を離れて久しく、故郷や親類への恋しさから、見舞いあるいは身を寄せたいと考えている。ふたつめは、以前の里帰り日本婦人の影響を受けて、日本の市場主義の表面的な繁栄や資本主義生活様式のいわゆる「豪華」に憧れて、それを享受したい、あるいは里帰りを利用して、日本から「廉価」な品物を中国にもって帰り、利益をあげようと考えている。

このほか、里帰り問題と関連して、里帰りして差別を受けるのではないか、日本政府が中国に帰さないのではないか、といった日本婦人の心配事も報告されている。夫が返ってこないのを心配して、子どもを連れて里帰りさせない事例がある反面、永住帰国に反対する夫に、里帰りと偽って、ハルビン市までやってきた日本婦人もいる。さらに、里帰りだと思ってハルビン市までやってきたが、永住帰国だと聞いて、居住地に戻った日本人男性もいる。

この里帰り援助を停止した理由は、「日本婦人の里帰り援助停止に関する通知」（五月二三日）[27]によれば、次の通りである。

日本の岸信介政府が第四次中日貿易協定を破壊し、中国国旗を侮辱した暴徒を容認している。他の問題においても、中国人民と敵対する立場を取っている（詳細は人民日報の社説と記事を参照）。したがって、彼女ら（日本婦人ら）の里帰りは今の時期に適しない。日本に行ってから、中国に戻ってくる船の保障はない。だから、行けない。

長崎国旗事件や岸政権の対中政策を背景に、中国へ戻る船が保障されないことが停止理由であった。日本婦人が心配していたことでもあった。なお同通知は今後の里帰りを一切許可しないとしながらも、状況が変われば改めて通知するという。だが、一ヶ月後の「日本婦人の里帰り援助を暫く停止する」という中国紅十字会の電報を利用して、日本政府は引揚事業を終結させたのである。

翌年五月一一日、中国国務院は「個別日僑の帰国申請に関する処理方法の通知」を発表した。それによれば、重要機密を把握している人や重大な民事刑事案件に関係する人を除けば、すべての帰国申請は許可するという。なお地方の公安機関の不適切な対応によって、その手続きが遅延されたり、不許可にされたりした報告も提出されている。

三　国籍と社会統合

これまで、戦後の中国政府がどのように日本人を把握し、政策を模索してきたのか、また日本への帰国援助に焦点を合わせて、議論を展開してきた。本節は、それらの日本人政策とは別に、中国の法制度や社会において、日本人がどのように包摂／排除されていったのかについて論じる。

（一）　国籍問題

日僑の統合と関連して重要なのは、国籍問題である。一九五一年二月、「国籍法公布前の渉外国籍問題処理に関する暫定原則」[28]が公布され、中国に居住する外国人の国籍を規定した。

①父母一方が中華人民共和国国籍を保有している場合は、その子は出生によって中国籍を取得する。

②中国人と外国人の婚姻関係が成立しても、当事者の国籍はこれを理由に変更しない。

③父母一方が中華人民共和国国籍を保有している場合、国籍不明の幼児を養子にしたとき、幼児は中国国籍を持つとする。

（中　略）

⑦外僑の中国籍への帰化申請は、一切受け付けない。解放前に中国籍を取得し、証明書ももっている者の国籍はとりあえず確定しない。かつて中国籍に帰化したことを証明する臨時証明書を発給する。中国人として取り扱うが、旅行や不動産に関しては外僑と同様に扱う。

日本人も外僑の一カテゴリーとして管理されていたことから、同原則は日僑にも適用される。なお日本人の特殊性に鑑み、別の規定も設けられた。たとえば、③を参照して、養子として中国人の家庭に入った日本人児童は、外僑として管理しないという規定があった。ただし国籍に関しては、一九五五年二月、一八歳を基準にその取り扱いが異なるという決定が発表された[29]。それによれば、一八歳未満で、父母を調査する術もない者は中国人として取り扱う。満一八歳の者は自己の意志で国籍を決めることができ、日本籍を希望する場合は外僑として取り扱い、中国籍に帰化したい場合は帰化手続きを行う。また稀な例であるが、日本人が中国人児童を養子にする場合は、戸口（戸籍）は外僑戸口とし、備考欄に中国人と注記する[30]。

このような日本人養子の国籍に関する決定が下されたのは、一九五四年一二月遼寧省人民政府民政庁より、日本籍養子の国籍問題に関する問い合わせがあったからである。そこで取り上げられた日本籍養子はみな二〇歳前後で、ほとんどが農作業に従事している。彼（女）らがなぜ国籍を問題視したのかは明記されていないが、おそらく後述するような「単位」や「人民公社」における処遇の差異が影響したのであろう。

国籍問題と関連してもう一つ見ておくべきことに婚姻問題がある。日本人と中国人との結婚は、中国人が軍事関係者と外交に携わる官僚でなく、しかもその結婚が中国人民の利益に危害を与える可能性がなければ可能であった[31]。それ以外の場合は、関係部署の審査が必要であった。また一九五〇年婚姻法が公布されてからは、法律に則って登録手続きをしなければ、長く同居した二人が夫妻関係を認めていても、法的にはその婚姻関係が認められない。登録の際、国籍は自己申告で、子どもの国籍は父母によって決められる。

暫定原則②と④では、婚姻関係によって国籍が変更されず、また中国籍への帰化申請を受理しないとしていた。しかし日本人女性の場合は、一九五三年以後、日本から帰国した華僑の日本人妻が日常生活のなかで「日本鬼子」と罵られたり、不便を感じたりしたため、問題としても取り上げられた。それを解決するために、帰化申請が受理されるようになったのである。以下、帰化申請の際に提出された略史や自伝を手掛りに、日本人の統合について考えてみたい。

（二）帰化と統合

中国人と結婚した外国人女性は、過去に帰化したか否かにかかわらず、改めて帰化を申請する必要があった。一九五四年一月の「国籍問題処理に関する外交部の報告」に、何人かの日本婦人の帰化事例がまとめられている。たとえば、余敏梅（仮名）の帰化申請は管轄機関によって、略史、配偶者の情況、本人の思想情況、帰化に関する意見の四項目に分けてまとめられた。少し長くなるが、その抄訳を紹介する。

略　史：余敏梅、本名は太田雅子、一九一〇年日本千葉県生まれ。九歳から一九歳までに家庭教師から生け花や茶道などを習った（資産階級の主な家庭教育である）。一九三三年上海に渡り、留日学生余黎明（仮名）と結婚した。一九三七年子どもを連れて日本へ親族訪問し、その後、東京近辺で助産婦をしたり、挿し花を教えたりして、生計を立てていた。一九四一年中国に再び渡り、北京偽医学院[32]で教師として勤務した。一九四六年夫と再会し、一九五一年一二月末北京より重慶に移転して、今日に至る。

配偶者の情況：余黎明は共産党員であり、かつて日本に留学していた。東京帝国大学で学習していたが、反動派として逮捕され、一七ヶ月間拘留された。一九三三年に帰国し、地下活動に従事し、解放してからは威遠中学で局長、一九五〇年からは重慶農林部弁公庁主任を勤め、今に至る。

思想情況：当僑は資産階級家庭に生まれたが、高校生のとき、教師の影響を受けてマルクス・レーニン思想に触れていた。後に余黎明と恋愛し、余が逮捕されたときは、彼女が世話した。結婚してからはずっと独自で生計を立ててきた。解放後は土地改革を経験し、それによって自分自身に対しても認識を改めた。現在、学習姿勢はとてもまじめである。

帰化に関する意見：当僑の夫は共産党員である。一九三一年に、二人はすでに知り合っており、夫が東京で逮捕されたときは当僑の世話になっていた。中国に来てからは、進歩的な書籍を良く閲読していた。かつては中国国籍問題が解決されなかったことに対して、負担を感じていた。したがって、当僑の中国籍帰化申請を許可すべきである。

申請の際、本人の自伝が用いられた場合もある。藤恵香（仮名）の自伝を簡略して引用する。

私は日僑の子であり、一九二九年に長春で生まれた。父親藤定吉（仮名）は中国吉林省長春市の郵政局で勤務していたが、一九四四年に亡くなった。日本が敗戦した翌年五月、柳恵軍（仮名）と結婚して、湖南省に移住した。湖南省が解放される直前、家は匪賊に襲われ、私は吊るされた。

戦後、母は他の兄弟と一緒に日本へ送還された。私には三人のかわいい子どもや相思相愛の夫がいて、幸せな家庭が精神的な拠り所となっていた。他の女性と同じように、自然に実家との距離が遠くなった。だから四年以上ものあいだ、通信したこともなく、日本にいる兄弟や親の消息さえ分からなかった。日本にはもう中国より親しい人がいない。

私は現在二九歳、長春で生まれたため、日本に行ったことはない。日本をほとんど知らず、中国で成長し、中国人民によって育てられた。習慣や言語はすでに中国化し、そして中国を厚く愛している。だから中国人とも結婚した。今日までですでに八年も経った。私は子どもや夫を自分の命よりも大切にしている。中国は私の祖国であり、生きている間は中国の人間であり、死んだとしても中国の鬼となる。[33]

地域で行われる軍隊慰労活動には、積極的に参加した。しかし自分が外国籍だということは夢にも思わなかった。一九五〇年、外僑登録のとき、そのまま登録したが、自分が日僑であることに、恥辱を感じていた。だから、人に言われると、すぐ顔が赤くなってしまう。しかし、私が日僑の子であることはなんとしても変えられない事実である。このように、本籍・出生地の問題について、私は苦痛を感じていた。

（帰化申請を通じて）人類の平和を愛する共産党の正しき偉大さを認識し、光栄なる新中国人民になるのは、容易いことではないことが分かった。これは私の新生だと言えよう。私は希望や楽観に満ち、一切を犠牲しても新国民としての責任を果たし、党や政府の教育下で光栄なる新中国婦女として生きていきたい。

余や藤の帰化申請はいずれも許可された。その際の審査基準は主に、①土地改革以前に中国に来ており、一連の政治運動を経験している者、②政治的に問題がないと確証され、しかも本国との関係は途絶えている者、③中国ですでに家庭を持ち、安定した職業もあって安住している者、であった。このように、帰化申請の際は革命体験の有無、政治思想に問題があるか否か、中国との結びつきの強弱、中国での生活は安定しているかどうかが問われていた。

余は土地改革を経験し、共産党員である夫の活動をずっと支援し、学習姿勢がまじめで、現在夫と一緒に安住している。藤は土地改革以前に中国に来ており、軍隊慰労活動に積極的に参加し、幸せな家庭を持っている。いずれも審査基準を満たしている。

ここで注目すべきなのは、国籍申請の際に提出された略史や自伝の内容が、当時の社会運動「訴苦」の物語構造に類似していることである。

「訴苦」とは、一九四〇年代後半の土地改革運動において推進された自分の苦い過去を訴える活動であり、新中国の社会統合の一環として行われた運動であった。政治運動の深化に従って、「訴苦」はその後、「喫憶苦飯」「憶苦思甜」へと変わっていった。これらの活動で語られた物語は前提と結論が予め設定されていた。つまり一九四九年以前は「苦」であり、現在は「甜」である（高華 二〇〇七）。このような「苦」と「甜」の構造は、日本婦人の帰化申請の自伝にも見られる。たとえば、藤の場合、過去は日本の敗戦後、夫と一緒に湖南省に移住したが、そこで被った土匪の被害、外国籍であることに恥辱を感じるといった「苦」に対して、現在は可愛い三人の子どもや相思相愛の夫、光栄なる中国国民になろうとする自分、新中国に対する希望といった「甜」の物語が述べられている。

このような帰化申請は単に国籍変更のみならず、物語るという行為を通じて、日本人を統合していくための手段でもあった。それは植民者と加害者ではなく、被害者という日本人民の位置から訴える苦（訴苦）であり、中国人の犠牲者性に通じている。[34]これが中国における日本人の語る位置であった。こうした位置を取ることで、中国残留日本人は自己を語り、社会的実践を行っていた。

（三）包摂と排除

一九五〇年代の中国において、社会統合を推進したのは「政治運動」であり、国家は都市部の「単位」と農村部の「人民公社」を通じて、統合体制を構築した（高 二〇〇七）。こうした中、日本人が国籍変更で中国公民という法的地位を獲得して社会的に統合されるか、外僑として「単位」や「人民公社」に参加して包摂されていった。しかしその反面、彼（女）らはけっして「中国人民」として認められたわけではない。

公民が法的概念（国籍）であるのに対して、人民は政治的概念として、共産主義を国是とする中国にとって重要な意味を持っている。人民の基準は主に階級や政治的態度によって決められる。[35]この基準を満たさない人は、たとえ公民であっても、政治の場から排除されたり、敵あるいはその疑いのある人物として管理／批判対象にされたりしてしまう。[36]逆に公民でなくても、人民とみなされる人は統一戦線の包摂の対象になる。日本人が戦争犠牲者として中国で位置づけられたのは、こうした観点に立脚していた。以下、中国外交部の所蔵資料を基に、日本人をめぐる制度的な包摂と排除の実態をまず明らかにしていきたい。

一九五六年二月、吉林省より外交部宛に、日僑——①中国公民と結婚した日僑婦女、②父母を失い、中国公民によって養育された日本人児童、③母が中国公民と結婚するときに、一緒に連れてきた子ども——の農業生産合作社への参加に関する問い合わせの電報が送られた。こうした要求はいずれも許可された。[37]このように、日僑は合作社への参加を通じて、中国社会へ統合されていった。なおこれ以前に、日本人は土地改革や訴苦などの政治運動にも参加していた。

しかし、一九六三年四月、黒竜江省外事処より、合作社に参加した外（日）僑の問題点が報告された。[38]それによれば、合作社によっては、外僑に政治的権利――民兵、生産隊の会計や普通選挙の参加――を与えてしまったところもあるという。こうした問題点をもたらしたのは、外僑政策に関する理解が不足し、外僑と中国公民とを分けられないからだとされた。その後、これらの問題点が解決された。合作社における外僑の身分はより明確にされ、中国公民としての権利や政治的権利を享受できなくなったのである。政治組織、内部の政治運動や政治的会議などへの参加も禁止された。[39]政治学習と政治的活動への参加は機密性のない場合のみ、自己の意志で参加できる。[40]このように、日僑は社会の末端組織に包摂される一方、政治的領域からは排除されていった。これを背景に、日本人の中国国籍への帰化が促されていった。[41]中国国籍を獲得すれば、中国公民として政治的活動にも参加できる。

このほか、職場では外僑を差別してはならず、給料待遇は中国人と同様にする一方、下放[42]してはならないという規定や、[43]食料配給に関する優遇策が施行された。[44]このような保護策や優遇策が講じられる反面、日本人が管理／監視の対象にされる場合もある。中には収監された人もいる。その理由はさまざまである。たとえば、安藤忍（仮名）は里帰りの際、国民党政府のスパイ組織に勧誘され、中国に戻ってからはハルビン周辺の軍事情報を国民党政府に提供し、スパイ活動を行ったとして逮捕された。ほかに里帰りの際、日本の反動的雑誌を中国国内に持ち込み、周辺の日本人に配ったという理由で、反革命現行犯として逮捕された例もある。[45]また大連港では、中国人と結婚した日本人女性が日本籍船員と接触していたことも管理の対象となっていた。[46]こうした措置が取られたのは、これらの人の行為や思想が人民の範疇を逸脱しているからである。

日本人の包摂を考えるにあたって、中国黒竜江省方正県に建てられた唯一の「日本人公墓」が恰好の対象である。今日の方正県は「日僑の僑郷」「中国残留日本人のメッカ」とも呼ばれるように、中国残留日本人が数多く「残留」し、日本との関係も強い[47]。日本人公墓が建てられた経緯から日本人政策の一端を垣間みることができる。

「日本人公墓」は一九六三年に建てられた。これまで「日本人公墓」は、中国政府の好意によって建てられたと賞賛されてきた。しかし方正県郊外にあった日本人の遺骨を最初に問題視したのは、同県に住む日僑安井美恵（仮名）であった[48]。安藤は一九五七年から日本政府に、一九六二年には中国紅十字会に手紙を送り、遺骨の処理を訴えた。中国紅十字会は方正県の公安局に調査を指示したが、公安局がこれを重視しなかったため、何の進展もなかった。安藤は仕方なく、周辺の日僑一〇〇名余りを集めて、自力で埋葬しようとした。こうした組織的な集会という事態を重く見た地方政府は、遺骨の問題は中国政府が処理し、政府の許可を得ずに集会を組織するのが間違いであると日僑を個別に説得した。その後、安藤たちの計画は停止され、中国政府によって墓が建てられたのである[49]。

こうして日本人公墓が建てられたのは、人道的見地のほか、宣伝的効果や、外僑管理（日僑管理と教育）の強化といった効果が期待されていた。実際、日本人から喜びの声や感謝の言葉が述べられ、公墓の写真が日本にも送られた。公墓が建てられた論理として用いられたのは、一般の日本人も中国人と同じく、日本帝国主義の犠牲者だとするものであり、国籍を申請する際の語りと同じであった。中国政府が展開した「人民外交」もこうした論理に基づいている。

四　剥き出しの生

本章は、戦後中国の日本人政策について論じてきた。ここでは、その政策の特徴に従って三段階に分けてまとめつつ、前二章の議論をも踏まえて第一部のまとめとしたい。

第一段階は一九四五年八月から一九四八年末までのあいだで、総送還時期（前期集団引揚）である。この時期はすべての日本人の帰還が基本方針であった。なおアメリカ政府や国民党政府とのあいだは、経済発展のために技術者の留用を認めていた。一方の共産党政権も技術者を留用したり、軍隊への徴用を行ったりした。この時期において、国民党政権は集中営（収容所）管理方式をもって日本人を管理した。それは日本人を救護・管理するための措置であったが、それによって日本人の生活基盤が奪われ、日本への帰還が唯一の選択肢となった。一方の共産党政権は転々としていたためか、集中営管理方式を施行した痕跡が見当たらない。現地の日本人会を介して、日本人政策を講じていた。なお同時期の複雑性や、本稿の主題から外れることを顧みて、本稿では詳しく議論しない[50]。

第二段階は一九四八年末から一九五二年までのあいだ、政策模索の時期である。本章はこの時期以後を中心に議論を展開してきた。

東北地域で政権を安定させた共産党政権は、新中国の成立を挟んで、東北日本人管理委員会を諮問機関として、日本人政策の統一を目指した。この時期になってくると、第一期の総送還ではなく、日本人を外僑として統合していくことや、国籍変更や中国語教育といった同化政策が試みられた。そして朝鮮戦争の東北地域に拡大する恐れ、国内治安の安定といった国家危機管理や、国際統一戦線の構築といった視点から、日本人の調査登録、危機時の対応や日本人管理機関の強化といった日本人政策が提案された。これらの政策は、日本人を中国に包摂するための統合戦略であった。しかし、日本人の帰国願望の潜伏状態、生活苦、危険人物の処理や革命闘士としての帰還要望といった要因を鑑みて、送還の政策も模索された。

第三段階は一九五三年から一九六〇年代半ば頃までのあいだ、帰国援助と統合の時期である。政策模索の段階を経て、日本人帰国援助の政策が定められ、施行された。その集団帰国援助事業は中国の人民外交政策の展開とも重なって、人道主義に則りつつも、日本婦人の里帰り問題を両国僑民の自由往来問題と関連させたように、人民外交の一環としての役割があった。そして中国側が里帰り援助を停止したのは、日本婦人が再び戻って来られないという心配だけではなく、当時の岸政府の対中態度を牽制しようとしたからでもある。

帰国援助と別に、中国政府は国籍の変更、社会運動や「単位」「人民公社」への参加といった政策を用いて、日本人らを統合していった。こうした統合政策は、近代国民国家が国民を認定する際の国籍要件（公民）ではなく、むしろ養子縁組と国際結婚の関係で組成した家族単位や、出自や政治思想といった階級（人民）を重視していた。

戦後の日本は単一民族神話が想像されていく過程で、国籍や戸籍をもって異質性を排除していったのに対して、中国は多民族国家を掲げて、異質な人びとをも統合しようとした。こうしたふたつの異なる国民国家の国民統合論理（日本の単一民族国家対中国の多民族国家）や、ふたつの異なる外交戦略（中国の人民外交対日本の人道外交）によって、中国残留日本人が「残留」を強いられ、中国での「僑留」が可能となったのである。日本からの排除と忘却によって、彼（女）らの中国定着が決定的となり、その存在が法の例外状態に置かれたのである。

帰国援助が終結してからも、中国では日本人をめぐる統合政策が施行された。なお日本人は外僑として保護策や優遇策を受ける一方、ときには、管理／監視の対象になったりもする。中国籍に入った日本人は保護対象（外僑）ではなくなり、政治運動のなかで、日本人であること（正確には日本人である疑い、あるいは階級の問題や政治的態度）が理由で批判されてしまう。本来ならば、これらの人は日本国籍を保持していることから、邦人保護という観点に立てば、日本政府が保護策を講じるべきであった。しかしすでに触れたように、そういった政策は一切なかった。こうして、彼（女）らの生はいわば剥き出し状態に置かれたのである。

以上のような制度的包摂と排除を別にして、中国帰国者の歴史を理解するのに、中国社会における日本人の位置づけと実態の把握も重要な課題である。これまで引用した中国外交部の資料を基に考えてみたい[51]。日本人公墓の建立や大連港における日本婦人と日本籍船員の接触に見られるように、戦後中国における日本人同士のつながりは存在していた。また筆者が黒竜江省の某県档案館で資料を閲覧した際、一九六〇年代、県政府は日本人に対して定期的に茶話会を開催していたことが分かった。こうした活動を通じても、日本人ネットワークが構築されたと考えられる[52]。このようなネットワークは、日本人の交流、情報交換や相互扶助、および日中国交締結以降の肉親捜し・帰国促進運動の際に大いに役立った。

そして国籍申請や日本人公墓の建立に際して、日本人は自己を積極的に語ったが、その語る位置は中国人と同じく、日本帝国主義の犠牲者であった。こうした位置づけは、中国政府の人民外交（対日観としての軍民二元論）に通じており、社会にも受容されていた。このような戦争犠牲者物語は今日に至るまで、中国帰国者のコミュニティに流通しているモデル・ストーリーである。

このように、戦後の中国社会においても、日本人を受け入れる空間は存在していた。ただし、戦後中国の政治運動特に文化大革命が勃発してから、政治体制や社会状況が混乱するなか、人民の範疇を逸脱したとして、批判や差別を受ける者もいた。いずれにしろ、これらの日本人は中国で「三種人」（日僑、中国国籍を持つ日本人と日本人孤児[53]）と呼ばれ、日中国交が締結してから、やっと日本へ帰還できたのである。その過程で、日本社会から「中国残留日本人」という呼称を付与され、注目されるようになったのだった。

【注】

1　中国語の遣送や遣返とは、外から来た人を元のところに送り返すという意味である。

郵便はがき

料金受取人払郵便

神田局
承認

9745

差出有効期間
2017年4月
30日まで

切手を貼らずに
お出し下さい。

101-8796

537

【受　取　人】

東京都千代田区外神田6-9-5

株式会社 **明石書店** 読者通信係 行

お買い上げ、ありがとうございました。
今後の出版物の参考といたしたく、ご記入、ご投函いただければ幸いに存じます。

ふりがな お名前	年齢	性別

ご住所　〒　　-

TEL　(　　)　FAX　(　　)

メールアドレス	ご職業（または学校名）

＊図書目録のご希望	＊ジャンル別などのご案内（不定期）のご希望
□ある □ない	□ある：ジャンル（ □ない

籍のタイトル

◆本書を何でお知りになりましたか？
□新聞・雑誌の広告…掲載紙誌名[ ]
□書評・紹介記事……掲載紙誌名[ ]
□店頭で　□知人のすすめ　□弊社からの案内　□弊社ホームページ
□ネット書店［ ］　□その他[ ]

◆本書についてのご意見・ご感想
■定　価　□安い（満足）　□ほどほど　□高い（不満）
■カバーデザイン　□良い　□ふつう　□悪い・ふさわしくない
■内　容　□良い　□ふつう　□期待はずれ
■その他お気づきの点、ご質問、ご感想など、ご自由にお書き下さい。

◆本書をお買い上げの書店
[市・区・町・村 書店 店]

◆今後どのような書籍をお望みですか？
今関心をお持ちのテーマ・人・ジャンル、また翻訳希望の本など、何でもお書き下さい。

◆ご購読紙　(1)朝日　(2)読売　(3)毎日　(4)日経　(5)その他[新聞]
◆定期ご購読の雑誌［ ］

ご協力ありがとうございました。

ご意見などを弊社ホームページなどでご紹介させていただくことがあります。　□諾　□否

◆ご 注 文 書◆　このハガキで弊社刊行物をご注文いただけます。
□ご指定の書店でお受取り……下欄に書店名と所在地域、わかれば電話番号をご記入下さい。
□代金引換郵便にてお受取り…送料+手数料として300円かかります(表記ご住所宛のみ)。

名	冊
名	冊

指定の書店・支店名	書店の所在地域 都・道 府・県　市・区 町・村
	書店の電話番号　(　　)

2 筆者が調査したかぎり、戦後中国において、日本人を少数民族として識別すべきかどうかの議論は一度も提起されなかった。一九八〇年代、日本の新聞は残留孤児の戸口簿（戸籍謄本）に記載された「大和民族」を見て、それが中国の少数民族として認定されたのかという騒ぎが起きたが、そういった事実はない。ちなみに、日本人の戸口簿の民族欄には、日本（人）と書かれたり、「大和（民族）」と書かれたりしてまちまちである。

3 戦後中国に居住する日本人を理解するのに、国民党政権の日本人政策も重要である。なお国民党政権は一九四九年に台湾へと敗退していったため、その後の在中日本人の政策に対してほとんど影響力を持っていない。本稿では国民党政権に関する議論を割愛する。

4 ほかに日本人が多くいた地域として、太原周辺が挙げられる。なお、この地域の日本人の多くは軍関係者で、戦犯との関連性が大きい。しかしその実態がきわめて複雑のため、本稿は戦犯（後にソ連から引き渡された人を含めて）や留用者の議論には深入りしない。

5 戦後中国における日本人の位置づけはきわめて複雑であった。東北行政委員会日本人管理員会の報告（「東北行政委員会日本人管理委員会半年間の工作報告（一九四八年一〇月～一九四九年三月）」中国外交部档案館一〇五—〇〇二二四—〇一）では、「東北の日本人の地位は外僑でもなければ、戦犯と捕虜でもない」という記述がある。なお同資料の手書きメモには、他の部門や地域政府との連携が少なく、本報告で提起した意見の多くは成熟しておらず、参考までのものとする、と書かれている。また徐州市の報告によれば、日本語の分かる台湾人が外僑として登録を申請しようとしたが、許可されなかった事例もある（「徐州市外事報告（一九四九年七月）」中国外交部档案館一一八—〇〇〇五〇—〇一）。

6 「東北行政委員会日本人管理委員会半年間の工作報告（一九四八年一〇月～一九四九年三月）」中国外交部档案館一〇五—〇〇二二四—〇一。

7 「東北日本人管理委員会工作報告（一九四九年八月～一九五〇年六月）」中国外交部档案館一一八—〇〇〇八六—〇一。

8 参照した報告書はいずれも、中国外交部資料館が公開したものである。なかには、東北以外の地域に関するものも含まれる。「東北行政委員会日本人管理委員会半年間の工作報告（一九四八年一〇月～一九四九年三月）」中国外交部档案館一〇五—〇〇二二四—〇一、「東北日本人工作総括報告（参考）（一九四九年）」中国外交部档案館一〇五

—〇〇二二四—〇二、「日本人管理委員会三ヶ月（九月〜一一月）の工作報告」中国外交部档案館一〇五—〇〇二二四—〇三、「東北日本人管理委員会工作報告（一九四九年八月〜一九五〇年六月）」中国外交部档案館一一八—〇〇〇八六—〇一、「東北日本人の状況報告（一九五〇年一〇月）」中国外交部档案館一一八—〇〇〇八六—〇二、「東北日本人状況と処理に関する意見（一九五〇年一〇月）」中国外交部档案館一一八—〇〇一一八—〇二、「東北日僑技能別一覧表（一九四九年一二月）」中国外交部档案館一〇五—〇〇二二四—〇四、「東北の日僑の系統別分布に関して一九四九／一二／一」中国外交部档案館一〇五—〇〇二二四—〇五、「日本人の地域分布に関して」中国外交部档案館一〇五—〇〇五四〇—〇六、「瀋陽日本僑民の動態と東北外事局の書簡（一九五〇年六月）中国外交部档案館一一八—〇〇〇八六—〇三、「長春市日本僑民の動態と処理意見（一九五〇年一二月）」中国外交部档案館一一八—〇〇〇八六—〇四、「瀋陽日本僑民の動態と処理意見（一九五〇年一二月）」中国外交部档案館一一八—〇〇〇八六—〇五、「大同日僑に関する処理意見（一九四九年九月〜一一月）」中国外交部档案館一〇五—〇〇二二四—〇七など。

9　同委員会の性格からして、提案された方針が実際の政策施行にいかほどの影響を与えたかは、さらに調査を要する。なお後期集団引揚援助が開始される一九五三年頃まで、中国全体の政治体制は安定したと言えず、日本人に関する統一した政策方針もなかったことを考えれば、そういった分析課題自体に限界があることを断っておきたい。

10　訴苦と坦白は、当時の中国の政治運動においてよく行われる自己について語る行為である。訴苦とはかつての苦労を訴えることで、坦白とは自分がおかした罪をいっさい隠さず告白することである。

11　この部分には、「多くの日本人がこの戦いに参加していた。このことは外部に対して発表しないが、内部の同志は知るべきである」という括弧書きがある。日本が帝国主義のコントロール下に置かれ、対日講和条約も合理的に解決されていない当時の情勢において、中国は、このような人たちの存在が帝国主義の攻撃道具にされるのを恐れて、日本人功労者に対して記念メダルの発給を控えていた（「朝鮮籍と日本籍の軍人に発給する記念メダルの問題に関する外交部と軍委総政治部の往来書簡（一九五一年一月）」中国外交部档案館一一八—〇〇三七一—〇二（一））。二〇〇〇年までに、戦後中国の建設に貢献した日本人の存在が公にあまり取り上げられなかったのは、こういった事情があった。

12 「分」とは、「工資分」（給料ポイント）のことであり、最低生活を維持していくために必要な実物を基準に算出された給料の単位である。当時の中国でインフレが続いたために、施行された制度である。

13 こうした背景には、日本人技術者の留用が、戦後の中国経済発展にとって必要であったことが指摘できよう。なお、こうした必要性が日本人全体の帰国にどれほどの影響を与えていたのかは、もっと慎重に議論すべきである。大澤はこうした必要性から、一九四九年春、東北日本人管理委員会は日本人の「帰国幻想」の払拭を最重要課題として訴えたと解釈している（大澤（武）二〇〇九：一四六）。しかし筆者は参照資料からこのような記述を発見できなかった。同参照資料には、ハルビンの日本人民主青年連盟の会議で、日本人の帰国問題について「目下、日本人は帰国できる可能性がないことをはっきりと伝えた。これを明確に伝える態度は必要であり、これまでそれを示さなかったことが、日本人に帰国できるという幻想を持たせてしまった」という報告事項があるだけで、それを日本人政策として訴えたわけではない。実際日本人政策方針として訴えたのは、日本人の「不満要因」の払拭である。またほぼ同時期に、ほかの地域では日本人留用技術者に対して、本人の技術力が低く、工場にとって必ずしも必要ではないという理由で免職（留用解除）し、日本への帰還を許可した例がある（「日籍技師の送還問題に関する本局と外僑事務処等機関との往来書簡（一九四九年一月～一二月）」）。また一九四八年末、東北行政委員会（省）民政庁が外僑の集中管理と（機会があれば）送還という通達を出していたことも筆者が確認している。このように、中国は技術留用者の留用だけを考えていたわけではない。それに関する政策はむしろ常に留用と送還のあいだを揺れ動いたものであり、個別の事情に沿って決定されていたと考えるのが妥当であろう。

14 「東北日本人状況と処理に関する意見（一九五〇年一〇月）」中国外交部档案館一一八―〇〇一一八―〇二。ほかの報告書にも、日本人政策に関する意見が述べられているが、この資料がもっとも新しく、網羅的である。

15 その後、各地外事処からの報告書は、こうした区分の基準を用いて、在中日本人を区分けしている。

16 実際終戦直後、日本は経済的に苦しく、日本に帰っても経済的保障がないといった理由で、中国での残留を希望する人もいた。その際、技術者として留用すれば、経済的には一定の保障が得られていた。戦後の中国は日本人の総送還を掲げていたため、留用者として留用されるのは中国に留まるための有効手段であった。また経済的優位性を見て、中国に留まった人もいる。だがこういった措置によって、技術留用者の地位は以前より低下したのは明らかである。

17 実際、朝鮮戦争は一九五〇年六月に勃発した。東北地域は戦争状態に備えて、日本人の移動が行われていた。

18 「(在華日本人事務委員会の開催に関する)通知(一九五一年一〇月一四日)」中国外交部档案館一一八—〇〇一一八—〇一。同委員会の主任は公安部の卓雄、副主任はかつて東北日本人管理委員会にいた趙安博が就いた。

19 在華日本人事務委員会の議事録はほとんど公開されていない。そのため、同委員会においてどのような議論がなされ、最終的に中国紅十字会に日本人送還の援助業務を委託するようになったのかは明らかではない。なお第二次委員会(一九五二年四月七日)においては、中央への意見として「各地域の政府に照会して、日本人の帰国を大幅に許可すべきであり、ただし多数を一括に遣送するのではなく、個別許可方式を取る」こと(中国外交部档案一一八—〇〇四一八—〇二)が決議されていた。

20 後期集団引揚以前にも、個別に許可されて、日本へ帰還した人もいる。中国外交部の資料によれば、それによって帰還した人の多くは、技術留用者か戦時徴用者である。個別引揚が許可されるようになったのは、東北地域の戦時状況が良くなり、土地改革が安定してきたからである(「東北外事処工作報告(一九四九年七月~一二月)」中国外交部档案館一一八—〇〇〇五一—〇五)。

21 「日僑の帰国に関する中国紅十字会と日本代表団との談判要点(草案)」中国外交部档案館一〇五—〇〇一二七—〇四。

22 「留用者」を「日僑」に認定し直したのは、日本人の帰国事業を想定して、機密情報に関わった日本人の帰国の不許可や、中国の経済発展にとって必要な技術者の「留用」をしやすくするためであったとも考えられる。

23 「自願」認定に関する資料は今のところ見つかっていない。

24 この類型は、中国人の家庭に入った経緯の類型と一定の相関関係が見られる。これらに関しては、具体的な事例を用いて議論する必要があるので、今後の課題とする。

25 「日本人女性の親族訪問の援助に関する通知」中国外交部档案館一〇五—〇〇八九八—〇一。

26 黒竜江省公安庁「日僑の帰国および肉親訪問に関する工作状況報告」中国外交部档案館一一八—〇〇六九二—〇二。

27 「日本人女性の親族訪問の援助停止に関する通知」中国外交部档案館一〇五—〇〇八九八—〇一。

28 「国籍法公布前の渉外国籍問題処理に関する暫時原則(一九五一年)」中国外交部档案館一一八—〇〇一二一—〇三。

ほかに、「国籍法公布前の渉外国籍問題処理に関する暫定方法（一九五一年）」中国外交部档案館一一八—〇〇一二一—〇四も参照。

29 「日本籍養子の国籍問題に関する外交部と内務部と公安部との往来書簡（一九五四年一二月～一九五五年二月）」中国外交部档案館一一八—〇〇五四五—〇一のほかに、「中国公民が外国籍児童を養子とする場合の国籍問題に関する外交部と公安部との往来書簡（一九五九年一〇月～一一月）」中国外交部档案館一一八—〇〇七六〇—一〇（一）をも参照。

30 「日本僑民が中国人児童を養子とする場合の戸籍登録（一九五四年一〇月～一一月）」中国外交部档案館一一八—〇〇二五六—一五。

31 婚姻問題に関しては、「中国人と外国人の結婚問題に関する外交部の処理意見（一九四九年一一月～一二月）」中国外交部档案館一一八—〇〇〇六九—一三、「外僑と外僑、外僑と中国人との婚姻問題に関する暫時処理意見（一九五一年五月）」中国外交部档案館一一八—〇〇一二三—〇三、「中国人と外国人の結婚問題（一九五一年七月～一二月）」中国外交部档案館一一八—〇〇一二三—〇五、「外僑と中国人との婚姻関係、登録、国籍、パスポートなどの問題に関する各地外事処の照会と外交部の回答（一九五二年一月～一二月）」中国外交部档案館一一八—〇〇一五五—〇一、「外僑の国籍問題、婚姻案件に関する各地外事処の照会と外交部の回答（一九五二年一月～一二月）」中国外交部档案館一一八—〇〇一五六—〇一、「普通選挙と人口調査における国籍問題に関する処理意見（一九五三年五月～六月）」中国外交部档案館一一八—〇〇一七六—〇一などを参照。

32 戦後の中国では、かつての体制や機関などが「偽り」のものであったことを批判して、その前に「偽」をつけて呼ぶ。

33 中国特有の表現であり、その土地に対する愛着を強く表すためによく用いられる。死んだとしても、中国の鬼になって、その土地から離れないことを意味する。

34 「訴苦」活動は中国各地で行われたが、語る行為によって行われたため、文字化されたものがほとんどない。なお、一九九〇年代以降、『夢砕「満洲」』（政治協商委員会 一九九一）のように、文字化されたものが出版されている。

35 公民と人民に関しては、毛利（一九九八）と王（二〇〇五、二〇〇六）の議論から示唆を得ている。

36 戦後の中国において日本人が迫害や差別を受けたのは、これまで戦争の記憶をめぐる加害者対被害者、民族的な差異に起因すると捉えられてきた。しかしそれはむしろ「人民」の規範に起因していると筆者は解釈している。実際中国残留日本人が語る中国での差別体験を見ていくと、その多くは、反革命分子とみなされ、あるいは日本人であることの疑いから生じる身分問題や、親が日本軍人ではないかという疑いで差別されている。これらはいずれも政治的態度や階級の問題である。もちろん個人レベルの交流において、加害者対被害者、民族的な差異といった規範が機能する場合もある。

37 「朝僑、日僑の農業生産合作者の加入に関する許可の件（一九五六年二月～四月）」中国外交部档案館一一八―〇〇五七四―〇一。

38 「外僑の人民公社への参加や中国国籍の加入問題に関する黒竜江省外事処の照会と外交部の回答（一九六三年四月～七月）」中国外交部档案館一一八―〇一二〇八―〇一。

39 「外僑の社会主義教育運動への参加に関する外交部、公安部の照会（一九六三年一二月～一九六四年三月）」中国外交部档案館一一八―〇二七九九―〇二。

40 「外僑による我が人民の政治学習と政治性活動への参加問題に関する外交部、公安部の照会（一九六四年一月～一一月）」中国外交部档案館一一八―〇一七九九―〇一。

41 外僑の国籍変更を促進する意見も出されていた（「外僑の人民公社への参加や中国国籍の加入問題に関する黒竜江省外事処党組の照会と外交部の回答（一九六三年四月～七月）」中国外交部档案館一一八―〇一二〇八―〇一）。

42 戦後中国での下放は二段階に分けられる。一九六八年までの下放は、反右派闘争の一環として、政府や党の幹部や知識人を地方に送ることであった。それ以後の下放は、文化大革命を沈静化するために行われたものであると言われている。

43 「小学校教員を担当する外僑の問題に関する呉国田の問い合わせと黒龍江省外事科の処理方法に関する領事司の応答（一九六五年九月～一〇月）」中国外交部档案館一一八―〇一六七七―一一。

44 「外僑の主副食品配給問題に関する各地外事処に対する外交部の通知（一九六〇年九月）」中国外交部档案館一一八―〇〇八〇七―〇二、「国務院秘書庁　外僑の食料配給基準を引き上げた遼寧省（一九六一年一一月）」中国外交部档案館一一八―〇一三七二―〇六などを参照。

45　中国外交部資料館には、日本人を含めた外僑の犯罪に関する資料が数多く公開されている。なかには、窃盗罪で逮捕されたため、日本への送還を計ろうとして、日本軍が遺留したスパイと自称する人もいた。その一方、本当にスパイ活動を行った人もいた。なお参考資料には本名が記載されているため、ここでの明記は避ける。

46　「日本籍船員と日本籍女性との接触の件に関して（一九六三年一二月～一九六四年一月）」中国外交部档案館一一八—〇一五〇二—〇九。両者が接触した目的は、日本籍船員は①中国国内の情報収集、②密輸入、③民族的な感情、日本人女性は①帰国するための情報収集、②手紙を託す、③安い商品の購入、であった。この事態に対して、中国政府は日本籍船員から受け取った商品を没収し、罰金を課して注意を促した。

47　方正県総人口二一万人のうち、約四万人が中国残留日本人の関係で日本に来ている（南二〇〇九a）。方正県の日本人公墓を含めて、同地域での中国残留日本人をめぐる包摂と排除について、目下調査中である。

48　このあたりの記述は主に、「方正県日本人遺骨処理状況に関する黒竜江省公安庁の報告（一九六三年七月）」一〇五—〇一五九〇—〇一、「方正県日本人遺骨問題に関する黒竜江省公安庁外事処の報告と領事司の処理意見（一九六三年七月～八月）」一一八—〇一四八四—〇一、「黒龍江外事処（外情簡報）第三四期　日本人公墓の石碑立て直しに関する方正地区日僑の反応（一九六五年一一月～一二月）」一一八—〇一六七七—〇二を参照。

49　日本人公墓は当初木碑であったが、一九六五年に石碑に建て替えられた（「黒龍江外事処（外情簡報）第三四期　日本人公墓の石碑立て直しに関する方正地区日僑の反応（一九六五年一一月～一二月）」）。

50　この時期の中国は、連合国勢力とソ連勢力、国民党政権と共産党政権とが複雑に交じって、きわめて混乱していた。中国全土の主な都市には集中営が設置され、東北各地には日本人会が組織されていた。これらの組織と送還との関係などに関する調査は目下進行中である。

51　なお一九六〇年代後半、特に文化大革命以後、日本人政策がどう変わっていったのかは、資料が公開されていない現在、言及するのは尚早である。また社会での実態に関しては、更なる研究調査が必要である。

52　日本人のネットワークは、地域の居住人数や地方政府の対応の違いによって、地域差が存在する。

53　「三種人」という呼び方は、中国の档案資料と関係文献などで確認できる。

第二部

表象／実践編

（二一世紀の政治では）エスニシティを絶対的に固定しようとするのではなく、むしろアイデンティティ構築の無限のプロセスとしてそれを理解する事によって、エスニック絶対主義の力に対して一連の解答をつきつけることで生み出される英知を称えることは、いっそう容易いこととなるだろう。

―ギルロイ―

二〇〇八年国家賠償訴訟運動が終結してから、厚生労働省は「地域社会での支援」や「普及啓発事業」の一環として、福岡県、長野県や大阪府で「中国残留邦人等への理解を深めるシンポジウム」を開催した。その目的は「中国残留邦人等」に関する「理解を深める」ことや、経験を「語り継ぐ」ことである。しかしいったい「中国残留邦人等」は、いかなる人間として「語り継がれ」ようとしているのだろうか。ポスターでは、次のように説明している。

> 今から六五年前、「満洲」と呼ばれていた中国東北地区には、開拓団をはじめとした多くの日本人が居住していましたが、突然のソ連参戦により、人びとは長い逃避生活を余儀なくされ、逃避行中や収容所等では、飢餓や伝染病等により死亡者が続出するという悲惨な状況となりました。
> このような混乱の中、家族と離れ離れになり孤児となり中国人に育てられた子どもたちや、生活のため現地で結婚するなどして中国に留まった女性たちなどが、「中国残留邦人」と呼ばれる方々です。

こうした定義はけっして国家賠償訴訟運動が終結してから現れたものではない。それ以前から存在していた行政の捉え方である。世間一般的にも、中国残留日本人をこのように把握している。しかしこのような捉え方こそ、第一部で議論してきたような歴史を「忘却の穴」に押し込む行為であり、忘却の政治にほかならない。

ポスターには「ソ連参戦」「逃避生活」「飢餓や伝染病」「死亡者の続出」「悲惨」「混乱の中」といった言葉が並べられたように、中国残留日本人

図1「中国残留邦人の理解を深めるシンポジウム」(2009年3月1日) ポスター

は戦争被害者として描かれている。子ども一人だけが取り残され、佇む哀れな姿がそれを表現しようとしている（図1）。記憶空間を敗戦直後に限定しようとしているのも明らかである。

それから、戦後の日本人（行政官僚と思しき男性や中学（高校）生）が微笑みながら、両手を広げて、帰ってくる中国残留日本人親子を迎える絵もポスターに使われた（図2）。しかし中国残留日本人は本当に温かく迎えられたのか。国家賠償訴訟が起こされたことを考えれば、それは疑問である。

さらにこの絵にはもう一つの注目すべき点がある。帰ってくる中国残留日本人親子の母親は、引揚者（下の図3）[1]の表象と同じくモンペ姿であった。このように、中国残留日本人は引揚者として描かれたのである。それは中国残留日本人を包摂するための統合戦略であった。

しかしこのような残留日本人の表象や記憶はいったいどのように構築されたのか。またそうした表象や記憶によって、社会的に位置づけられた中国帰国者はどのような実践をもって、公共圏を創造し、自己を表象していこうとしているのか。そこで構築された生活世界はどのようなものとして想像されようとしているのか。第二部はこれらの課題を中心に議論を展開していく。

議論を展開していくにあたって注目するのは、中国帰国者をめぐる境

図2「中国残留邦人の理解を深めるシンポジウム」（2010年2月21日）ポスター

図3　中国からの引揚者親子

界線の構築とその変遷である。つまり、法的主体性を抹消された残留日本人は再包摂されるにあたって、どのような法的主体性が与えられ、他の「日本人」と区別されたのか。そのような境界線をめぐる陣地戦（war of position）（Hall 一九九〇a＝一九九八a：八三）の展開について考察することである。

【注】

1 平和祈念展示資料館（http://www.heiwa.go.jp/tenji/kaigai/index.html）に使われている写真である（二〇一〇年四月確認）。

第四章　忘却と想起の痕跡

戦後の国民国家の再建や国民統合の過程において、中国残留日本人は日本国から排除され、忘却／記憶されていった。しかし法的主体性を抹消された人びとの「再」包摂はどのようにして可能になったのだろうか。中国残留日本人孤児の公的記録では、一九七二年に日中国交が締結したのを契機に、それが可能になったと述べられている（厚生援護局 一九八七）。こういった記述を可能にしたのは、日中断交＝交渉不可能という言説であった。国民国家によって創られた言説は、そのまま国民国家の歴史記述に再利用されたのである。

しかし「再」包摂を可能にした背景には、民間団体による肉親捜し・帰国促進運動が不可欠であった。日中国交が締結されてからも、日本政府はそれまでの制度を援用しただけで、消極的な態度を取っていた。そういった消極的な日本政府を動かしたのは、本章で取り上げる「日中友好手をつなぐ会」（以下、手をつなぐ会）を中心とする民間団体の社会運動であった。これらの民間団体の活躍によって、一九八一年の訪日調査や中国残留日本人政策の緩和が促されたのである。その初期における手をつなぐ会の役割は大きい。にもかかわらず、公的記録では、同団体は「昭和五〇年代」から「中国本土での肉親捜しを積極的に展開して」きた民間団体として紹介され、二行足らずの記述しかない（厚生援護局 一九八七：七五）。また手をつなぐ会の活動を評価する論文はある（大脇 一九九五・呉 一九九九）が、その社会運動としての展開に関する考察はなされていない。

手をつなぐ会による社会運動の展開は、中国残留日本人問題の重要な転換点である。それは単に日本政府を動かしただけではなく、かつての忘却に抗する運動であったと同時に、中国残留日本人を社会的に位置づけ、意味を付与していく行為でもあった。こうした「反・忘却」運動によって、中国残留日本人のイメージが創られていったのである。

本章は社会運動の構築主義（中河・北澤・上井 二〇〇一；足立 一九九四）の概念を援用しつつ、手をつなぐ会の運動について考察する。具体的には、手をつなぐ会の成立、活動内容や資源問題に触れつつ、構築主義のコンテクスト派のベスト（ベスト 二〇〇六）が用いた方法を援用して、民間団体の主張を前提・根拠・結論に分けて検討作業を行っていく。前提とは中国残留日本人に関する問題で、根拠は民間団体の主張であり、結論は民間団体の要請したものである。最後には、こうした社会運動による意味付けや、残留と棄民の系譜を明らかにしたい。

一　「日中友好手をつなぐ会」の活動

（一）　活動概要

一九七二年一二月、手をつなぐ会は長野県阿智村で設立された[1]。翌年の三月東京では「望郷会」が発足した。手をつなぐ会も「望郷会」の運動に協力するようになったが、一九七四年六月、「望郷会」の本部が東京から長野に移転したのを契機に、以降は手をつなぐ会が中心となって、中国残留日本人の肉親捜し・帰国促進運動が行われるようになったのである。

「望郷会」が設立されたときの運動の目的は、以下のように定められていた。

一、中国で終戦後日本人を世話してくださった中国の恩人を日本に迎えてお礼申し上げること
二、日中両国民が自由に往来できる平和条約の早期実現の運動に協力すること
三、在中国残留の日本人の肉親不明者を捜査し、会員相互の情報交換をすること
（「中国残留日本人孤児と肉親を探し求める 望郷会便り」一九七四・八・一）

「望郷会」は、入会に関しては特別の規定を設けず、特定の会則と役員も設けないものであった。会費は政府に本腰を入れてやってもらうための運動費として、入会の折に一回かぎり、二千円の寄付を求めるだけであった。このように、「望郷会」の設立時に、中国残留日本人の肉親捜し活動は、すでに具体的に決められていた。しかし、政府への働きかけについては言及されてはいたものの、具体的にどうするかは決められていなかった。政府への働きかけが具体化されたのは、手をつなぐ会を中心に活動するようになって以降、一九七六年の富士見大会においてであった。また会の目的などもこのとき改められていた。

中国残留日本人の肉親捜し活動が社会的に周知されるようになり、会の目的や会則に関する問い合わせも多くなった。当時の手をつなぐ会会長山本慈昭は次のように回答していた。

私共の会は、終戦以降における中国国内残留日本人孤児の肉親を捜してあげること、また日本国内の方で終戦時に中国に子供を残されて行方不明になっておられる人びとについて協力して探してあげること。（『手をつなぐ会 会報』一九八三・一一・一）

ここで注目すべきなのは、肉親捜しの対象が公開調査などで唱えられた中国残留日本人ではなく、中国残留日

本人孤児に焦点が定められたことである。その背後には、日中国交が締結してから、日本政府は中国残留日本人の国費による帰国援助を開始したが、しかしその前提として自分の肉親が判明していることや、その肉親が中国残留日本人の帰国に同意しているという条件が付けられていた。こうした対象が中国残留日本人から中国残留日本人孤児へと移行したのは、後述するように、政府との折衝の過程で決められたことである。

（二） 会員・資金・組織

手をつなぐ会の会員のほとんどは、満洲移民あるいは軍人などとしての渡満経験者や、自分の子どもを中国に残してきた者や、比較的早い時期に日本に帰国できた者である。最初は三〇余人でスタートしたが、一番多いときは一、三四五人にまで達した。

しかし会員数は増加したものの、活動資金という面ではけっして恵まれていたとは言えなかった。会費を徴収せず、政府からの援助も受けられず、募金に頼るほかなかったからである。常に資金の確保に苦しんでいた。長野本部の山本慈昭をはじめ、各支部長とも自分たちで資金を調達する以外方法はなかった。

設立当初、手をつなぐ会は長野本部と東京支部と北海道支部しかなかった。中国残留日本人問題が次第に注目されるようになり、全国各地から会員が集まるにつれ、各地に支部あるいは事務所が設置されるようになった。一九八一年、会員は北は北海道から南は沖縄までに広がり、支部も長野県、東京、大阪、静岡、愛知、北海道、京都、神戸や鹿児島など計二三支部にまで増加した（『友好手をつなぐ会 会報』No・五六―一・一一・一二・一三）。また、一九八六年には、かつて山本慈昭が入植した中国勃利県にも、勃利県知事を支部長とする勃利支部が設立された。勃利支部との関係は、情報の伝達などであった。このように手をつなぐ会は会員数が多いだけではなく、地域的に限定された他の民間団体と違って、その会員および対象地域が日本全国（国外）に及ぶ組織までに成長したのである。

手をつなぐ会の組織関係を図示すると、図四―一のようになる。その関係は自律分散的・相互行為的である。本部と支部のつながりを保つため、年間一万円の会費を支部より本部に納める以外、特別な規定はない。支部は会費納入以外には、活動内容を定期的に本部に報告し、本部はそれを会報に掲載し、他の支部に知らせる。また、本部は他の団体や政府関係機関からの情報についても会報あるいは文書によって各支部に伝える。このように、本部を介して、各支部と支部のあいだ、各支部と他の団体とのあいだ、各支部や政府関係機関とのあいだに情報が伝達されている。

意思決定などに関しては、本部が一方的に決定するのではなく、各支部がそれぞれの地域事情に配慮して決定することができる。本部は会報や全国大会や地域大会などの場において、各支部の活動を調整するのみである。このように、本部の機能としては、情報伝達が主であり、その次は各支部の活動を調整することであり、支部に対して何ら強制的な権力を持っていない。各支部は自由に政策決定でき、活動することができていた。そして、本部が自律的な各支部の活動を相互に調整し、効果を高めることによって、一層の合理化を目指すことができていた。

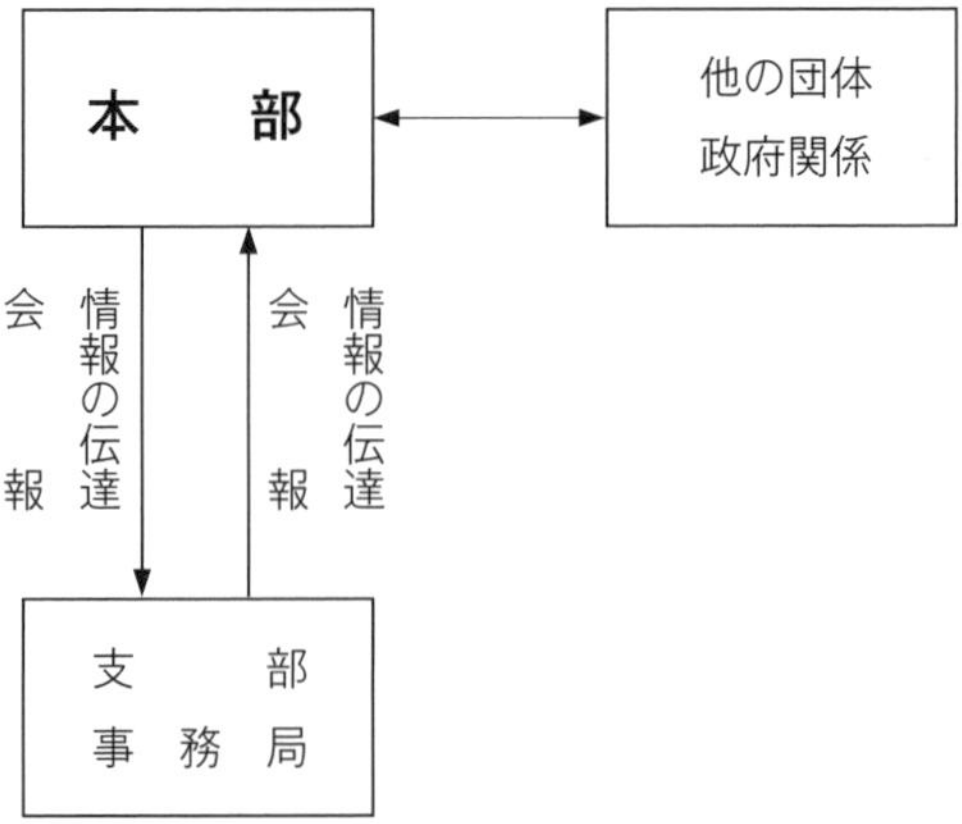

図４―１　「日中友好手をつなぐ会」の組織関係図

二　肉親捜し・帰国促進運動と日本社会

（一）　肉親捜し活動とメディア

肉親捜しの運動を進めていくには、なによりも孤児に関する情報が重要である。孤児の情報は、中国と日本国内というふたつの方向から収集されていた。中国からの情報収集は、手紙や訪中によって行われていた。中国で生活する中国残留日本人が自分の肉親を捜すために送ってくる手紙は、民間団体の主な情報源であった。[2]日本国内の情報も主に手紙によって寄せられた。「手をつなぐ会」が設立される前から、新聞やＴＶなどによって日本国内に呼びかけたことがきっかけで、山本慈昭などの個人宛に多くの手紙が送られてくるようになった。特に、一九七四年、公開調査の直前に、手をつなぐ会は新聞によって日本国内に呼びかけ、情報が同会に寄せられた。手紙以外に、厚生省からの中国残留日本人孤児の情報も一つの情報源であった。帰国した中国残留日本人からも、情報を得ることができた。

手をつなぐ会は中国残留日本人孤児の情報を集め、そして、新聞による公開調査をすすめるために、全国各地の新聞報道機関に訴えた。この訴えを通じて、一九七四年八月一五日、第一回の公開調査は新聞に掲載された。八月を中国残留日本人孤児肉親捜し月間とし、この一ヶ月のあいだ、中国残留日本人孤児に関する記事が各新聞に掲載された。第一回公開調査以降も、公開調査が続けられ、訪日調査の直前までに計一六回の公開調査が行われた。このような民間団体の活動に対し、厚生省がやっと公開調査を始めたのは一九七五年三月一二日であった。訪日調査の直前までに、計九回しか行われなかった。

手をつなぐ会を中心とする民間団体による「生き別れた者　記録――日中肉親探し」と題した一連の公開調査

は、単に情報を公開するだけではなく、同時に中国残留日本人の問題を世間一般に訴える役割も果たしていた。公開調査の第七回までは、「広がる中国残留肉親捜し活動」「続々〝生き返る〟死亡宣告者」「民間任せ・動かぬ厚生省」などの見出しからも分かるように、肉親捜し活動とその成果、厚生省の怠慢ぶり、今後さらなる努力を必要とすること、帰国後の日本語教育の必要性、外国人・旅行者として扱われることの問題性など、中国残留日本人が突きつける問題点が訴えられていた（『朝日新聞』一九七四・八・一五～一九八一・一・一三）。このように、マス・メディアを通して問題を訴えたことは、肉親捜し・帰国促進運動に大きな影響を与えた。初期の中国残留日本人、特に中国残留日本人孤児や中国帰国者のイメージ・世論を創造したのは、こういったマスコミによる公開調査についての報道であった。そして、一九八〇年九月、中国残留日本人孤児の問題をさらに世に知らせるNHKのドキュメント番組「再会～三五年目の大陸行～」が放送された（山本・原 一九八一）。

（二） 政府への請願

メディアを通じて中国残留日本人の肉親捜し・帰国促進活動が世間一般に知られるようになるにつれ、最後には政府をいかに動かすかという課題に突き当たる。それには請願によるしか方法はなかった。

手をつなぐ会を中心とする民間団体は、中国残留日本人孤児の肉親捜しに関する請願を参議院に提出した。「中国残留日本人孤児の肉親不明者の調査等に関する請願」は、第七七回国会会期中の一九七六年三月～五月のあいだに一〇件、第七八回国会の一〇月～一一月のあいだに二件、第八〇回国会の一九七七年三月～六月のあいだに四三件、第九一回国会の一九八〇年二月～三月のあいだに一二件が参議院社会労働委員会に提出された。この間、一九七六年一〇月一四日には、社会労働委員会において金子みつ参議院議員が、一九七七年三月四日には、予算委員会において田川誠一衆議院議員が中国残留日本人の問題について行政関係者に質疑した。金子みつは、肉親が判明したが、後にそれが間違いだったと気づいた孤児の例を挙げて、政府はそれに対して何か対策を考えているのかと問い詰めた。つまり、政府が何もしないから、このような問題が起こるのではないか、という質問であった。田川誠一は、「中国残留日本人孤児」に対して、国は何か対策を考えているのかについて質疑した（国会議事録 http://kokkai.ndl.go.jp）。いずれも、中国残留日本人問題が世論として新聞紙面を飾っているときであった。

以下、中国残留日本人問題が社会労働委員会や予算委員会に取り上げられるまで、「手をつなぐ会」などの民間団体と国会議員とのあいだに、どのような接触があったのかについて述べる。

一九七六年八月二八日、手をつなぐ会の全国大会・長野県富士見大会に、援護局調査課堀幸男主事が出席し、日頃から活動に協力してくれた衆参議院議員として、衆議院議員小川平二、田川誠一、野中英二、参議院議員夏目忠雄、野末陳平、吉田実、志村愛子、市川房枝などの名が紹介された。これらの議員のほとんどは上述した「中国残留日本人孤児の肉親不明者の調査等に関する請願」の紹介議員としても活動に協力していた。

それから、請願書の増加、国会での議員の発言などによって、中国残留日本人孤児問題は次第に政界にも問われるようになった。これがきっかけとなり、一九七八年五月一一日、「孤児問題連合会」会長坂口遼や衆議院議員山本政弘、田川誠一などの協力によって、在中国日本人孤児問題議員連絡懇談会（以下、議員懇談会）が発足した。

議員懇談会は、在中国日本人孤児問題解決のために連絡、懇談することを目的としていた。世話人代表は根本竜太郎、事務局は山本政弘、各党の世話人は自民党の足立篤郎、社会党の広瀬秀吉、民社党の和田耕作、新自クラブの田川誠一である。この他にも、党派を超えて多数の参衆議院議員が参加している。このように、議員懇談会は共産党を除いた超党派的な組織である。中国残留日本人孤児の問題がいかに重視されていたかうかがえる。そして、民間団体としては、「手をつなぐ会」「日中孤児問題連合会」「三互会」などが議員懇談会に参加した。

三　民間団体の主張

　以上のような活動を通じて、民間団体は中国残留日本人問題を社会的に訴え、日本政府に請願したのである。こうした社会運動によって、日本政府が中国側と積極的に交渉するようになり、身元が分からない中国残留日本人孤児の肉親を捜すための訪日調査が始められた[3]。ここでは、民間団体の主張について検討する（図四―二）。

（一）　民間団体の要求

　手をつなぐ会を中心とする民間団体の要求を、手をつなぐ会の全国大会富士見大会の報告と議員懇談会での議題から要約しておく。

　まず手をつなぐ会の富士見大会の報告で、政府への要求は次のとおりであった（『手

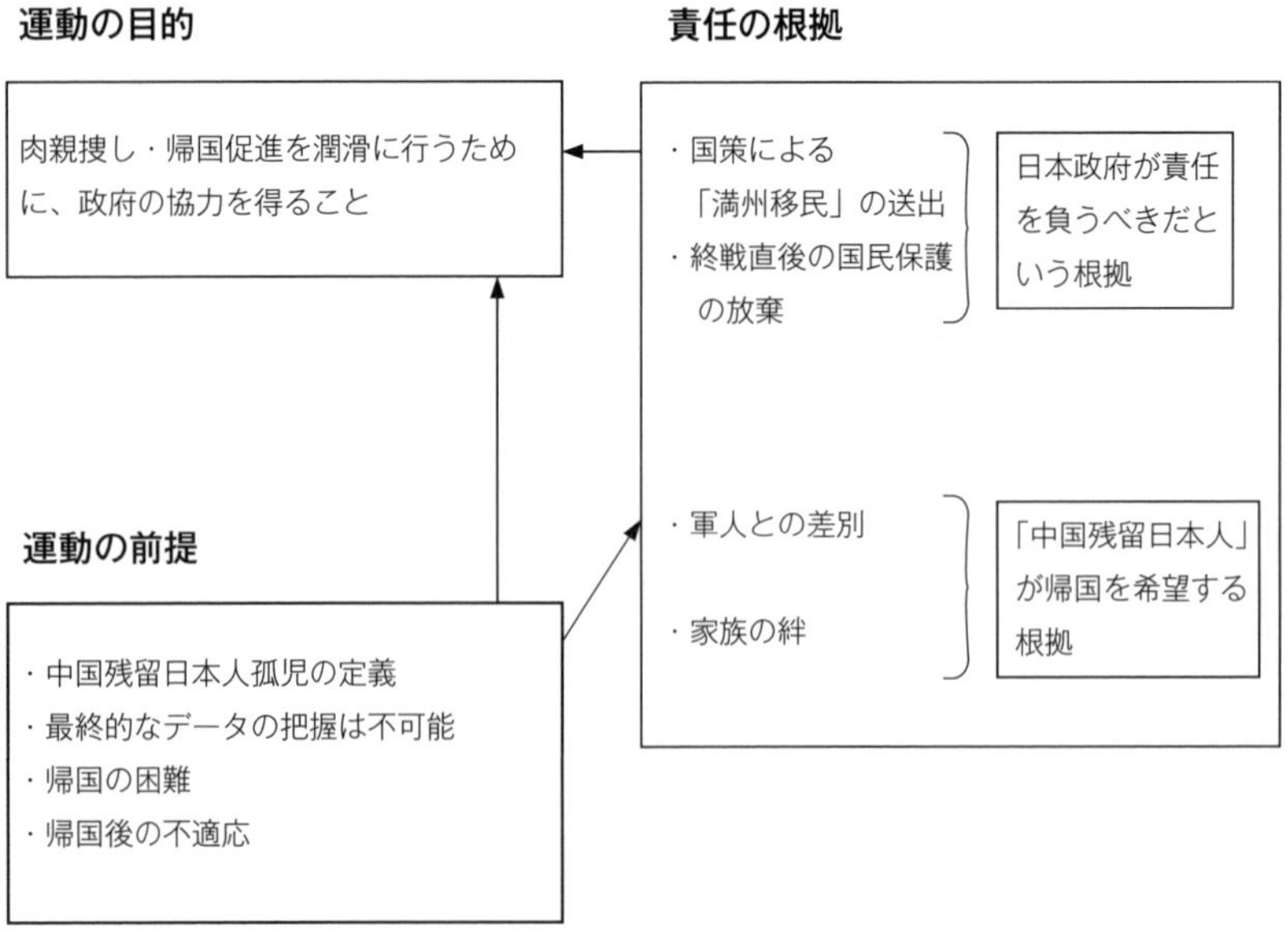

図４―２　民間団体の主張

をつなぐ会会報』一九七六・九・一〇、一九七六・九・二〇）。

一、中国残留日本人孤児を里帰りさせ、日本内地で肉親を探させるため、政府の予算を獲得すること
二、中国残留日本人の調査を政府は早急に行い、一刻も早く調査結果を公表してほしい
三、中国からの引揚者のため、日本語教育指導費として、特種教育費を国家予算に計上すること
四、中国残留日本人孤児の肉親探しのため、全国の放送協会及び報道機関の協力を願い、親探し週間の実現を期そう
五、中国残留日本人慰問団を結成し、訪中する
六、戦前に本籍が台湾、樺太、朝鮮にあったため、祖国に帰れない人達がいる
七、終戦時ソ連に抑留された開拓団農民の子供の調査、当時在満日本人の家族であった白系ロシア人の妻や子の調査をソ連政府に交渉してほしい

また、議員懇談会では、民間団体は次のような議題を提案していた（『手をつなぐ会会報』一九七八・七・一五）。

一、帰還者（「中国残留日本人」で帰国した人達）の現状把握調査について
二、対象となる所謂孤児の範囲について
三、行政窓口の一元化について
四、受入体制の強化について
五、帰国センターの設置について

六、中国養父母などに対する感謝表明について

以上のように、手をつなぐ会を中心とする民間団体の要求は、中国残留日本人孤児の肉親捜しと、帰国や帰国後に対する援護に大きく分けることができる。いずれも、政府の協力を必要としていた。つまり、この時期の民間団体の目標は、何よりも政府を動かすことであった。以下、民間団体が政府を動かすために、主張した諸問題の前提と根拠について見ていきたい。

(一) 問題の内実

中国残留日本人問題の前提として、中国残留日本人の範囲、孤児の人数の増加、帰国問題、時間的な制限と動かぬ政府、帰国後の不適応が挙げられる。

まず中国残留日本人の条件について、手をつなぐ会はそれを次のように規定しようとした。

・日本人であるという証明書又は証人のある者
・終戦前後に中国において日本人の子として出生したが、日本の本籍地に帰化の手続きができず孤児になっている者
・肉親は発見されたが、戸籍復活が遅れていまだに帰国できずにいる者
・戦前に本籍が台湾、朝鮮、樺太にあったため、日本に帰れないでいる者
・戦前、中国外の外地に移住又は勤務中終戦となり、引揚途上中国に上陸、内地との連絡絶たれている者
・肉親を発見できたが、すでに全員死亡し縁者もなく帰れないでいる者

（「議員懇談会資料」）

このように、手をつなぐ会を中心とする民間団体は、肉親が分からない孤児だけではなく、肉親が判明しても、日本に帰国できない孤児・残留日本人を援護対象にしようとした。しかし、手をつなぐ会の主張した中国残留日本人の範囲を日本政府はそのまま受け入れようとしなかった。結局、訪日調査の際は、肉親が分からない孤児だけが援護の対象となったのである。その背景にいかなる折衝が行われたかは不明であるが、この点に関しては最後にまた検討してみたい。

第二に、孤児の人数の問題である。当時の厚生省援護局の統計によれば、一九七二年一二月末の時点で、中国にいる未帰還者は一七、八六一人であった。これはさらに第一類、第二類と第三類に分類されている。第一類は法的には日本国籍を保有している者で三、一六六人。第二類は日本国籍を保有しているが、日本に帰る意志のない者で一、〇四〇人。第三類は生死が確認されないまま、戦時死亡者と宣告された者で一三、六五五人。日中国交が締結してから、第三類のうち、一五〇人が生存していることが判明した。戦時死亡者として宣告されたといっても、生存している可能性は充分あった。

終戦の混乱のなかで、離散・自決・全滅したと推定された人たちについては、留守家族が死亡届出または失踪宣告などの手続きをしたため、すでに処理済みとみなされ、上記の統計に計上されていない未帰還者の数はまったく不明であった。また、名乗り出てこないケースもあるので、孤児の正確な人数の把握は困難を極めた。

北京日本大使館の統計によれば、一九七四年一一月の時点で、中国残留日本人は全体で三、〇六〇名、東北には一、八七七名、その他の地域には一、一八三名となっている。ただし、この統計には身元不明者は含まれていない。援護対象となる者だけの統計であり、最終的に確認されたデータではない。統計を取ったからとはいえ、なんらかの原因で名乗り出てこない人たちもいると考えられる。統計データの数字上、残留している者が〇人になったとしても、残留日本人の問題がそこで解決したとはいえない、というのが当時の民間団体の気持ちであった。手をつなぐ会が収集した孤児のデータの増加率を見れば、そのことは明らかだった。

手をつなぐ会の統計によれば、一九七六年七月一日、中国からの依頼は二四五件、日本国内からの依頼は一八〇件、合計四二五件。そのうち、肉親が判明したのは一〇三件で、未判明は三二二件。しかし、一九七八年六月一八日の時点では、未判明者がさらに増加した。中国からの依頼は三五八件、日本国内からの依頼は一五六件、合計五一四件。このように、調査すればするほど、肉親の分からない孤児が出てくるのだった。

第三に、帰国の問題である。たとえ肉親が判明したとしても、必ずしも帰国できるとは限らない。一九七八年の「手をつなぐ会」の調査では、肉親が判明した者は一三二名であったが、その約半分の六三人は帰国できていない。その原因は家庭の事情、経済事情などとさまざまである。たとえば、引揚げてきた親が再婚して新しい家庭を作り、中国に子どもを残してきたことをずっと隠してきたケース。中国に残してきた子どもが長男で、引揚げてきた両親が自分の財産を次男に残すことを決めており、長男が帰ってくるともめごとになるので、それを避けているケース。自分の子どもが判明したとしても、何も持たずに引揚げてきた両親は、戦後の生活もそれほど裕福ではなく、しかも高齢のため、子どもが帰ってきたとしても、面倒を見ることができないため、帰国を拒むケースなどが挙げられる。

第四に、時間的な制限と動かぬ政府の問題である。日本国内の肉親は高齢のため、肉親捜し運動は、時間との勝負でもあった。一九七四年一〇月一一日、手をつなぐ会の第一回総会では、山本慈昭は次のように述べている。

日本にいる父母はすでに六〇、七〇歳を過ぎている人が多い。政府のいうようにこれからまだ一〇年かかる、

というのではとてもできない。ここ二、三年で肉親捜しを完了させる……。（『朝日新聞』一九七四・一〇・一二）

肉親が生存していれば、自分の子どものことをよく覚えているはず、それだけで判明率が高くなる。できるだけ肉親が生存しているうちに、親子の再会を果たしたいという、手をつなぐ会の会員の気持ちがあった。以下のような、肉親が死んだ後に、子どもが判明したケースもある。

「父の名は堀見クスキ。敗戦直前に応召、ソ連に抑留されて不明。現在七十歳ぐらい。捜してほしい」と、中国から手紙を寄せていた堀見ヒロミ（三四）の父は、娘の生きていることも知らず、昨年一〇月一三日、愛知県の養護老人ホームでヒッソリ息を引き取っていた。確認されたヒロミさんのおじやおば、いとこたちは「あと一年早く分かっておれば、二人の対面も実現したのに、それにしてもよく生きていてくれた。早く会って、せめて父親の話をしてあげたい」と再会の日を願っている。（『朝日新聞』一九七四・八・三〇）

このようなことが二度とないように、できるだけ短時間で中国残留日本人孤児の肉親捜し活動を終了させたい。「中国残留日本人孤児の肉親を、一刻も早く探し出して、肉親が達者なうちに面会させてあげたい」と山本慈昭は語っている（『手をつなぐ会 会報』一九七九・一二・二五）。

しかし、日本政府は肉親捜し・帰国促進活動に対しては消極的であった。

（前略）身銭を切って活動を続ける人たちをよそ目に厚生省は、本年度の予算要求で、中国残留日本人に手を差し伸べる新規事業をなにひとつ出していない。「一般の未帰還者についての調査や帰国後の援護は都道府県の仕事。昨年、帰国者から情報を収集するよう各県に通達は出した。国も責任はない、とはいわない。だから、調査もしている。だが、厚生省援護局は本来、軍人復員のための部局」というのだ。

「手をつなぐ会」の人たちはいう。「いま、肉親捜しをしている多くの人は開拓団関係者だ。開拓団員は軍人と同じように当時の国策にそって、狩り出され、敗戦時、もっともひどい犠牲者となった」。「開拓団を送り出したのは、当時の農林省だったのか。拓務省だったのか。政府の一体責任といわれても……」（八木厚生省援護局長）という「言い分」では、生き別れた人たちは納得しない」。（『朝日新聞』一九七四・一一・一六）

第五に、帰国後の不適応の問題である。肉親が判明し、帰国した中国残留日本人孤児は、約三〇年ぶりの祖国で、日本語を忘れている。日本の社会、生活習慣に適応していくのは容易なことではない。まず、家族のなかでの適応にしばしば問題がおきる。日本に帰国した最初のうち、孤児たちは肉親に温かく迎えられ、世話してもらえる。しかし、時間がたつと、言葉が通じないため、コミュニケーションがうまく取れずに、生活習慣も違うことから、問題が起きる。せっかく、親子であることが判明し、再会したとしても、その後はうまくいかないケースが多い。

また、日本社会への適応も困難である。一九七五年一一月、朝日新聞が帰国した「中国残留日本人」一〇六世帯を対象に行ったアンケートによれば、その原因は①日本語の問題、②子どもの教育問題、③就職の問題（資格を生かすことができない）、④国籍の問題、⑤日本の習慣への戸惑い、⑥中国残留日本人を受け入れる総合施設であった（『朝日新聞』一九七五・一一・一七）。

（三）　責任の所在

以上、民間団体の要求と中国残留日本人問題の内実を敷衍してきた。そして日本政府に要請するため、民間団体は国家の責任、軍人と民間人で異なる対応、家族の絆とルーツ探しを主張した。順を追ってみていきたい。

まず国家として日本政府が中国残留日本人に対して、どうして責任を負わなければならないのかについて、山本慈昭は次のように主張した。

（前略）当時（筆者注：満洲国の時代）政府は国策によって、食糧増産と北方領土を守らせるため、二四万人といわれる開拓団員を満州（現在、中国東北地区）に入植させたのです。

戦争の末期、満州に駐留した関東軍は、開拓団員の男という男に召集をかけました。そして、ソ連との不可侵条約を信じてか、それとも日本の敗戦の気配を感じたのか、将兵の家族だけはひそかに家財をまとめて内地に引揚させ、関東軍は南方に移動してしまったのです。そのようなことを知らずに、私どもの団は最後の開拓団として、ソ連国境近くに入植させられました。（『朝日新聞』一九七四・一〇・二九）

こうした言葉から、二つの主張が見られる。一つは、満洲移民は国策によって送り出されたとする主張である。もう一つは、敗戦の際、日本政府が情報を適切に伝達せず、国民である満洲移民の保護を放棄したという主張である。このような状況のなかで、中国残留日本人が生まれたのである。このように、手をつなぐ会などの民間団体は国策による送り出しと、敗戦後の国民保護の放棄という二つの理由から、日本政府は責任を負うべきであると主張した。

次に、軍人と民間人で異なる対応である。前の引用にもあったように、戦後、「軍人復員のため」に厚生省援護局が設けられたが、それは民間人の援護を管轄していないという。これに加え、中国残留日本人問題に消極的な態度をとっていた日本政府は、フィリピンで発見された元軍人・小野田寛郎のためには、億単位（当時）の予算を費やして救出作業を行う政策を打ち出した。このような不平等な対応に対して、民間団体は次のように主張した。

南方の元軍人（小野田さん）を捜すためには巨額の金を投じて惜しまない政府が、私たち市民の〝犠牲者〟の救済にはあまりにも無関心すぎる。（『朝日新聞』一九七四・八・九）（注：「手をつなぐ会」会長 山本慈昭の言葉）

（前略）私（筆者注：ある永住帰国した中国残留婦人）が帰国後、特別感じたことは小野田さん事件です。悔しいやら、悲しいやら、本当に情けなく思っております。政府は一人の日本人、小野田さんのために大がかりな救出作戦を行いました。こうした誠意があるならば、どうして本当の戦争の犠牲者中国在住の戦争孤児のために尽くしてくれないでしょうか。小野田さんは出てこいと呼んでも応じませんでした。もし、中国にいる戦争犠牲者をお帰りなさい、と呼びに行ったら一言で飛んで帰ってくるでしょう。今は三〇歳を過ぎた人たちが親を知りたい、と、どんなにつらい思いをしていることか、私には分かりすぎるほど分かっております。（『朝日新聞』一九七四・八・一五）（注：「手をつなぐ会」による第一回公開調査の記事）

このように、日本政府の対応は、軍人と民間一般人のあいだでは明らかな違いがある。戦争に参加した小野田寛郎と、戦争の犠牲者である中国残留日本人とのあいだに、このような異なる対応があるというのは、法の下の平等を謳う日本国憲法の基本的人権に反していると民間団体は主張したのである。

最後に、家族の絆とルーツ探しについてである。手をつなぐ会による第一回公開調査の記事には、次のような言葉があった。

当時、悲惨な避難生活のなかで、生き残った子供達は、いまこそ社会主義中国で落ち着いて生活をしていますが、親を恋しい心は、ますます強くなり、その親の名前さえ知らない。住所など知るはずもなく、悲しい思いをしているのです。(『朝日新聞』一九七四・八・一五)

この語りでは、中国に置き去りにされた子どもたちは、親を恋しく思い、家族の絆を求めて、日本への帰国を心から強く望んでいることが強調されていた。またこれと似たような語りがある。

三五年目に懐かしい日本に帰ってきました。兄弟に会って本当にうれしいです。でも、中国にいて、両親も知らず、兄弟も知らない人がたくさんいるのです。同じ日本人だから、自分の考えでは、日本の政府はどんな苦労なさってもできるだけお捜しになってください。(『朝日新聞』一九七四・九・二一)(注:ある「中国残留日本人」の言葉)

日本に帰国できて、一度失われた家族の絆を手に入れることができた。このような喜びを自分だけではなく、いまなお中国にいる日本人にも与えてほしいという気持ちが述べられている。中国残留日本人にとって、家族の絆がいかに大切であるかが語られている。こうして中国残留日本人の家族の再結合が主張されたのである。

家族と同じような語りで、自分のルーツ、自分とは何者なのかという言説がある。

静岡市の杉元佳子さん＝三〇年中国引揚＝は、「私の母を捜してください」と書く。「終戦時、私たちが旧満州東安付近から避難しようとしたときは、すでに交通途絶の状態だったので徒歩だった。私と弟は親類の人にたくされ、父母たちと別行動をとったが、これが親子離別の結果になろうとは……（中略）〝私は誰でしょう〟はいまだに解決されていない」。（『朝日新聞』一九七四・八・九）

「私は誰でしょう」――中国残留日本人孤児のほとんどがこの問いを発している。自分は何者なのか、それは言うまでもなく、日本人である、と山本慈昭は次のように指摘した。

（前略）終戦時、一〇歳前後より〇歳までの子供達は、三〇余年の歳月を中国人の家庭に育てられ、自分の両親や兄弟肉親の名前を忘れ、親の生まれ故郷名も、旧満州開拓地名も判らず、両国の国交回復によって、前に申し上げたように肉親の判っている人や、戸籍のはっきりした人達は、祖国日本に帰られるのに、この不幸な子供達は、日本人でありながら日本に帰ることができません。（『手をつなぐ会　会報』一九七九・二・二五）

中国残留日本人孤児は日本人であるゆえに、日本に帰ってくるのは当然である。それなのに、いまだに彼（女）らは日本に帰国できない。彼（女）らにとって大切な自分のルーツ、自分とは何者なのかといったような問題はいまだに解決されていない。それは家族の絆と同様、大切なことであると山本が強調した。

四　残留と棄民の系譜

（一）　社会運動と意味付与

以上のように、手をつなぐ会を始めとする民間団体が、中国残留日本人の肉親捜し・帰国促進運動を行った。こうした社会運動があったからこそ、一九八一年三月に、第一回の訪日調査が行われたのである。

その前の年には、手をつなぐ会の訪中団が中国の東北部の大連、瀋陽、長春、ハルビンの四都市を訪れ、表敬訪問や孤児の身元調査を行った。その際、中国政府関係者からは、「民間団体がこうした仕事のため訪中されたことは大変なことです。これは政府間で戦後処理の仕事としてやるべきことです。にもかかわらず、いまだかつて日本政府より孤児問題についてご相談を受けていません。もし日本政府からのお申し出があれば、私共はこれに協力するにやぶさかではありません」という態度を表明した。こうした発言を受けて、日本に帰国した手をつなぐ会の訪中団は、集計した中国残留日本人孤児の身元調書や、中国政府の態度を明記した陳願書を国会に提出した。これを受けて、中国残留日本人孤児の訪日調査が開始されたのである[4]。

以下、肉親捜し・帰国促進運動の機能について検討し、それを通して、中国残留日本人に付与された意味を明らかにしていきたい。それは、民間団体のメンバーに対する顕在的／潜在的機能と、社会に対する顕在的／潜在的機能にわけられる。

民間団体のメンバーに対する顕在的機能には、まず不満の解消が挙げられる。肉親捜し・帰国促進運動に参加するメンバーの多くは、引揚者と早期帰国した孤児であった。いずれも、肉親捜し・帰国促進に見向きもしない政府や、日本社会が中国残留日本人孤児を受け入れない体質に不満を感じた人達である。この体験が彼（女）らを運動に向けさせたのと同時に、運動を通して不満を解消することもできた。さらに潜在的機能として、メンバー間の連帯感、メンバーの意識変容、アイデンティティの形成が挙げられる。引揚者は日本に引揚げてきたとしても、日本社会からかつての「戦争の尖兵」「満州移民」と烙印を押され、社会から孤立していた。公の場で、個別体験を語ることは皆無に等しかった。社会運動の展開を通して、共通の体験を持つ人達が集まり、互いの体験を語ることができるようになった。語ることによって、彼（女）らのあいだには連帯感が生まれ、新たな自己イメージを創造していった。それは意識変容であり、新たなアイデンティティ形成の契機となった。

社会に対する顕在機能としては、運動の目的であった中国残留日本人の肉親捜し・帰国促進運動を円滑に行うために、政府の協力を得ることが訪日調査というかたちで達成されたことである。訪日調査の援護対象は肉親が分からない中国残留日本人孤児に限定され、民間団体の意図と異なっていたが、それでも、それまでまったく見向きもしなかった政府の態度と比べて、飛躍的な進歩であった。

社会に対する潜在的機能としては、社会的な関心の増加、中国残留日本人のイメージの形成がある。社会的な関心は民間団体が意図した世論の力だけではなく、日常生活にまでその影響が及んだ。多くの人が中国残留日本人の存在に気付き、その対応を考えるようになった。

また中国残留日本人問題は運動だけの一時的な問題ではなく、それまで清算されていなかった満洲を再考させるきっかけともなった。それは中国残留日本人孤児問題がきっかけとなって、幼児期や少年少女期を「満州」で過ごした人たちによって書かれた「満州もの」が増加した（高橋（三）一九八八）ことからも明らかである。それまで、語られずにいた彼（女）らが自らの体験を語ることが、政治・経済のレベルでしか語られなかったかつての戦争、かつての満洲を再考させるきっかけとなったのである。

そして、中国残留日本人のイメージの形成である。これは民間団体が意図して作り上げたとは言えないが、運動に用いられた主張が、そのまま中国残留日本人のイメージを作り上げていった。初期の肉親捜し・帰国促進運動において、残留日本人が日本へ帰還するための法的根拠として、「日本人であること」はとりわけ強調されていた。それに加え、戦争の犠牲者であること、家族やルーツ探しを熱望していることもイメージとして定着したのである。

(二) 残留と棄民の親和性

こうした民間団体の主張に対して、日本政府はいかなる論理で肉親が分からない孤児に焦点を定めて、訪日調査の支援対象に指定したのだろうか。すでに述べた通り、後期集団引揚が終了してからは、自己が日本人であることを証明できなければ、日本への帰還が不可能であった。このような規定があったことから、自己を証明できない孤児らが支援対象に設定され、民間団体も同意したのである。

ただしこうした選定にはもう一つの論理が働いていた。後期集団引揚の際にも触れた「抑留」者に対する援助の論理である。それは、未帰還者留守家族援護法や引揚者給付金等支給法に沿って解釈すれば、支援対象は戦後「(外国に) 残留することを余儀なくされた者」であると定義されていた。ここでいう「残留を余儀なくされた」とは、後期集団引揚の際の「抑留」の発想と同様のものであり、自己の意志で残留したのではなく、外的な力(他国の権力)によって強いられたことを意味している。肉親が分からない孤児たちは、これに該当するとみなされたのである。具体的には、次の要件をすべて備えている者のみが、肉親捜しの調査対象に指定された。

① 戸籍の有無にかかわらず、日本人を両親として出生したものであること。
② 中国東北地区などにおいて、昭和二〇年八月九日(ソ連参戦の日)以降の混乱により、保護者と生別又

は死別したものであること。
③　当時の年齢が概ね一三歳未満であること。
④　本人が自己の身元を知らない者であること。
⑤　当時から引き続き中国に残留し、成長した者であること。

（厚生省　一九八七：一七）

未帰還者援護法はそもそも留守家族の申請を介して行われるので、肉親が判明しなければその制度を利用することもできない。いわば中国残留日本人をめぐる包摂は、戸籍制度をもとに進められていたのである。行政としては、中国残留日本人の帰国を援助するが、帰国してからのことは家族に委ねられた。中国残留日本人の救済がその家族に押し付けられたという批判があるのは、こういった法制度が用いられたからである。

ここでもう一つ注目しなければならないのは、概ね一三歳未満という年齢基準が設けられたことである。この選定基準は、一九五九年以後の自己意思残留認定と深く関係している。自己意思残留認定は留守家族と連絡の取れる人を中心に、その通信内容によって行われた。当時の状況からして、留守家族と連絡が取れる人は限られており、そのほとんどが二〇歳以上の成人である。この潜在的基準は訪日調査の開始によって顕在化し、援護法が施行された一九五三年から逆算して、一九四五年の時点で一三歳以上の人が訪日調査の支援対象から排除された。こうして排除された人のほとんどが中国人と結婚した日本人女性であるため、その後中国残留婦人と呼ばれ、一九八〇年代後半の社会運動の支援対象となったのである。

このように、日本政府は援護法や引揚者に対する支援という観点から、残留意志の有無を基準に、支援対象を選別していた。それは「残留」をめぐって、「自己意志残留」か、それとも「残留することを余儀なくされた」か、であった。その基準には何らの客観性がなく、恣意的に行われたのである。

こうした日本政府のいう「残留」に対して、その後民間団体関係者により、中国残留日本人は日本政府に捨てられた民（棄民）であると異議が唱えられた。[5] この「棄民」の系譜は、満洲移民の時代にさかのぼる。矢内原忠雄は、当時の日本の満洲政策に可能性以上に危うさを見つつ、一九三二年に「棄民とは南米に対するのであれ、満洲に対するのであれ、充分なる調査研究を為さず、且つ繁栄の機会乏しきに拘らず、過大の期待と煽動とを以て興奮の雰囲気のなかに移民を駆り出し、而して将来に失望を与ふることである」と警告していた（市野川・小森 二〇〇七：一二八）。矢内原の先見的警告はその後事実となったのである。日本の敗戦によって、現地の日本人は財産のすべてを失い、日本帝国は「折りたたまれ」た。その際、日本政府は無条件に降伏し、海外邦人に関する保護という観点は皆無に等しかった。こういった見捨てられた感覚は、戦後日本に引揚げた者の多くが抱く感情でもあった。[6] 中国残留日本人が棄民と位置づけられた背後に、以上のような系譜があった。

ただし、日本政府のいう「残留」にしても、民間団体のいう「棄民」にしても、ある共通項がある。つまり、戦争による被害と敗戦後の混乱である。このような共通項が、一見対立するふたつの見方を共存させている。

五　親密圏から公共圏へ

本章では、忘却されていた中国残留日本人はどのようにして再び問題視され、肉親捜し・帰国促進運動が展開されてきたのかを論じてきた。

こうした社会運動の展開によって、日本政府の中国残留日本人政策が見直され、そのうちの「抑留」に該当するとみなされた孤児に対する支援（訪日調査）が開始された。同時に、運動の展開にともなって、中国残留日本人問題は日本の言説空間において認識されるようになり、中国残留日本人はそれによって位置づけられ、意味が付与されていった。

後期集団引揚が終結してから、日本政府は援護法を用いて、未帰還者の永住帰国を援助してきた。日中国交が締結してからも、この制度が変わらず援用されていたため、実際永住帰国あるいは里帰りという手続きを申請できたのは、留守家族が判明し得た人に限られた。そのため、彼(女)らの問題は親密圏の家族の問題とされ、公的な問題になることがなかった。だが社会運動の展開によって、それは公に問題視されるようになり、中国残留日本人をめぐる「感傷の共同体」(公共圏)が創造されていった。中国残留日本人という呼称は、その法的主体性の回復を目指すための政治的カテゴリーとして定着したのである。

だが訪日調査は、中国残留日本人をめぐる選別作業であり、境界線を引く作業でもあった。つまり、肉親が分からない孤児は「残留することを強いられた」として積極的な支援策が講じられるが、他の者は従来の政策の延長線上でしか対処されないということである。このような日本政府の「残留することを強いられた」という基準設定や「自己意思残留」という捉え方に対して、民間団体から異議が唱えられた。そこで提起されたのは、「棄民」という捉え方である。しかし「棄民」という捉え方は、引揚者も抱く感情であった。また残留と棄民のあいだに、戦争被害者という共通項が存在していた。今日まで、残留者と棄民といった捉え方が併存しているのはそのためである。また中国残留日本人と引揚者、そして他の日本人とのあいだに、こうした見方によって境界線が引かれていった。

さらに、中国残留日本人の永住帰国にともなって日本に定住したその家族はあくまでも付随的な存在としてしか捉えられていない。中国帰国者を救済する社会運動はその後も続けられた。そうした「救済のパラダイム」では、中国残留日本人の「日本人性」の再構築(復原)や中国帰国者の「日本人」への同化(日本社会への適応)が最重要課題とされてきた。これはかつての戦争被害者、国家によって遺棄された民（棄民）という犠牲者を救済する善意の行為であることは誰も否定できない。しかし、それが中国残留日本人の言説と中国帰国者をめぐる差別構造の構築と再生産といった意図せざる結果を生じさせていることも看過できない。日本人性の再構築ないし日本人への同化を目標とすること自体が本質的な「日本人」観や非「日本人」的なまなざしを前提にしているため、すでに他者化の力を包含してしまっている。このような包摂と排除が混ざり合う他者化の力によって、中国帰国者らは客体として扱われ、その言説と差別構造が再生産されてきたのである。

【注】

1　手をつなぐ会の設立時期に関しては、いくつかの説がある。筆者が同会が発行した会報を読むかぎり、一九七二年一二月がもっとも信頼できる説である。

2　二〇〇一年、筆者が長野県で研究調査を行う際、こういった手紙が山本慈昭記念館に散在しているのを確認した。孤児ごとに手紙や、それに関する手続き関係の書類がファイル化されている。二〇〇五年、手をつなぐ会の大阪支部より、それらの手紙を綴った本が出版されている（大阪中国帰国者センター 二〇〇五）。

3　訪日調査を開始するにあたって、日本政府が中国政府といかなる交渉を行ったのかは、今のところ不明である。それに関する資料は公開されていない。

4　訪日調査を開始するにあたって、日中政府間でいかなる交渉や議論が行われたのかは不明である。

5　管見のかぎり、中国残留日本人に対して、棄民という言葉をはじめて使ったのは郡司彦（郡司 一九八一）である。この批判の流れを受けて、その後、「残留」が能動的な意味合いをもつがゆえに、孤児たちを置き去りにした主体・国家の存在が消されているとして、「残留」を批判する論調が生まれた。そのなかでも特筆すべきものとして、井出孫六の『終わりなき旅』が挙げられる。同作品は一九八六年大佛次郎賞を受賞し、今日まで中国残留日本人問題の必読書として読まれている。研究書にも多く引用されている。しかしこういった批判の背後に隠された国民国家の論理は看過されている。

6

戦後の日本において、敗戦ではなく、終戦という言葉が多用されている。この言葉を用いることで、かつての敗戦によって多くの国民が見捨てられたことが忘却の政治に晒された。筆者は引揚者に対する聞き取り調査のなかで、このように語る人に出会った。彼はそういった思いから、終戦ではなく、敗戦という言葉を用い続けるという。

第五章　支配的物語の生成

前章は、民間団体と行政とのあいだの交渉を通じて行われた中国残留日本人の位置づけや意味付与、および残留と棄民の系譜について考察した。しかし中国残留日本人は社会的にどのように語られたのか。本章はテレビドキュメンタリー番組を題材に、議論をさらに進めていく。メディアにおける中国残留日本人の語られ方を考察することで、中国残留日本人が社会的にどのように位置づけられ、意味付与されていったのかを明らかにしていきたい。それらの語りは中国残留日本人の支配的物語として今日まで流通している。

一　記憶・表象するメディア

(一)　テレビと記憶・表象

エリ・ヴィーゼルは現代を「証言の時代」と呼んでいる。「主体として声を上げられなかった人たち、無名の人たち、これまでは歴史の挽き臼にひきつぶされて沈黙させられてきたような人たちが声をあげて、個人の名前が人びとの記憶に刻まれるようになった」ことが、「証言の時代」の画期的な出来事である（徐・高橋 二〇〇〇：一九）。大文字の歴史のなかに現れない人びとの存在は、忘却の危険性にさらされる。そのような忘却に抗するために、人びとが記憶に基づいて証言を語り始める。その記憶は忘却に抗する一方、抗することによって生きられる。その記憶はまた歴史を豊かにする素材となっていく。「証言の時代」は沈黙を強いられることに対する異議申し立てであると同時に、歴史が豊かにされる時代でもある。そのなかでも重要なのは記憶である。[1] 記憶がなければ、証言することもできない。

記憶の氾濫をもたらすさまざまな記憶の援助装置が発達するなか、現代の記憶の構成にとって重要なのは、メディアである。メディアによる記憶化は、媒介された記憶であり、われわれが生きていくために、さまざまな付録を、つまり過去という時間のビタミンを提供し続けている（Silverstone 一九九九＝二〇〇三：二八一―二八二）。メディアのなかでもとりわけ重要なのは、テレビである。今日において、テレビは人びとの生活にとって必須品となっている。人びとはテレビジョンを通して、「生きられた世界」の知を獲得・構築し、実践している。テレビの力は、行政、立法、司法につぐ第四の権力とも呼ばれている。テレビは大衆的なイマジネーションのためのテクストを産出し、過去に関する知をも提供している。しかし、テレビによる表象は自明的なものではなく、テレビは現代におけるもっとも卓越した権力装置と文化装置である。

伊藤守の指摘によれば、テレビは、歴史に関して独自の「語り」とイメージを産出し、公共の記憶をかつてない規模で共有することを人びとに強いている（伊藤 二〇〇二：六一―六二）。その記憶は、現在の社会的政治的なコンテクストと当事者のポジションによって媒介され、生成されていく。そのため、現在のポジションの違いによって、共通の出来事を体験した者でさえも、異なる表象をしたりする。記憶と表象は、そうした政治的社会的な文脈に布置化されている（伊藤 二〇〇二：六一―六二）。こうした記憶・表象によって、中国残留日本人の支配的物語が創造されていった。

中国残留日本人がメディアに登場するようになったのは、日中国交が締結した一九七二年以降、訪日調査が開始される一九八一年前後である。そのとき、彼（女）らをどう認識するか、という問題が生じた。しかし、日中国交が締結した一九七二年以降も、中国残留日本人に関する情報は乏しかった。「他の資料が存在しないなかで、過去を表現し、表象することで、メディアは過去を規定する強い力を持っている。メディアはドラマやドキュメンタリーのなかで、歴史的な権威を要求する」（Silverstone 一九九九＝二〇〇三：二七三）というように、中国残留日本人の情報が少ないなか、メディアによる中国残留日本人の表象がその過去・歴史を決定する機能を持っていた。中国残留日本人のドキュメンタリーを取り上げるのは、こうした視点に立脚している。

中国残留日本人に関する資料が欠如するなか、メディアによって提供されたものは絶対的な意味を持った。「戦争被害者」と「棄民」といった言説は、こうしたメディアを介して生成し、再生産されてきた。しかし、過去が表象以前に内在的・決定的意味をもっているのではなく、どのような歴史的現実も与えられた表象のカテゴリーや意味生成過程による媒介や再構築なしには確立されない（ヨネヤマ 一九九八：五）。媒介や再構築のプロセスのなかで、あるものが包摂され、あるものが排除され、それによってある特定の見方が形成されていく。中国残留日本人の支配的物語は、こうした特定の見方に導かれて生成されていった。以下、三本のドキュメンタリーを手掛かりに、その記憶・表象について検討する。

（二）　番組の関連性と相違性

テレビ番組において、発見と忘却が同時に進行している（桜井〔均〕二〇〇一）。そのメカニズムは記憶の想起と忘却に相当する。このように発見と忘却が錯綜するドキュメンタリーのなかに表象される記憶は、すでに取捨選択というプロセスを経ている。その基準はドキュメンタリーを成立させる三つの必須条件――スクープ性、タイムリー性、切り口の斬新さ――である（同上 八〇）。また、テレビドキュメンタリーは独立した「作品」ではなく、同じジャンルのドキュメンタリーを参照しつつ、まねる、盗む、超える、といったプロセスで作られる。一つのドキュメンタリー番組ではなく、複数のドキュメンタリーを取り上げるのはその関連性と相違性についても考察したいからである。

本章で取り上げるドキュメンタリーは、「再会」（一九八〇年）、「忘れられた女たち」（一九九〇年）と「プロジェクトX　大地の子」（二〇〇一年）である。[2]「再会」と「忘れられた女たち」は、中国残留日本人孤児と中国残留婦人をはじめてトータル的に取り上げたドキュメンタリーである。一九九九年、「再会」が再放送される際に、次のような説明があった。

今日は、いまから一九年前の一九八〇年、昭和五五（一九八〇）年の九月に放送されたNHK特集を御覧頂こうと思います。タイトルは「再会～三五年目の大陸行～」というものでありまして、中国残留日本人問題に最初に光を当てたNHK特集です。そして、この番組は大反響を起こして、政府をも動かして、翌昭和五六（一九八一）年の三月に、最初の中国残留孤児の訪日調査がはじまったという記念すべき番組でもあります。

一方の「忘れられた女たち」も、放送される当時まで語られることのなかった中国残留婦人に光を当てている。その帰国支援を訴えたのは、この番組がはじめてである。このふたつのドキュメンタリーは、その後の中国残留日本人の物語をかたち作ったと言える。また、ふたつのドキュメンタリーとも、元満洲関係者・引揚者による肉親捜し・帰国促進運動を追ったものである。

三本目の「プロジェクトX」は、二〇〇一年に制作された。「再会」との類似性、継承性が大きい。「再会」は手をつなぐ会の訪中団を追ったドキュメンタリーであり、それが「プロジェクトX」にも継承されている。これを手がかりに、中国残留日本人孤児の言説空間の変遷を垣間見ることができる。

プロジェクトXシリーズに関する先行研究はすでに存在する（伊藤 二〇〇二a）。それによれば、プロジェクトXシリーズは日本の戦後史を表象する番組であり、関係者の証言とドラマティックな映像表現に加え、独特のナレーションによって構成されている。その狙いは敗戦の廃墟から復興に立ち上がり、経済発展などに貢献した無名の人の営みを描き出すことである。それを通して、政治的なナショナリズムとは位相を異にする、日本人全体の「われわれ」というナショナリティ感覚が強化される。初期の肉親捜し・帰国促進運動において、引揚者たちが社会に訴えたのは、まさにこの「われわれ」という日本人意識であり、ナショナリティ感覚であった。中国残留日本人を行政が考える未帰還者留守家族問題に止まらず、日本人全体の問題として訴えたのである。

(三) 番組の概要

「再会～三五年目の大陸行～」（以下「再会」）は、前章で論じた手をつなぐ会の孤児の慰問と調査のための訪中団（二七人、一九八〇年七月一一日～二三日）を追ったものである。山本慈昭を団長とする訪中団は、北京、吉林、長春、ハルビン、瀋陽などの都市をまわり、約三〇〇人を超える中国残留日本人孤児と面会した。中国残留日本人孤児の肉親情報などを確認し、記録した。そのなか、孤児二人の肉親が判明し、言葉にならない涙の再会を果たした。「再会」は訪中団一行の足取りを紹介している。一九八〇年九月一九日に放送されて以来、一九九九年九月一八日、二〇〇二年一月二〇日に再放送されている。

「忘れられた女たち――中国残留婦人の昭和」（以下「忘れられた女たち」）は一九九〇年九月三日に放送された。一九八一年に訪日調査が開始されてから、中国残留日本人孤児が注目される一方、中国残留婦人の存在は忘れられつつあった。しかし、彼女たちも中国残留日本人孤児と同じように、敗戦後の混乱のなかで家族と死別・離別し、同じように、戦後長い間、中国での残留を強いられてきた。にもかかわらず、敗戦時一三歳を超えていた彼女らは、自分の意思で残留したとみなされ、政府の支援を受けられない。本ドキュメンタリーはそのような中国残留婦人に光を当てている。長野県下伊那郡泰阜村から送り出された「大八浪開拓団」から生まれた中国残留婦人たちが本ドキュメンタリーの主人公である。引揚者・中島多鶴が中国を訪れ、中国残留婦人となった幼友達と再会して、中国残留婦人らの帰国問題、今の心境などを聞いた。当時の新聞には、「中島さんと抱き合って流す涙や言葉に、婦人たちの望郷の念がひしひしと伝わってくる。まぎれもなく彼女たちも戦争の犠牲者だろう。同じ日本人として、我々は彼女たちに何ができるのだろうか」と紹介されている（『朝日新聞』一九八九・九・三）。

「プロジェクトX　大地の子」（以下「プロジェクトX」）は、二回シリーズで放送された。一回目は二〇〇一年四月三日「大地の子　日本へ——中国残留孤児・三六年の再会劇」、二回目は二〇〇一年四月一〇日「大地の子祖国に立つ——中国残留孤児・葛藤する家族」である。プロジェクトXのHPによれば、同ドキュメンタリーは「戦争の悲劇の象徴と言われた『中国残留孤児』の身元捜しのプロジェクト」を描いている。一九八一年に開始される訪日調査までの手をつなぐ会の運動と、厚生省および中国側の外事科の動き、訪日調査が開始された後の肉親の再会劇などがドキュメンタリーのなかで紹介されている。

三本のドキュメンタリーにはどれも背景としての歴史の説明、問題意識をもつ当事者、問題解決に向ける努力を取り上げている。背景としての歴史とは、後に述べる満洲の記憶であったり、戦争の記憶であったりする。問題意識をもつ当事者は中国残留日本人孤児の留守家族であったり、社会運動の担い手であったりする。そして、肉親の再会、帰国促進や定着促進の努力が紹介されている。だが決定的に違うのは、問題がいまだに残存するという視点で描かれる前二本に対して、「プロジェクトX」は困難を克服して成功する物語が一貫して描かれている点である。その一貫性を持たせるには、そこに現存する、かつてあった残留日本人のさまざまな問題性が排除されていた。「プロジェクトX」が放送された年の一二月、日本政府のそれまでの「不作為」、政策の不備を問う国家賠償訴訟が提訴されたことを見れば、その描き方が現実的ではなかったことがうかがえる。

二　錯綜する記憶・表象

メディアやドキュメンタリーが中国残留日本人を記憶・表象するにあたっては、異なる位相の記憶を動員している。その複数の記憶を通して、中国残留日本人が表象され、語られ、さらに記憶されていった。こうした記憶化の過程で、中国残留日本人の支配的物語が形成されていったのである。ここでは、ドキュメンタリーのなかで動員された満洲の記憶、戦争の記憶、その枠組みで語られる中国残留日本人の記憶についてみていきたい。

(一)　満洲の記憶

一　満洲と満蒙開拓団

戦後の日本社会において、満洲という存在は忘却され、あるいは悲惨なものとして語られる対象であった。しかし、中国残留日本人を語るには、満洲を語らずには始まらない。中国残留日本人のドキュメンタリーは、満洲を表象していく。

満洲国は昭和七年、大陸の戦火のなかで生まれ、(昭和)二〇年八月、日本の敗戦とともに滅んだ一四年間の帝国であった(「再会」)。

昭和六年、日本は中国の東北部に満洲国を建国(「忘れられた女たち」)。

満洲には、昭和七年から、二〇万人を超える開拓民が渡った。肥沃な大地に、豊かな農作物、映画が訴えた。貴方も満洲へいこう、豊かな生活で、家族に幸せを（「プロジェクトX」）。

各ドキュメンタリーでは、以上のようなナレーションと共に、満洲の赤い夕日、広大な農地、水田風景などの映像が流される。これらの風景はいずれも、かつての満洲関係者が満州を懐かしく語る際によく使われる原風景である。そのほか、昭和一四（一九三九）年の拓務省が制作した「我等は若き義勇軍」や、昭和一二（一九三七）年の拓務省の「展びゆく開拓団」、逃避行の映像なども使われている。くわで農地の開墾に励む義勇軍や、元気に遊ぶ子どもの姿、おいしそうに食べる食事風景、といった古い映像が流され、視る人に当時の状況を分からせようとする。また、かつての満洲国国務院（現長春医科大学）、溥儀皇居（現地質単科大学）、関東軍司令部（中国共産党吉林省委員会）などの満洲を象徴する建物も映像のなかに織り込まれた。

満蒙開拓団＝中国残留日本人という図式がよく示されるように、ドキュメンタリーのなかの満洲をめぐる記憶は、当然ながら満蒙開拓団へと視線が転移していく。むろん、ドキュメンタリーは中国残留日本人を表象するのに、満蒙開拓団を出発点にしていた、とも言える。

伊那郡は、長野県でもっとも多くの満蒙開拓者を生んだ。どの村からも、三〇〇人、四〇〇人もの開拓者が、家族を連れて大陸に渡った。そして、その半分以上が死んだ（「再会」）。

東北地方に広がる大地、かつて満洲と呼ばれていた。半世紀前に、この土地を、二〇万人を超える日本人が逃げまどった。突然のソビエト軍の侵攻（「プロジェクトX」）。

長野県下伊那郡泰阜村。この小さな村は、痛ましい過去を持っている。五〇年前、村は一〇〇〇人を超える村民を、中国大陸旧満州に送った(「忘れられた女たち」)。

三本のドキュメンタリーはこのようなナレーションではじまる。ここで示される関係を整理すると、伊那郡＝もっとも多くの開拓者＝どの村も三〇〇人・四〇〇人もの開拓者と家族＝半分以上が死ぬ、満洲＝二〇万人を超える日本人が逃げ惑う＝ソビエト軍の侵攻、泰阜村＝小さな村＝痛ましい過去＝一〇〇〇人を超える村民が満洲へ送られた、となる。ソビエト軍の侵攻、逃げ惑う、死といった図式によって開拓団の悲惨さ、被害者性が強調されている。これと似た語りは、ドキュメンタリーのなかに多数存在し、それらが間テクスト的に見る人に悲惨さへの共感を誘発する。

日本が敗戦するまで、中国の東北「大陸の大地に、日の丸が次々と立てられていった。一四年間、大陸に渡った農民は総計三七万人にのぼる」(「再会」)。悲惨さへの共感を誘発する一方、満蒙開拓団の送り出される理由は、国際的な環境、国内の経済苦、豊かな満洲といった政治、経済的な要素である、と説明されている。

「行け満州へ、二〇町歩の地主になれる」。険悪化する日ソ関係と、どん底の農村恐慌を背景に、大陸開拓が国策として始められたのは昭和七年であった(「再会」)。

二　戦後の満蒙開拓団

「元軍人、元満洲国官僚、元満洲開拓員、訪中団の誰しもが、大陸での重い記憶を引きずり、戦後の人生を生きてきた」(「再会」)。ここでいう〝重い記憶〟とは、次節で触れる戦争の記憶であり、特に敗戦直後の逃避行などの惨劇、上述した満蒙開拓団の悲惨さを訴える図式などの原体験との関連が強い。しかし、それとは別に、戦後の日本社会における満蒙開拓団に対する認識にも由来している。

元満洲開拓青少年義勇軍の阿部金造は、宮城県の農家の次男に生まれ、一五歳のときに、「鍬と鉄砲を肩」に、三〇〇人の仲間と共に渡満した。彼はかつての開拓団の跡地である永吉県烏拉街人民公社を訪れ、戦後の思いを語った。


な～んにも、政府から認められないですよ。ただ、貧乏百姓の、貧乏職人の子供が、満洲に行って死んじまったと。それだけじゃないかと思うですよ、私が。ひがむかどうかは分かりませんけど、いまだに政府なんで、なに一つお前たちご苦労だって言ってくれないですからね。(泣き・顔伏せる)(一時語り中断)せめてもね。それだけ認めてもいいだけれども、そうすれば、拓友会で集まっても、もっと朗らかな話ができるだとおもうですけれどもね。あまり過去に触れたがらないですよ。思い出話はするですけどね。

Q：やっぱり、日陰もの的なあれになっちゃったわけですね。

そうですね(沈黙)。義勇隊だけで、二万五、六千死んでいますからね。一般開拓団では八万以上でしょう。全部入れれば、開拓関係だけで。それで、戦後になってからの評価というのは、侵略者の手先だったと、それだ、それは少しむごいですよ。

……恐ろしいですよ。白が黒になっちまったのですから。気が付いたときには、自分達が悪人ですからね。三五年前にぃ～、は～(「再会」)。


五族協和、王道楽土といったイデオロギーを信じ、新天地「満洲」の建設に人生をかけようとした満州移民であったが、敗戦によって、戦後の満洲への評価が侵略、欺瞞、傀儡、野望などのマイナス的な言葉で語られるようになると、満洲にかかわりを持つ人たちは「侵略者の手先」であると烙印される。ヤングがかつての日本帝国を「総動員帝国」と称したように、日本国民とされる人びとは誰もが、何らかのかたちで帝国の建設にかかわっていた。にもかかわらず、戦後になると、それがあたかもなかったのように忘れられ、外地での生活体験を持つ人だけが烙印の対象とされる。

満蒙開拓団は国策のもとで送り出され、国のための行為だと賞賛されていたが、戦後になると、「侵略者の手先」であるとマイナスに評価される。国の手のひらを返したような態度への憤りは、阿部金造の「白が黒になっちまった」という言葉に示される。国の政策に従い、国のためと思っていたのが、「気が付いたときには、自分達が悪人」になっていた。そのような烙印を背負い、満洲関係者の多くは戦後を生きていた。この烙印によって、満洲関係者の多くはかつての満洲への郷愁、敗戦直後の逃避行などへの思いを強めていく。

「夢も希望も破れてね。あそこらへんにまた住んでいるでしょうね（泣く）」、と阿部金造の語りはこの言葉で終わる。敗戦によって、「夢も希望も破れ」る、そうでなければ、「あそこらへんにまた住んでいる」。「あそこらへん」とは満洲であり、開拓団の跡地の永吉県烏拉街人民公社である。いったい「あそこらへん」とはどんな場所だろうか。阿部金造の語りは「これが本当の開拓団の姿だったんですよ」で始まっていた。これに対するナレーションの説明はない。そのかわりに映像から読み取れる。

映像は開拓団の跡地の幼稚園の様子から始まる。元気よく踊る子どもたち、それをうれしそうな表情で見守る訪中団の一行。そのすぐ後に、畑を懐かしく眺める阿倍金造が「これが本当の開拓団の姿だった」と語り始める。映像は畑で働く現地の人に向けられていく。青々と風になびく稲穂、野良仕事にいそしむ現地の人。それはあたかもかつての開拓団を思わせるような映像であった。そのような過去としての開拓団と現在とのつながりで描かれる場面はほかにもある。それを通して、かつての「満洲」が描かれようとしている。

「(訪中団が)広大な旧満州の大地を駆け回る日々が始まった」(「プロジェクトX」)、「黒龍江省、かつての満洲の広野は、水田地帯に変わっていた」(「忘れられた女たち」)、といった満洲と現在をつなぐナレーションは、ドキュメンタリーのなかに散在している。「忘れられた女たち」のドキュメンタリーにそれはより顕著に描かれている。「昭和二〇年まで、泰阜村の一、三一九人が住んでいた大八浪開拓団、いまはひとりも残っていない。多鶴さんは、四四年ぶりに村を歩いた」。そして、ナレーションとともに、多鶴は次のように語る。

村には日本人が建てた家が、三軒だけ残っていた。今は中国人が住んでいる。入り口の木の扉、外につき出た長い煙突は、多鶴さんの記憶のそのままだった。

〝このまま使っているね。まぁこの棟を見たとき、本当に懐かしいな、と思いました。〟

このレンガ建ての家は、開拓団の団長が住んでいた。残留婦人の多くが通っていた国民学校も残っていた。

〝門がね、校門っていうか、玄関、ちょっと、玄関、煙突はそっくりですよ。一、二、三、四、五……。一、二、三、四、五、六、七、八、ってありますけど、向こうの煙突から、二、三……〟。

国民学校は、今、中国の村の小学校になっていた。机やいすも、そのまま使っている。大八浪に、泰阜村開拓団の跡はいくつもあった。しかし、今はすっかり、中国人の村であった。

開拓地の跡を訪れることは、故郷だと思う場所を再訪するイベントであり、同時にノスタルジアの充足(坂部一九九九:一一二)でもある。当時の記憶を辿り、跡地にかつての建物・風景を探すのはそのためである。しかし、このなかで、かつての日本人・開拓団と現在の中国人は二項対立的に描写された。「日本人が建てた家が、三軒」残っているが、「今は中国人が住んでいる」。「開拓団の跡はいくつ」もあるが、「今はすっかり、中国人の村であった」、などがそれである。こうした語りは開拓団時代の自分を〈今・ここ〉という時間空間において、現地の人〈中国人〉に重ねることによって、ノスタルジアを充足させるためのものである。同時に、敗戦によって、日本人と中国人との地位が逆転したことをも意味している。

(二) 戦争の記憶

「忘れられた女たち」が制作されるに当たって、次のような記述がある。

戦争の悲惨な体験は、時の流れと共に記憶から遠のいていく。経済の繁栄、生活の向上は、「戦争」の二文字を日常から払拭してしまった。昭和の終えんは、それをさらに加速させたように思う。夏になると、原爆の日を「八・六」「八・九」、終戦記念日を「八・一五」と呼んでいるが、この短い表現がわずかに戦争を思い出す日となってしまった。

そんな風潮に多鶴さんは怒る。

「冗談じゃありませんよ。戦争でなくなった人たちについては、四〇年もたてばあきらめもつくでしょうが、残留孤児や残留婦人は現に今、生きているのです。ほうっておけますか。特に残留婦人たちは、自分が中国に残されたいきさつを全部知っているのです。ここで忘れられては、あまりに残酷です」

このドキュメンタリーを紹介する新聞にも〝まぎれもなく彼女たちも戦争の犠牲者だろう〟と書いてあるように、中国残留日本人たちは「戦争被害者」と定義され、表象されている。一方、「再会」の再放送(一九九〇年)の際にも、次のような説明がされていた。「再会」の最後の部分で、〝戦争は、もっとも弱いものに最大の犠牲を強いてきた〟というナレーションがある。しかし、この戦争というのは何をさしているのか。「再会」のなかにおいて、「昭和六年九月一八日、ここに仕掛けられた一発の爆弾の炸裂が日中一五年戦争の発端である」というナレーションがあるほか、ドキュメンタリーに表象される戦争はもっぱら敗戦、ソビエトの進攻と逃避行を指している。

「昭和二〇年八月九日、突然のソビエトの参戦、敗戦の飢えと寒さと恐怖のなかで、人びとは次々に倒れ、あるいは自ら命を絶った」（「再会」）、「八月九日、ソビエト軍が、日本との中立条約を破り、国境を越えて、突然攻撃を開始」（「プロジェクトX」）、「八月九日、ソ連軍は国境を越えて、開拓地に侵攻してきた」（「忘れられた女たち」）、とそれぞれのドキュメンタリーにおいて、このようなナレーションによってソ連の侵攻が語られる。画面にはナレーションと共に、ソ連の侵攻の映像、逃避行の人の群れや収容所にいる孤児たちの姿が映し出される。そして、逃避行のなかで繰り広げられる悲劇の場面が語られていく。

「昭和二〇年春、ソ連参戦に備えて、関東軍は満州北部からひそかに撤退を始めていた。新京以南を防衛するためである。大八浪を初め、ほとんどの開拓地は、放棄地域となっていた」（「忘れられた女たち」）。「開拓団の男は、幹部を除いて、召集され、残された女達は、老人、子供、病人を連れて、逃げた」（「忘れられた女たち」）。これが逃避行の始まりである。辺境地の開拓団の人びとは日本へ帰国するために、最寄り駅やもっとも近い大都市を目指した。「昼間、身を隠し、夜、闇にまぎれて、歩き続けた」（「プロジェクトX」）。「まもなく、食料が尽きた。犠牲者が出始めた。川を渡ろうとした。子供達が力尽きて、濁流にのまれた。赤ん坊は母親の背中で餓死した」（「プロジェクトX」）。濁流にのみ込まれる、餓死、置き去りといった言葉がドキュメンタリーのなかで頻繁に出てくる。かつての逃避行で渡った川を訪れた元開拓団員は次のように語っていた。

「ここで、馬車を全部捨てて、それから、持てるだけの荷物を持って、この川を渡りました。病人とかね。お年寄り、まぁ、弱い方、ここでお別れしたんです。馬車に乗るから、ここで手を振って、そして、私たち元気なものだけがむこうへ、川を渡りましたね。」
「病人、お年寄りはもうね。あ〜いってください、ということで、あの〜ここでお別れして、川を渡れないんしね。馬車まで載せてきたんですけれど、それから、もうつれていかれないんので、あの、ここでお別れして、私たちはここで馬車を乗るから、見送ってくださった。その姿はいまも覚えております。いま、あそこに橋なんかできましたけれども、あのとき、橋なんかなかったんです。だから、この川を渡れる、しょうがなくて、一刻もはやく逃げないと、後ろから匪賊が追っかけておりましたからね。はやく、はやく、ということで、その前で、弾に打たれて、亡くなった方もおられましたので、置いておかれますからね。だから、付いていかないと」（「忘れられた女たち」）

一つの川によって生死が分かれる。「元気なもの」と「病人」「年寄り」の違いが強調されている。「病人」「年寄り」は川を渡れない。このような語りによって、「病人」「年寄り」の自己犠牲的な精神によってそれ以外の人が救われた、とその死が正当化されている。一つの感動が誘発されるが、その背景は見えてこない。

川を渡れないのは橋がないからである。今は橋があるが、あのときはなかった。なぜ、橋がないのかにはまったく言及していない。「再会」のなかの「二〇年八月、敵の追撃を恐れ、関東軍が橋や鉄橋を次々と破壊して退却していた。その後、ソ満国境に近い町や開拓地から、命からがらここにたどり着いた難民の群れは、橋のない河を渡ろうとして、濁流にのまれて死んだ」という語りがここにはない。責任主体の消去によって、あらゆる悲惨は戦争の責任とされる。

その悲惨さは「匪賊」「暴民」といった言葉によっても語られる。「次々に乗り込む開拓者は、土地を奪われた側の中国の農民にとっては、侵略者の手先のように映った。後に、その恨みが敗戦の悲劇を一層大きくした」(「再会」)。いったん開拓団を離れ、ふたたび開拓団に戻ると、そこで待ち伏せていたのは、匪賊であった。

私たちが開拓地に戻ってみると、家の中は匪賊に荒らされ、家具もなく、牛も豚も盗まれていました。四方の山から、烽火が上がりだしました。私たちはもう匪賊に囲まれていたのです。結局、私たちは歩いて逃げることになりました。八月一五日、ソ連兵は日本の敗戦を知らせるビラをまいていましたが、誰も信じませんでした。

ここでいう匪賊とは、あたかも「土地を奪われた側の中国の農民」であるかのように描かれている。[3] 実際、それまで穏やかに見えた現地の農民が日本の敗戦によって、暴徒化したという記憶は満州関係者の回想録からもうかがえる。

以上のように、ドキュメンタリーにおいて、満洲の記憶は、風景、開拓団、敗戦時(ソビエトの侵攻、逃避行)の出来事、植民者と被植民者の関係の逆転、に集中している。それは満洲という「故郷」へのノスタルジアであり、被害者としての満洲関係者の表象である。植民地での権威と自己領有権の不在、戦後の否定的なまなざしの反影として映し出されたものであり、満洲引揚者にとってはアイデンティティ・ポリティクスの一環として語ったものである。

また、植民地的な権威の喪失のなか、記憶のなかには文化的風景が表象されるのは必然的であり、それは「植民地支配の主体が自身についてみたくないことがら」の現れでもある(Suleri 一九九二=二〇〇〇:一九)。実際、ドキュメンタリーのなかで、開拓団時代、敗戦時の引揚者自身は、ほとんど語られていない。[4] このように、ドキュメンタリーにおいて、ユートピア的な満洲とその後の逃避行の悲惨さが織り成すコントラストのなかで、戦争（ソビエトの侵攻）による被害がよりはっきりと描かれている。このような表象を透かして、中国残留日本人が表象されていった。

（三）「中国残留日本人」の記憶

一　引き裂かれた家族の記憶

ソビエトの侵攻によって、満洲は「地獄」と化した。そのような状況下で、「何が何でも生き残ってほしい。ただ、それのみを祈って、子供を中国人に預けた母親も多い」（「再会」）、「子供だけは生き抜いて欲しい。思いつめられた母親達が、幼子を中国の大地に残していった」（「プロジェクトX」）。ドキュメンタリーのなかで表象される戦争といった悲惨の状況下で、中国残留日本人が生まれた。さらに、付け加えられたのは、引き裂かれた家族の物語である。それがドキュメンタリーのなかで展開されていく。

佐藤一総（元陸軍中尉）と中国残留日本人孤児である娘李秀蘭のストーリーは、「再会」と「大地の子」のなかで取り上げられている。佐藤は戦闘に出るため、家族を先に日本へ帰そうとした。しかし、「吉林まで逃げた。大きな収容所で祖母が死んだ。母は葬式の（え〜と）葬式のとき、焼く紙銭の仕事にいっていたが、仕事がなくなると、収容所に戻った。母が凍死した。私は死体にすがって泣いた」（「再会」）、そしてひとりぼっちになった李は中国残留日本人孤児となったのである。この経緯は、「大地の子」では「吉林で中国人に売られていった」と説明されている。

また、元伊漢通開拓団の根間忠男とその妹が引き裂かれた物語がドキュメンタリーに表象されている。根間は一九四一年、沖縄から満蒙開拓団に参加し、家族一同満州へ渡った。「敗戦の翌年二月、零下三〇℃のハルビンの収容所で、父母は相次いで亡くなった。七人の兄弟のうち、五人の弟や妹も栄養失調で、あとを追った。一三歳の根間さんは、残った七歳の妹をやむなく、中国人にあずけ、ひとり帰国した。泣き叫んで、手を振っていた妹の姿が、頭に焼き付いて離れない」。ナレーションの説明の後に、根間は「鬼みたいな兄貴っていうことなんでしょうね。女房からも、その後も責められて。一三歳もなっていて、あんたは兄弟愛がなかったじゃないか、責められるんですけど。そういわれたら、一言も返せない。なぜだっただろう。ふたりで手を取り合って、途中で、死ぬならば、それでもよかったものと思う気もします」と、自らの思いを語った。このように、引き裂かれた家族の記憶は、敗戦直後だけではなく、それが一つのトラウマとして、戦後にも引き継がれた。

引き裂かれた家族の物語は、戦後の空間でも見られる。「三五年という歳月は、親のほうにもさまざまな事情を生んでいる」（「再会」）。「おかあさんから手紙がきた〜。おかあさんが再婚〜」という訪中団員の声に続いて、「せっかく、山本さんが親を探し出しても、親は親だと名乗れない場合もある。そして、親が分かったということはかえって孤児達を深い悲しみに突き落とす」（「再会」）とナレーションが説明する。こうした語りは「大地の子」にも表象されている。「ある日、メンバーは孤児の母親と思しき女性を探し出し、電話をかけた。中国に残した息子さんはいませんか。そう尋ねると、突然、母親は泣き出した。子供を満州に残したことを、周囲に黙って再婚しましたと、いまさら、家族には言えません」（「プロジェクトX」）。このような物語は中国残留日本人孤児宋春巧とその母長岡恵美子との再会劇によって、さらに説明されていく。

一方の中国残留婦人の場合も同じような表象が見られる。「思えば、はるさんが中国に残ることになったのも、日本の家族を助けるためであった」「若い娘は家族の犠牲になって、近くの中国人の家へ売られていった」（「忘れられた女たち」）。このように、引き裂かれた家族の記憶が語られている。中国残留婦人が帰国できないのは親族が身元引受人の同意書にサインしてくれないからである、といった語りも、中国残留婦人をめぐる戦後の引き裂かれた家族の物語の一形態である。

二　ナショナルな記憶

「彼らが再び日本人の手を握るためには三五年の歳月が必要であった。彼らの多くは自分の名前も忘れていた。日本語はもう一言も話せない」(「再会」)、「子供達は、戦後中国人として生きた。中国残留日本人孤児、日本語を忘れ、日本の名前を忘れても、日本人であることを忘れなかった」(「プロジェクトX」)、「ここで中国人の妻となった人たちである。まだ日本国籍を捨てていない。女達は日本への帰国を願い続けている」(「忘れられた女たち」)。「日本語はもう一言も話せない」「戦後中国人として生きた」「中国人の妻となった」にもかかわらず、彼(女)らは「日本人」である。ナショナル的なものにつながる語りがドキュメンタリーのなかで頻繁に出てくる。

山本慈昭の寺に「毎日一〇数通の手紙が届く」。「六年間で、二万通を超えた」(「再会」)。ナレーションとともに、手紙の一部が画面に映し出される。「三十余年、我時々在想念我的祖国~日本(字幕:三〇余年のあいだ、私はずっと祖国―日本を思っている)」。孤児からの手紙は「大地の子」でも使われる。スタジオの司会者の説明で、それが持ち出される。

これを見てみますとね。必ず、書いてあるのはね。ここですね。日本へ帰りたい。この場合は、私が要求する、日本国に帰る(我要求回日本国)。必ず書いていますね。お父さん、お母さんにはやく会いたいと。孤児たちの望郷の念の切実なものがあるでしょう。ひしひしとこう伝わってくるような感じがしますね。(「大地の子」)

訪中団に参加し、中国残留日本人孤児と握手をした柏実は次のような感想を語った。「ごつごつとした手のぬくもり、血の流れ、脈々とね。本当にと、とっ、とっ、血の流れが感じられるぐらい、強く握り締めましたよ」。ここで言う「血の流れ」は、「日本人」の「血」を想像させるものである。

一方、中国残留婦人の場合は言語能力があるため、自身の言葉で語っている。「忘れることはないよ。忘れない、忘れない。お話をするってね。中国人を一緒に話をするとね。私は、一番目、私の日本は、とてもいい、（ははは）、話をするの。それで、忘れることはないよ」（島輝子（五七））、「同じ日本人で、皆、人びとね、皆全部帰ってもね。私ひとりだけのこって、中国に残って、中国人はね。皆、こういうの、こんなことをいうの。おまえさんだって、日本人だもん、どうして、日本にかえらんのかって、（乾いた笑い）おまえさんは、ばかもんようだって、そんな手続きも、取れないのかって、って人はすぐ笑うの、私を」（小林やすみ（六一））、「日本、私は日本に本当に帰りたいと思います。年がおおきくなったからね。日本へ帰って、（あはは）死にたいと思う。やっぱ、私中国人じゃないから、日本人だから」（牧野ちほえ（七三））（「忘れられた女たち」、年齢はいずれも当時）。

幼友達の中島多鶴に会った中国残留婦人たちは、祖国・日本への思い、日本人であることの誇りをいっせいに訴えた。再会の場は、遅れた日本人としてのアイデンティティ確認の場となった。敗戦後、満洲に住んでいた日本人にとって、満洲はもはや「骨を埋めるまで住むはず」の「故郷」から、「生き地獄」の「敵国」に一転した。それにともない、一度抜け出した日本は、「祖国」「母国」「故国」といった「帰るべき故郷」「再建すべき故郷」に変身したのである（高 二〇〇一：二二〇）。戦後の集団引揚で日本に帰国した人は、満洲へのノスタルジアを抱きながらも、日本人としてのアイデンティティを再獲得していった。日本社会に忘れ去られた中国残留日本人に、その機会が訪れたのは四〇年以上も後だった。しかし、この場で確認されたのは、中国残留婦人の日本人としてのアイデンティティと言うよりも、引揚者との共通体験を通してのアイデンティティの再確認でしかない。それは、四〇年以上の空白を無視した、「恐怖」が媒介する祖国への思い、望郷の念にほかならない。[5]

以上のように、ドキュメンタリーは、満洲へのノスタルジア、戦争（敗戦直後の混乱、逃避行）の悲惨さといった記憶を動員しながら、中国残留日本人の引き裂かれた家族、ナショナリティの物語を表象した。しかし、ドキュメンタリーで表象された記憶の保持者は、中国残留日本人ではなく、肉親捜し・帰国促進運動の担い手・引揚者である。言語能力を欠き、かつ日本社会での発言権を持たない中国残留日本人を表象するには、代弁者である引揚者の記憶に依拠するほかなかった。それは、中国残留日本人の肉親捜し・帰国促進運動というかたちでドキュメンタリーのなかに表れている。このような表象を通して、「戦争被害者」の言説が生産されていった。

ドキュメンタリーを見た人が「戦争孤児の犠牲の上に今の私たちの平和な生活がある」「このような悲劇を作った戦争というものを二度と繰り返してはいけない」「三〇数年の月日の長さ、戦争が引き裂いた家族の運命」などの言葉で感想を述べたように、中国残留日本人＝戦争被害者の言説はメディアを介して生産され、流通していることが分かる。しかし、中国残留日本人＝戦争被害者という言説は自明なものではなく、特定の社会状況のなかにおいて構築されたものである。ドキュメンタリーがそれを表象するには、逸脱するものを排除しなければならなかった。たとえば、ドキュメンタリーのなかでは、前章で述べた肉親捜し・帰国促進運動で主張されていた「国策による満洲移民の送り出しと終戦直後の日本政府の情報の不伝達・不保護政策」といったロジックが取り上げられていない。このように、ドキュメンタリーによる表象はある一定の意味へと収斂させていくために、他のさまざまな意味を抑圧したり、潜在化したり、排除したりしている。それを次節で考察してみたい。

三　記憶・表象の政治学

（一）　排除する記憶／想像する記憶

元哈達河開拓団小学校教師岩崎スミは「戦後一度もパーマをかけたことがない。中国にいける日が来たら、真っ先に行こうと、こつこつ旅費を積み立ててきた」（「再会」）。その目的は「生き残った教え子たちに会い、開拓団の最期の様子を聞く」ことである。哈達河開拓団は「四六五名が集団自決して終わった悲劇の開拓団」である。岩崎の「母も兄もそのとき死んだ」。岩崎は「その日たまたま町に出て行った。親や教え子たちはどうなったのだろうか、必死に村に戻ろうとしてもがいていたが、避難してくる人の群れに押し戻され、泪を飲んで帰国した」。岩崎はかつての教え子の馬場周子（呂桂芹）から、当時の様子を聞いた。

馬場は中国語で語り、翻訳は字幕で表示される。排除は翻訳の過程で行われた。馬場の語りの一部についてみてみよう。「私は七歳のとき。夕暮れのときだと記憶している。日は落ちたけど、まだ人の顔が見える頃。ひとりの日本兵が来た。私たちは集団で行った、単独で行った人はいなかった。集団で行こう。上の命令に従って行った。命令が来たら、それで行こう。母……、父はもう長い間家にいなかった。兵隊に行った。ソ連と戦闘するために。母が家にいて、私たち五人の子供を養っていた。私たち五人の子どもはみな、馬車に乗せられ、行った。そのとき、人も馬もたくさんいた。人はとても多かった[6]」。これに対して、字幕は「私が七歳のときの話です。『即刻避難！』の命令がきて、私たちは日本軍について撤退を開始しました。途中たびたびソ連の飛行機の爆撃にあい、そして、ひとりの軍人が訓話をした」、と表示された。このように、馬場の語りにあった「ソ連と戦闘するために兵隊に行った父親」の存在はまったく消されている。そのかわりに、語りになかった「途中たびたびソ連の飛行機の爆撃にあい」「私たちは日本軍について撤退を開始しました」が加えられた。

当時の開拓団の若い男子は兵隊に召集されたため、開拓団には老婦女幼子しか残っていなかった。そのような無保護のなかでの逃避行であったが、しかし「日本軍について撤退」したと表象されている。語りに出てくるのはひとりの日本兵だったのに対して、字幕は「日本軍」と誇張されている。実際このひとりの日本兵というのも実在しない。それは在郷軍人の訓練服を着た開拓団長であることがほかの人の証言で明らかにされている（中村一九八三：二六六）。こうした編集に「ソ連の飛行機の爆撃」といった戦争を表す言葉を付け加えることで、戦争の記憶がよりいっそう強化されていく。このような表象を通じて、中国残留日本人は戦争被害者で、戦争に起因するという想像力が働く。ドキュメンタリーには、このようなことを想像させる記憶はほかにも見られる。「忘れられた女たち」のなかで、中国残留婦人は「売られる」ストーリーでその意味が一貫して付与されようとしている。

中島多鶴さんの一ヶ月に渡る帰国相談の旅は、ひとまずおわった。一緒に泰阜村開拓団に入った幼友達、そのうち、多鶴さんのように、中国人に売られずに、帰国できたのは、わずか三人だけであった。戦後、四四年間、祖国に忘れられていた女たち。

ドキュメンタリーにおいて、中国残留婦人は売られた存在であるかのように表象されている。しかし、果たして、そうだろうか。

佐藤はるは敗戦後の方正収容所で、寒さや食料不足が原因で家族と一緒に現地の家に入った。「思えば、はるさんが中国に残ることになったのも、日本の家族を助けるためであった」というナレーションの後に、それまでの映像は佐藤はるの家、家族みなの前での会話から、畑でのひとりインタービューにかわる。収容所では「米がなくなるし、金がなくなるし、寒くはなるし」、生きていくために、佐藤はるは二番目の子どもを連れて、現地の家に入った。その後、母親たちは開拓団の入植地大八浪に戻ることにした。そのとき、食料と金五、六円をもらった。自分が現地の家に入り、家族はそれで救われたと語ろうとする佐藤はるに、「たったの五、六円！！」「はるさんのお値段が、五、六円っていうことなんでしょう」と質問される。佐藤はると金銭を結びつけることによって、「売られる」ストーリーが強引に語られていく。もう一つの例がある。

「若い娘は家族の犠牲になって、近くの中国人の家へ売られていた。当時、中国には売買婚の風習が残っていた。貧しい中国人が、日本人の娘を買ったのである。売られていたのは、若い娘だけではなかった」。このナレーションに続いて、山下一江（七二歳）の物語が語られる。「一江さんは当時二八歳、夫と五歳の子供がいた。夫がいると、中国人は警戒する。そこで、夫を義理の弟と偽って、三人でこの農家に入った」。その夫は「八年後の昭和二八年、日本への引揚が始まったとき、一江さんに黙って、ひとり帰っていった」。現地人の家に入ったのは、「あのとき、私は入る気がない。だけれど、あの、那個（あの）、帰った人がよねちゃんが金もないし、子供が夜なると、泣くから、寒くて泣くから、私もだれかがきてくれるってきかれたら、いくよ、（字幕：だれか来てくれって言うなら、行くよって……）」と山下が語る。食料難のなか、助けを求めて、現地の家庭に入ったこと、夫に見捨てられたことを淡々と語る当事者の思いとは別に、上のようなナレーションによって「売られる」物語が強調されていく。

ナレーションによって語られる中国の風習「売買婚」と結び付けて、「売られる」物語が強調されようとしている。しかし、山下一江の物語からは金銭の交換という語りがまったくない。また、金銭の授受があったとしても、「売買婚」だと言えるわけでもない。

（二）　空白の記憶

中国残留日本人は戦争の悲劇やその副産物であると表象される反面、その記憶は再会という感動の物語に転換していった。感動の物語を通して、日本社会に中国残留日本人に対する「感傷の共同体」が想像される。この「感傷の共同体」は、表象のトークニズムを孕んでいる。表象のトークニズムとは少数者に自由に語らせているかのようなリベラル性を一方では装い、実際には社会の現状維持を批判するような発言は閉じ込めてゆくことである（ヨネヤマ 二〇〇一：二一六―二一七）。

三七年の忘却期間を経て、中国残留日本人が日本社会に表出されていったが、その忘却期間は問われていない。前章で論じた手をつなぐ会を中心とする社会運動は、まさにそれを問おうとするものであった。中国残留日本人が日本政府の不作為による「棄民」だという見方は、このような民間団体の運動のなかから生まれたものである。しかし、ドキュメンタリーにはそれがほとんど表象されない。[7] 表象されるのは、その忘却期間を不可視化するための記憶であった。つまり、ドキュメンタリーのなかに表象されたのは空白の記憶であった。

「孤児たちにとって、中国とは取り残された人の子を育ててくれた国である。そして、孤児たちにとって、日本とはそんな自分たちに、この三五年間手を差し伸べ得なかった祖国である」（「再会」）。日本が「手を差し伸べ得なかった」理由は、中国側の満洲国に対する否定的な感情や、中国国内の文化大革命の事情にある、と述べられている。

「（昭和）二〇年八月、満州事変の記念碑は中国民衆によって引き倒された。中国当局が日本人孤児を捜す訪中団を受け入れるまでには、この恨みを込めた文字の消えかかる三五年が必要」であった。ナレーションとともに画面に映し出される記念碑、字幕には「不忘九・一八　…血泪仇」（九・一八を忘れない、血涙の仇…）が表示される。

また、日中国交が締結した初期の日中「友好ムード」のなかで、かつての満洲について積極的に触れないようにしたにもかかわらず、これらのドキュメンタリーにおいてはそれをあえて表象している。訪中団はかつての新京を訪れる際、バスガイドから「満州国の時代は、あれは児玉公園だったそうです。皆さんのご承知のように、一九三一年日本軍国主義者が中国を侵略戦争を行いまし《ママ》て、また中国の東北を不法占領し、中国の東北で、満州国を作り出しました。傀儡政府を作り出しましたが、そのとき、長春という名を新京という名に改めました」と説明を受けていた。「日本軍国主義者」「侵略戦争」「不法占領」「傀儡政府」といった言葉は、中国側の恨みを表すものであり、それを通していまだに恨みが残存していることを強調している。

　中国残留日本人の肉親捜し運動を始めようとした山本慈昭は、「その頃、中国は文化大革命の嵐のなかにあった。日本との国交は固く閉ざされていた」状況下でなす術がなかった。「文化大革命」「日本との国交は固く閉ざされていた」ことが原因となって、肉親捜し・帰国促進運動は行えなかったとドキュメンタリーのなかで強調している。「国交がない」というレトリックは、既述の忘却の要因の延長であると言えよう。中国国内の混乱期である文化大革命と関連させることで、それがさらに強化されようとしている。しかし、日中国交が締結された一九七二年が文化大革命の最中であったことを考えれば、これらが理由ではなかったはずである。

　また、ドキュメンタリーのなかで頻繁に登場する山本慈昭については、満洲に取り残された娘・啓江を探すために運動を始めた、と説明されている（「再会」「プロジェクトX」）。しかし、実際には山本が運動を始めたきっかけは、一九六五年の中国からの手紙によるものであった（和田 一九八七）。自分の娘および教え子たちが生存しているかもしれないと教えられたのは、その後の一九六九年である。中国からの手紙を契機に、山本はラジオ放送などを通じて、中国残留日本人孤児の肉親捜し運動を行っていった。このような地道な運動があってこそ、その後の手をつなぐ会の運動につながったのである。ドキュメンタリーには、このような運動の経緯がまったく取り上げられていない。その排除によって、中国国内の混乱期・文化大革命、日中断交しているなかでなす術がなかった、というストーリーに一貫性を持たせようとしている。日中断交＝空白期間といった表象によって、戦後の忘却自体が忘れ去られている。

四　「中国残留日本人」は語られたか

一九七〇年代以降、満洲引揚者による中国残留日本人の肉親捜し・帰国促進運動、満洲引揚者の「アイデンティティ・ポリティクス」、満洲の「想起の共同体」が交差する場所に、日本が高度経済成長を謳歌する戦後の時空間で忘れ去られていた中国残留日本人の「感傷の共同体」が創造された。当時の日本社会において、中国残留日本人の存在を知り、かつ関心を抱いていたのは引揚者しかいなかった。日本社会に向かって中国残留日本人を代弁＝表象するのも常に引揚者であった。そのため、中国残留日本人を語る際の記憶の多くは、引揚者のものであった。ドキュメンタリーのなかに表象される満洲へのノスタルジックな感情、逃避行の悲惨さといった中国残留日本人を語る際の大きな枠組みがそれである。

中国残留日本人――「戦争被害者」「棄民」――の犠牲者的な物語は、このような重層的な構造のなかで生まれた。この言説は、中国残留日本人の救済、忘却の政治体制にさらされていた中国残留日本人を政治的主体にするための一つのレトリックであった。それがメディアを通して、一般の人びとまで普及した。しかし、メディアに表象されるにいたって、さまざまな折衝が行われ、結果的に本稿で考察したように、「戦争被害者」の物語だけがドキュメンタリーのなかで強調されている。それがメディアによって再生産され、中国残留日本人の支配的物語として、今日まで覇権的な地位を占めてきた。

一方の中国残留日本人はこうした物語を通して、日本社会での発言権を獲得し、自らの主体性の回復を目指して、それに従って語るようになる。それは人びとが語り手となるには、すでに確立された「ディスクール」＝「言説」の様式を習得していなければ、語ることさえできないからである（栗原他 二〇〇〇：一三）。「物語提供機構」（井上 一九九八）としてのメディアは、習得する際に大きな役割を果たしている。つまり、ここで考察したようなメディアによって創造された「感傷の共同体」が、中国残留日本人の「発話のポジション」を構造化し、社会的に再生産してきたのである。それが中国帰国者の外的境界線として生成維持されてきた。

しかし、以上考察してきたように、語る力を持たない中国残留日本人を代弁＝表象したのは、引揚者である。そこには、語る際の非対称性が存在する。さらに、引揚者自身のアイデンティティ・ポリティクスも混在している。このように、錯綜する複数の運動のなかで生まれたイデオロギー的な「戦争犠牲者」という言説に、中国残留日本人が召喚されただけではなかろうか。言い換えれば、中国残留日本人は引揚者の記憶に回収されただけではなかろうか。このような状況のなかで、中国残留日本人は果たして、記憶された、語られた、と言えるだろうか。

【注】

1　記憶は口承、文字による記録という段階を経て、今ではエレクトロニクスによって体系化され、多様な媒体を介して流通されていく。このようなプロセスを経て、「現代における記憶の氾濫」（ル・ゴフ 一九九九：九五）という状況が引き起こされている。ジャック・ル・ゴフは記憶の絶対視に警鐘をならしつつ、記憶と忘却を思考可能な素材に作り変え、それを知の対象にすることが歴史家の役割であると強調した（同上 二）。

2　このほかに、「残された孤児」（一九八五年一二月一四日・ＮＨＫ）、「二つの祖国」（一九八六年二月一五日・ＮＨＫ）、

3 「なぜ　帰国孤児は蒸発したか」（一九八六年七月一〇日・ＮＨＫ）、「実録・中国残留孤児」（二〇〇〇年六月四日・日本テレビ）などのドキュメンタリーも制作され、放送された。また山崎豊子著『大地の子』がドラマ化され、大きな話題を呼んで、何度も再放送された。プロジェクトＸの「大地の子」という名も、山崎豊子の原作からの発想で名づけられた。

4 実際、日本人が去った後の家を荒らした農民もいるが、彼らは匪賊ではない。ドキュメンタリーにおいてこのような表象によって、中国人農民の被害性は描かれておらず、他者の存在が排除されている。

5 日本の敗戦によって、満洲在住の日本人はすぐに無抵抗的に、一方的な被害を被ったわけではない。敵陣に斬り込むための「斬り込み隊」（中島 一九七九：三一二）、撤退していく日本人（日本兵）によって殺された中国人の死体を目撃した（筆者による聞き取り）語りなどがあるものの、ドキュメンタリーのなかでは取り上げていない。

6 「恐怖」とは、敗戦直後の逃避行がもたらす「日常化する死」の恐怖と、その後、中国社会の混乱期などを「ひとりきりで生きる」恐怖である、とこれまでの研究において解釈されている。「ひとりきりで生きる」についての解釈は、詳しくは山下（山下（知）二〇〇三）を参照されたい。そこには、「ひとりきり」という語りは、マスコミへの応対、「根こぎ感」「国家の持つ暴力性」に由来するのだと解釈されている。

7 翻訳は筆者による。ここでいう「行った」は、「逃げる」と解釈できる。

「棄民」の視点からの著作物は若干ある。たとえば、郡司彦（一九八一）『中国残留孤児――望郷の棄民』日中出版、江口圭一（一九八九）「小論争――中国残留孤児問題と関東軍」『日本史研究』三一九巻、「棄民四一年の国家責任」『朝日ジャーナル』一九八六・〇五・三〇、〇六・一三、〇七・〇四がある。しかし、これらはいずれも、敗戦直後の時期を問題にしている。「戦争被害者」の見方とそれほど変わらない。例外として、「戦後処理」の問題だという視点からの『自由と正義――特集　中国残留邦人の人権問題』ＶＯＬ．四〇―一〇・一九八九がある。

第六章　境界の集合的構築

肉親捜し・帰国促進運動の展開やマス・メディアの表象によって、中国残留日本人問題は公に認識されるようになった。日本政府も重い腰を上げて、中国残留日本人に関する支援策の諸規制を緩和し始めた。こうした社会運動の展開や規制の緩和にともなって、中国残留日本人とその家族の日本への永住や定住は年々増加していった。日本に永住／定住した彼（女）らは中国帰国者と称され、現在約一〇万人を超す中国帰国者が日本で生活していると思われる[1]。

しかし今日においてさえ、中国帰国者よりもその一世である中国残留日本人の呼称が使われている。なぜなら剥奪された権利の回復、自己の社会的承認や社会的資源の分配をめぐる運動の根拠は、すべて中国残留日本人という呼称の歴史性に由来しているからである。中国帰国者をめぐる境界線も、中国残留日本人という呼称によって実定化されている。だが法的には、中国帰国者は必ずしも一様に捉えられているわけではない。法制度においては、中国残留日本人を戦争被害者という観点で支援しているが、他の者はあくまでも付随的な存在としてしか捉えられていない。これまでの研究においても、中国帰国者を総合的に捉えるというより、中国残留日本人と中国帰国者二世・三世を分けて検討する傾向が強い。

こうした問題点を顧みて、中国残留日本人という呼称に関する議論は次章に委ねて、本章は中国帰国者の境界をめぐる集合的構築について議論を展開する。具体的には、まず中国残留日本人の永住帰国にともなう中国帰国者の永住と定住や法制度の緩和、および彼（女）らをめぐる境界線の変遷を論じる。それを踏まえた上で、国家賠償訴訟運動[2]を通じて、中国帰国者というエスニシティが顕在化しつつある過程を示すことで、中国帰国者の集合的構築について考察する。

一 「中国帰国者」の「再」包摂

（一） 永住と定住の歴史的経緯

一九八一年、訪日調査が開始されてから、民間団体の社会運動はさらに活発化し、中国残留日本人の永住帰国に対する諸規制は徐々に緩和されていった（表六―一）。一方、日中国交が締結した一九七二年以後の中国残留日本人をめぐる永住帰国および一時帰国の状況をまとめると、表六―二のようになる。その統計や政策の変遷をもとに考えれば、中国帰国者の永住と定住を四つの時期に分けることができる[3]。

第一期は、中国残留婦人の一時帰国期（一九七二年～一九八〇年）である。日中国交が締結したのを契機に、日本政府は未帰還者留守家族援護法に則り、中国残留日本人の永住帰国および一時帰国に対して援助を行った。それまでの「里帰り」は、国交正常化を機に一時帰国と呼ばれるようになった。援護法の適用は、留守家族を介して申請する必要があったため、肉親が分からない、あるいは連絡が取れない中国残留日本人孤児の申請は不可能であった。たとえ、肉親と連絡が取れても、親族の同意がなければ日本への永住帰国や一時帰国は許可されなかった。そのため、中国残留日本人孤児の永住帰国や一時帰国はきわめて少なかった。

このように、日中国交が締結してからも、日本政府は従来の制度を適用させるに留まり、積極的な対応策を講

表6－1 「中国残留日本人」の帰国をめぐる規制緩和の一覧

時期	年	事項	支援対象
第1期	1972年	日中国交締結	
		国費による一時帰国援助	実質上中国残留婦人に限定
第2期	1981年	訪日調査の開始	中国残留日本人孤児
	1984年	身元引受人制度の創設	未判明孤児
		法人身元引受人制度の創設	同上
	1987年	一時帰国者（旅費申請手続きの簡略化）	中国残留日本人
		再一時帰国者援護	中国残留日本人
	1989年	特別身元引受人制度の創設	判明孤児
	1991年	上記制度が残留婦人にも適用	残留婦人
第3期	1993年	残留婦人の強行帰国	
	1994年	3ヵ年帰国促進計画	中国残留日本人
		身元未判明孤児の一時帰国援護の開始	未判明孤児
第4期	1998年	3ヵ年帰国促進計画の終了	

表6－2 「中国残留日本人」の永住帰国者と一時帰国者の統計表

	永住帰国者				一時帰国者			
	中国残留日本人孤児		中国残留婦人		中国残留日本人孤児		中国残留婦人	
年度	世帯	年平均	世帯	年平均	世帯	年平均	世帯	年平均
1972～1981年度	142	14.2	1,101	110.1	229	22.9	2,971	297.1
1982～1992年度	1,519	138.1	1,360	123.6	349	31.7	852	77.5
1993～1997年度	524	87.3	1,104	184.0	236	39.3	380	63.3
1998～2002年度	267	53.4	181	36.2	210	42.0	123	24.6

単位：世帯

じることはなかった。こうした永住帰国や一時帰国が促進された背景には、中国政府からの働きかけがあったと考えられる。一九七三年五月三一日、廖承志中日友好協会会長が訪中の日本人代表団に、六月三日、周恩来首相が中国訪問中の自民党の川崎秀治氏に、「中国にいる日本人約五千人のうち、日本への帰国あるいは里帰りを希望する人がいるので、中国政府としては全面的に援助したい旨」を伝えている（厚生省援護局 一九七七：一二四）。同年一〇月一一日、中国外交部と公安部および財務部が共同で「日僑の帰国と肉親訪問に関する暫行規定」を公布し、帰国と肉親訪問に対する中国政府の援助は再び開始された。その後、中国国籍を離脱する手続きの簡略化もはかられ、日僑としての出国も可能となった。これらの政策の背後には、従来の人民外交や華僑政策の影響が垣間見える。[4] こうした中国政府の政策の影響を受けて、日本政府も中国残留日本人問題を無視できなくなったのである。

第二期は、中国残留日本人孤児の永住帰国期（一九八一年～一九九二年）である。中国残留日本人孤児の肉親捜しへの支援策として訪日調査が開始され、肉親が判明した孤児は親族の同意を得た上で、日本へ永住帰国することができた。しかし肉親が判明しなかった中国残留中国残留日本人孤児、あるいは親族の同意を得られなかった中国残留日本人孤児や残留婦人らの永住帰国や一時帰国は不可能であった。この状況を打破するために、一九八二年から、民間団体による国籍回復（確認）運動が行われるようになった。中国残留日本人の日本国籍が確認されれば、日中国交が締結された当時では、日本に帰国することが可能であった。

こうした民間団体の国籍回復運動に対し、日本政府は一九八四年、未判明孤児の援助政策として身元引受人制度を施行し、それによって未判明孤児らの永住帰国が可能となった。その後、同制度は、一九八九年に親族の同意を得られない判明孤児に、一九九一年に中国残留婦人らにも適用された。この時期において、中国残留日本人孤児の永住帰国者数は年平均一〇倍近くの増加を見せて、中国残留婦人の永住帰国も以前より増えていることがうかがえる。

第三期は、中国残留日本人の永住帰国期（一九九三年～一九九七年）である。この時期になると、中国残留日本人孤児らの永住帰国は比較的安定してきた。一方の中国残留婦人は、一九九三年の中国残留婦人ら一二名の強行帰国事件[5]をきっかけに、支援政策が見直され、翌年から三ヵ年計画が施行されるようになった。これによって中国残留婦人の永住帰国は簡単となり、その数が急増した。また、強行帰国事件を契機に、「中国残留邦人等の円滑な帰国の促進および永住帰国後の自立の支援に関する法律（議員立法）」が制定され、中国残留日本人をめぐる政策がはじめて法制化され、政府の責任が明確化された。しかし、内容的には従来の支援策に比べて、実質上の変化は見られなかった。

第四期は、中国残留日本人の永住帰国の平常期（一九九八年～）である。この時期になると、中国残留日本人の永住帰国をめぐり、さほど大きな変化は見られない。しかし、中国残留日本人孤児の一時帰国者数の年平均は一番多い。一九八七年に改正された再一時帰国者の援助施策（一〇年に一回）は、一九九四年から再一時帰国者への援助対象を七〇歳以上年三回、それ以下五年一回へと緩和された。こうした政策の緩和を背景に、永住帰国よりも一時帰国というかたちでの中国残留日本人の観光目的化が見られるようになった。筆者は一時帰国で来日した中国残留日本人孤児に話を聞いたことがある。彼女は「永住するよりも一時帰国を使って、たまに日本へ来る方が良い」と語った。すでに何度も一時帰国で来日したという。

以上のような経緯で、排除・忘却された中国残留日本人は「日本人」として日本へと「再」包摂されていった。彼（女）らを日本へ向かわせたプッシュ要因として、日中国交の締結や文化大革命の沈静化、グローバル化の進行といった政治的要因や、日中間の経済格差、あるいは中国国内の経済開放政策といった経済要因や、肉親との再会と祖国への帰還を願う気持ち、政治的混乱の再発への恐怖、経済的貧困のための出稼ぎといった個人的要因が挙げられる。

しかし、日本に「再」包摂されたのは中国残留日本人だけではなく、その家族も一緒であった。また中国残留日本人自身も中国文化を内面化したため、彼（女）らを引揚者同様に日本国民として包摂するのは困難であった。こうした包摂の過程で、異文化保持者である彼（女）らは、文化や言語の同一性による「内的国境[6]」の境界設定によって排除され、中国帰国者と名付けられ、異質な集団として位置づけられたのである。

（二）　中国帰国者と社会運動の変遷

中国帰国者が位置づけられる過程において重要なのは、民間団体による社会運動の変遷である。民間団体は中国帰国者にとって重要な他者であり、かつ政策決定に影響力をもつ組織である。中国帰国者を社会問題として訴えていく際のロジックは、中国帰国者の言説と表象に深く関係している。その民間団体による社会運動は大きく三つの時期に分けられる。

第一期は日中国交締結した一九七二年から訪日調査が開始される一九八一年までのあいだ、「中国残留日本人」の形成期である。第四章で議論したように、この時期では「手をつなぐ会」を中心として、民間団体による中国残留日本人の肉親捜し・帰国促進運動が行われていた。運動の構成員は引揚者が中心を占めており、その成果として、中国残留日本人孤児の訪日調査が実現されたのである。帰還運動を促進していくために、民間団体は中国残留日本人らが戦争被害者／棄民としての「日本人」であることをとりわけ強調した。棄民という言説は、その後も民間団体の運動においてロジックとして使われてきた。

第二期は一九八一年から一九九〇年までのあいだ、「中国帰国者」の定着と自立促進期である。帰国者数の増加にともない、運動の方針は肉親捜し・帰国促進に止まらず、その定着促進や自立促進にまで及んだ。公的支援機関として「中国帰国者定着センター」「中国帰国者自立促進センター」や「中国帰国者支援・交流センター」が設立されたのも、この時期であった。こうした公的支援機関の設立にともなって、中国帰国者という呼称が使われるようになったのである。[7]

この時期において、民間団体をめぐる統合も試みられた。一九八二年から、多くの民間団体は「中国残留日本人孤児全国協議会」に結集し、問題解決に向けて討議などが進められた。同協議会は全国の民間団体をまとめ、運動をより効率的に行い、民間と政府とのあいだの情報交換などを円滑に行うために、民間団体と厚生省が協働して組織された。その討議の内容からも、問題意識は日本社会への適応に傾いていたことが分かる。しかし、同協議会は一九八八年に、実質上その機能を失うことになる（藤沼 一九九八）。

さらに注目すべきなのは、中国帰国者が自ら社会運動に参画し、当事者組織（「中国帰国者の会」）がはじめて設立されたことである。また、第一期の「帰国」させるためのロジックである「日本人」に代わって、定着促進にまつわる現実問題の解決のために「中国人」という側面が強調された。第一期のロジックが中国残留日本人にしか対応していなかったのに対し、第二期ではその子孫をも含むようになったのである。

第三期は一九九〇年代から現在までの「中国帰国者」の人権確立期である。以前の肉親捜し・帰国促進や定着と自立促進に、人権の確立という目標が加えられた。それは多文化主義を目指そうとする日本社会において、中国帰国者としての人権を構築していくことを意味する。特に二〇〇〇年以後の国家賠償訴訟運動において、これらが一層強調されるようになっていった。

以上のような社会運動の変遷にともなって、中国帰国者の「日本人」―「中国人」―「人権」といった民間団体のロジックがそれぞれの時期に強調された。一方の行政側の捉え方は、戦争被害者としての日本人という立場であった。これらの捉え方はマス・メディアを通して、社会的に記憶・表象され続けてきた。こうした「感傷の共同体」の広がりにともなって、中国残留日本人という政治的カテゴリーだけではなく、中国帰国者――中国文化の保持者としての日系人――という社会的カテゴリーが創造された。これは中国残留日本人らの国民化に行き詰まり、社会的に中国帰国者を一つのエスニック・グループとして包摂しようとする新たな統合戦略[8]であると言えよう。

しかし、文化保持者としての中国的な側面は、日本というナショナルな物語のなかでしばしばオリエンタリズム的な表象によってネガティヴに語られている（姜（麦）二〇〇〇）。このネガティヴな表象は単にオリエンタリズムではなく、「内的国境」も影響している。また、このような位置づけはその一世である中国残留日本人に必ずしも当てはまるものではなく、中国残留日本人はあくまでも法的主体や政治的主体を目指すのに用いられる政治的カテゴリーとしての日本人――戦争被害者ないし棄民――で語られる。このように、中国帰国者の内部には異なる位置づけを持つサブカテゴリーが作られ、ある種のステレオタイプが固定化されていった。

戦争被害者ないし棄民としての日本人で語られる中国残留日本人、中国文化の保持者としてのその子孫（中国帰国者）への期待――日中友好の絆、多文化主義のなかでのハイブリディティ性等――、両者のあいだに存在するネガティヴな、あるいはポジティヴな感情から生じる格差によって、日本社会における更なる感傷が喚起され、「感傷の共同体」が一層強化されている。そのなかにおいて、中国帰国者の本質的なアイデンティティが囲い込まれ、再生産されてきた。このような位置づけをめぐっては、新たな展開を見せるようになったのが国家賠償訴訟運動である。

二　国家賠償訴訟運動と社会的構築

（一）　訴訟運動の展開

二〇〇一年一二月七日、中国残留日本人による最初の国家賠償請求が「中国帰国者の会」の中国残留婦人二人と、中国残留日本人孤児一人の計三人によって東京地裁に提訴された。翌年一二月二〇日、中国残留日本人孤児だけの訴訟も同地裁に提訴され、これを皮切りに、国家賠償訴訟運動は燎原の火のように全国各地に広がった。運動が終結する二〇〇八年まで、訴訟は一六の地裁に提訴され、原告人数は二、二〇一人に達している。[9] 厚生労働省が把握する中国残留日本人孤児の人数に照合すると、その九割近くに達したこととなる。このような運動は社会的な影響に止まらず、中国帰国者のコミュニティにも大きな影響をもたらした。

こうした国家賠償訴訟運動に踏み切った経緯について、一九八〇年代から中国残留日本人孤児の社会運動にかかわってきたボランティアS氏は次のように語った。[10]

私たちは反省しないといけない。安易に考えていた。とりあえず、帰ってもらえば、後は何とかなると考えていた。しかし、実際は違っていた。今となって分かってきたが、当時はそれをまったく考えていなかった。というより、帰らせるだけで精一杯で、それ以外のことを考える余裕はなかった。

帰ってきた人は一生懸命働いた。しかし、働いた結果はどうだろうか。老後は生活保護に頼らざるを得ない。生活保護だけではけっして充分な生活を送ることができない。中国に親族がいる場合、その肉親を訪問することすらできない。このような状況を何とか打破しようと、国会に二年にわたって請願してきた。いずれもだめだった。それで、最後の手段として裁判に踏み切ったのだ。

このように、中国残留日本人孤児らの国家賠償訴訟運動はけっして突如として現れたものではなく、それは中国帰国者をめぐる社会運動の延長線上にあったものである。こうした運動からは、社会的承認を求める動きも読み取れる。

高齢になった中国残留日本人の老後保障、中国帰国者全体をめぐる支援策の充実のために、神奈川中国帰国者福祉援護協会と東京・扶桑同心会が共同で、国会請願運動を一九九九年一〇月から行っていた。しかし、それらの請願はいずれも不採択とされた。また同時期に、厚生省社会援護局中国孤児等対策室に対する陳願運動も行われたが、同室からは「中国帰国者には特別に国民年金月額二万二千円を支給し、それで足りなければ生活保護で暮らせばよい」という返答があった。これは、中国帰国者の問題は、生活保護で解決しようとする政府方針の表明であった。このような状況を打破するために、中国残留日本人孤児らは国家賠償訴訟に踏み切ったのである。当初は関東周辺での訴訟しか計画されていなかったが、その後の運動の要請や各地の孤児らの要望から、全国的に展開されるようになった。

こうした訴訟運動が展開されるようになるまでは、中国帰国者に関する全国的なネットワークは存在していなかった。多くの人は日本に定着したとはいえ、日本社会との関わりが薄く、親族あるいはごく少数の人とのネットワークを中心に生活していた。つまり多くの中国残留日本人は公共圏を持たずに、親密圏を中心に生活圏を構築していたのである。訴訟運動の展開により、彼（女）らは公共圏へと導かれ、表出した。こうした〈現れの空間〉（Arendt 一九五八＝二〇〇七）において、彼（女）らの語りが中国残留日本人の物語へと収斂されていった。中国残留日本人はそういった現れによってしかリアリティが形成されず、こうした収斂過程を経て、中国帰国者の記憶の共同体が構築されていったのである。

(二)　歴史の「再構築」

国家賠償訴訟運動はそれまでの中国帰国者をめぐる社会運動の延長線上にあり、中国残留日本人の老後保障などを含めた生活改善のための社会運動であった。この国家賠償訴訟運動において、それまでの社会運動で使われたレトリックが総動員され、中国残留日本人の歴史の「再構築」も試みられた。

国家賠償訴訟運動は「中国『残留日本人孤児』の人間回復のための闘い」であると位置づけられている。ここで言う「人間回復」とは、中国残留日本人らが「祖国日本の地で、日本人として人間らしく生きる」権利の獲得を意味している。「日本人として」というのは初期の社会運動において強調されていたレトリック「日本人」からの引用であり、法的権利を求める根拠である。一方の「人間らしく」には日本人を準拠集団として考えた場合の経済生活の水準や、ひとりの人間としての人権という二つの意味がある。後者には中国帰国者が持つ異文化としての中国的な側面への尊重という意味も含まれている。しかし後者の人権に関しては、地域の差が見られる。たとえば、K地域では、中国残留日本人は日本人であることから、日本語での発言が集会やデモの場で求められる。一方H地域では、日本語が分からないことを強調する意味も込めて、積極的に中国語が用いられた。

中国残留日本人の歴史像は、棄民(三つの棄民[11])としてまとめられた。第一の棄民とは終戦前後において、日本政府が「満洲」に残った日本人を見捨てたことを指す。すなわち先行行為としての国策「満洲移民政策」がその問題の起因としてあげられ、さらに一九四五年八月一五日の終戦の前後、日本政府ないし関東軍が中国東北地域に残された日本人に対して保護策を講じなかったことも問題視されている。第二の棄民とは戦後、日本政府が長らく中国残留日本人孤児たちを帰国させなかったことを指している。戦後長期にわたって、国が中国残留日本人孤児らの帰国に関して真剣に取り組もうとしなかったこと、「未帰還者特別措置法」によって多くの中国残留日本人孤児の死亡宣告を行い、その後の身元調査や帰国援助などを一切放棄したこと、日中国交が締結してからもさまざまな障害を設けて帰国を妨害したこと、帰国した中国残留日本人孤児らを外国人として扱ったことなどが問題視されている。第三の棄民とは中国残留日本人孤児たちが帰国してからも、日本政府はその生活支援を充分にしてこなかったことを指す。この三つの棄民は従来の言説空間から脱却したものではなく、民間団体のいう棄民を引用している。

以上のように、国家賠償訴訟運動における主張は従来の記憶・表象の政治を超えるものではなく、それまでのロジックや言説を再利用しただけである。訴訟運動を通じて、こうした位置づけは一層強化されていったが、そこには新たな展開の可能性を孕んでいる。それはエスニシティとディアスポラとしての中国帰国者の表出である。

三 集合的表象

（一） エスニシティの構築

エスニシティというのは、そこから人びとが発言するために必要な場所ないし空間である（Hall 一九九〇a＝一九九九a：六二）。しかし、エスニシティはけっして恣意的にあるいは成り行き次第で生じるわけではなく、それをもたらすのに二つの条件——①社会組織としてのエスニック集団間の認識上の対立が顕著となる状況、②構成員間で経験や社会的文化的特性の共有意識が作用する——が必要である（竹沢 一九九五：二五）[12]。中国残留日本人の国家賠償訴訟運動は、こうした条件を満たしている。

既述のとおり、国家賠償訴訟運動においては中国残留日本人孤児の九割近くが原告となり、全国的な組織としての原告団全国連絡会が組織された。中国帰国者が持つそれまでの地域限定かつ分散的なネットワークと比べて飛躍的な拡大を成し遂げ、集団化していったのである。ネットワークの機能も従来の情報交換や相互扶助に加えて、創造的なものが加えられた。つまり、共通の目標――国家賠償訴訟請求を通しての老後保障／生活改善――の達成に向かって、協働していくことである。

また、国家賠償訴訟運動には、中国残留日本人一世のみならず、その子孫である中国帰国者二世・三世たちも参加している。二〇〇三年頃から、中国帰国者二世・三世五〇人強を中心に、裁判支援、情報交換や交流促進などの目的を掲げて、中国帰国者二世・三世のネットワークが組成された。その後、二〇〇五年九月、同ネットワークのメンバーから組織としての中国帰国者二・三世の会――日中之橋――が設立された。これまで、中国残留日本人の歴史はもっぱら中国残留日本人のみが語っていたのに対し、裁判を一つの契機に、その二世・三世を含めた世代間の対話が始められたのである。裁判の集会、デモ行進などの場において、二世・三世は一世たちと一緒になってマイクを握り、涙を流しながら、中国残留日本人の歴史を訴えていた。このような運動のなかで、中国帰国者同士ないし世代間の絆が強化され、中国残留日本人の歴史性を共有することによって、中国帰国者というエスニシティへの所属感、構成員間の同胞感、一体感が芽生えていった。

差別化／周縁化された人びとが対抗のために、自らが依って立つべき基盤、場所、位置を見つけて承認を求めることをホールはアイデンティティ・ポリティクスの第一の形態と呼ぶ（Hall 一九九〇b＝一九九九b：八一―八二）。中国残留日本人の国家賠償訴訟運動はこれに該当する。しかし、この運動のなかで、中国帰国者らは単なる戦略的な本質主義を用いただけではなく、歴史／社会的に構築されてきた「中国残留日本人」の位置づけをめぐる「陣地戦」（Hall 一九九〇a＝一九九九a：八三）をも展開していた。それには二つの側面がある。一つは、法廷内における戦争被害者か棄民かという、日本人をめぐる政治的カテゴリーとしての中国残留日本人をめぐる戦いである。もう一つは法廷外の社会運動において、政治的カテゴリーを行使しながら、中国的な文化を抗争の道具として用いることによって、中国文化を持つ日系人という中国帰国者カテゴリーへの位置取りの動きである。

このような位置取りの展開から顕在化してくるのは、国民化と位置づけをめぐる闘争をしつつ、「エスニックの変則者」としての中国帰国者の姿である。ここでいう「エスニックの変則者」（Eriksen 二〇〇二＝二〇〇六：一二六）とは日本人の血統を持ちながら、中国的な文化背景を背負う「どっちつかず」の位置性であり、「どちらでもなければ」「どちらでもある」という曖昧な中国帰国者の存在である。それは中国帰国者、特に中国残留日本人らがこれまで、中国では「日本人」、日本では「中国人」だといわれ、マイノリティ化されてきたのに抗して行われた「どっちつかず」の「エスニックの変則者」としての中国帰国者への位置取りであり、ハイブリッドな戦略を用いながらの文化の政治である。ある中国残留日本人孤児は自らのこのような位置取りに関する心境を次のように語った[13]。

もう、どうしようもないよ。だって、いまさら、中国に帰ったとしても、中国人だと見られるわけでもないし、だからと言って、日本にいながら華僑だと見られるわけでもない。逆に、日本人からは、日本人だと見られることもない。

このように、中国残留日本人の国家賠償訴訟運動の全国的な展開は、中国残留日本人ないし中国帰国者が日本社会における自らの権利や承認を求めるための場所や空間の構築を目指すものである。このような空間において、中国帰国者らが動員／組織され、多様性を孕みながらもエスニック集団としての意識を共有するようになっている。それは「エスニック変則者」としての中国帰国者の活性化、社会的顕在化の始まりであり、位置づけをめぐる位置取りでもあった。この位置取りによって、中国帰国者らの境界をめぐる同定作業が促進され、中国帰国者をめぐる外的境界と内的境界が接近し、維持されていった[14]。そのなかに、中国帰国者のディアスポラ性――日本の一エスニック・グループでありながら、中国とは特異な関係を持つ中国帰国者の存在――が表出されている。国家賠償運動がもたらす顕著な影響はほかにもある。ここでは二点について触れておきたい。一つは他の集団との連携が多様化し、強化されていったことである。国家賠償訴訟運動の当初から、訴訟内容が類似する戦後補償裁判やハンセン病関係の団体との連携は強かった。運動の展開にともない、その連携の形態はさらに多様化した。京都の場合を例にして見ると、それまでの支援団体――「中国残留日本人孤児を支援し交流する京都の会」「日中友好協会」など――に加え、「名もなく貧しく心美しい年よりたちの語らいの会」、在日コリアン団体、さらに多くの個人からの支援を受けるようになった。多様な団体との連携により、中国帰国者と日本社会との対面空間がより拡大し、協働しながらも相互の境界を認識することにより、そのエスニシティの活性化に拍車をかけた。

もう一つは中国帰国者の「日本化」である。国家賠償訴訟運動はそもそも中国残留日本人がもつ日本人としての権利の剥奪に対して賠償を求めるための運動である。準拠集団として想定されたのは日本人であった。こうした日本化にふたつの意味がある。一つは日本人志向が強くなると同時に、日本社会との対面空間が広がっていくなかで、自らを他者化しかつ内面化した他者としての日本人の存在を再認識し、その間の境界が逆に強化されたことである。訴訟運動のなかで中国残留日本人を支援する人たちでさえも、彼（女）らを棄民としての日本人と認識しながらも、中国人だと表現してしまう場面がよくある。中国帰国者自身も日本人として抗争する一方、抗争の道具として用いる言語／文化は中国的なものであった。両者のあいだに横たわっているのはまさしく、中国帰国者のエスニックの変則的な境界である[15]。

日本化のもう一つの意味は中国帰国者らが訴訟運動を通じて、エスニシティとしての中国帰国者という位置から自らの権利を追求し始め、日本という国民国家の一エスニック集団あるいはローカルな住民として積極的に政治参加、社会参加していくことによって、自らの生活基盤を日本社会に根付かせていくという認識の強化である。なお、この日本化は中国を視野に入れて考えれば、次のような意味を持っている。つまり、日本を一つの基点にして、中国をもう一つの基点とする生活圏の構築を意味するものである。訴訟のなかで争われている生活保護費の受給によって制限される、中国への往来問題がこのような生活圏の存在を物語っている。

以上のように、訴訟運動の展開にともなって、日本社会における中国帰国者の境界線が表出され、固定化されていったのである。こうした影響は地域の中国帰国者コミュニティにも見られる。

(二) コミュニティの顕在化

ここでは京都市M団地を例に、地域での中国帰国者コミュニティの変化について論じてみたい[16]。

一九八〇年から、日本政府(国土交通省)は永住帰国した中国帰国者らに対して、住宅の援護策として公営住宅への優先入居という措置をとり、中国帰国者の多くが、この制度を利用して公営住宅へ入居した。京都府を例に見ると、公費帰国者一四三世帯(四八九人)(平成一七年一〇月一日の時点)の住居別の状況は公営住宅一三八世帯(四七七人)、民間住宅五世帯(一二人)となっている。この統計からも公営住宅への集住率が高いことが分かる。さらに、中国帰国者が一番集住している京都市H区には八一世帯(二九七人)が住んでいる。なかでもM団地は二九世帯(一一八人)と一番多い。なお、このデータは支援対象としての公費帰国者のみの統計であるため、実際の数は五倍を上回るものと推測する[17]。

日本政府の政策の影響下で、中国帰国者の集住地は潜在的でありながら、公営住宅を中心に形成された。このようなコミュニティは日本全国の各地に分散している。M団地もそうであるように、コミュニティの多くはその近くに中国物産店があり、エスニックの変則者としての中国帰国者の中国文化に対する要求を満たしている。また、コミュニティのなかにおいては、相互扶助や情報交換といった緩やかなネットワークが機能していた。国家賠償訴訟運動を機に、それが一気に強化されていった。M団地に住む二世はその状況を次のように語った[18]。

朝、出勤するときのことだった。駅のホームで親戚の伯父を見かけた。あまり外出しない伯父なのでちょっとびっくりした。しかし、さらにびっくりしたのは帰国者が十何人も一緒だったということで。ここには二〇年近く住んでいるが、こんな風景を見たのははじめて。普段の生活のなかで、帰国者何人かが集まって雑談したりするのはよく見かけるが、十何人も一緒というのはなかった。話を聞くと、裁判を傍聴しに行くそうだ。これまで、帰国者たちが何かの目的に向かって一緒に行動するのはほとんどなかっただけに、本当に驚いた。

また同団地では訴訟運動の展開にともない、中国帰国者老齢者の健康作りや娯楽を目的に「中国帰国者の健康体操と舞踊の会」が結成された。本会の活動としては毎日の朝夕にラジオ体操や中国の「秧歌《ヤンガー》[19]」を団地のなかにある公園で行っている。同会の幹事から「秧歌踊り」をめぐる二つのエピソードを聞いた。一つは若い日本人青年がわざと自転車で踊りの列に突っ込んできたこと。もう一つは年寄りの日本人から石を投げられたこと。警察まで呼んできたという。こうしたエピソードの場においては両者のあいだに「知覚の衝突」が生じていた。

「知覚の衝突」とは同一の出来事に対して、異なる準拠枠にしたがって異なった現象が「知覚」されるようになることを指す（山田（富）二〇〇〇：九六）。上述した二つのエピソードのいずれにおいても、マジョリティとしての日本人は「日本人」という準拠枠に従って中国帰国者らの踊りを異質なものとみなし、それを否定しようとする。同時に、これは日常生活世界における日本社会の異質なものに対する同化の権力作用でもあると言える。

一方の中国帰国者は、対抗のために中国残留日本人のカテゴリーに準拠して、自分たちが中国に「残留」を強いられた日本人であり、長期間にわたって日本政府に見捨てられ帰国できなかったため、いまだに中国の文化に頼らざるを得ないと涙ながら訴えている。

地域での中国帰国者の「秧歌踊り」は文化政治の実践であり、これまでネガティヴに語られがちであった彼(女)らの中国的な側面の正当性を求めるものである。その背景には日本政府の責任をめぐる闘争があることは言うまでもない。それは戦後の日本ナショナリティの構築のプロセスのなかで排除されたことによって、中国での「残留」を強いられ、中国的文化を内面化したことをめぐる承認運動である。同時に、これは中国帰国者というシンボリックなコミュニティの構築であり、中国と特異な関係を持つディアスポラとしての中国帰国者の表出でもある。地域のなかにおいて潜在的だった中国帰国者のカテゴリーは、このような日常生活におけるカテゴリー化の行使によって、ネットワークの強化と共に、中国帰国者コミュニティを地域社会のなかから突出化させていった。

四　沈黙の語り

以上、本章の議論が明らかにしたように、中国帰国者は法廷内では中国残留日本人という政治的カテゴリー、法廷外では中国帰国者という社会的カテゴリーを用いて、その実践を遂行してきた。そうした実践によって、中国帰国者の境界線が固定化され、エスニシティとしての存在が集合的に表出されていったのである。[20]

しかし、これまでの議論を通して明らかなように、こうした境界線はポストコロニアルないしその後の経済成長を成し遂げてきた戦後の日本という時空間で構築されたものであり、この境界に沿って中国帰国者を語っていくことはけっして充分とはいえない。この境界には国民化をめぐるさまざまな力——単純に言えば、一つは日本というナショナリティの構築、もう一つは中国帰国者を統合（排除）しようとする力――が混在し、中国帰国者はそれらと折衝し実践することによって、日本社会における自己の承認を求めてきた。この過程において、強いられた「沈黙の語り」が数多く存在する。中国帰国者の内側が孕む多様性はそのカテゴリー化によって見過ごされ、また、中国での生活を否定的に語らなければならないこともその一例である。このような「沈黙の語り」に注目することによって、中国帰国者らの越境性とその「境界文化」の豊かさをはじめて可視化することができ、そのなかから中国帰国者らのディアスポラ的経験を現前化することができる。こうしたディアスポラ的経験に関しては、終章でまた言及する。

また国家賠償訴訟運動という〈現れの空間〉[21]において、中国残留日本人の語りが従来の支配的な物語に収斂される一方、異なる物語や問いかけも多く語られている。しかしそれらは必ずしも聞き取られていない。次章は従来見落とされがちの語りにも注目しつつ、議論をさらに深めていきたい。

【注】

1　中国帰国者に関する確実なデータは存在しない。公的統計では、国費で帰国した人のみを計算しているため、その他は推測に頼るしかない。

2　こうした国家賠償訴訟運動は、国家賠償請求集団訴訟と称されるように、法廷内での争いのみが注目されてきた（大久保（真）二〇〇九：蘭 二〇〇九）。しかしこの訴訟は法廷内だけではなく、法廷外にわたって行われている。また世論の支持を得るために、さまざまな活動（集会や署名活動など）も行われた。したがって、これらを含めて考察するために、筆者はこれを国家賠償訴訟運動として捉えた。

3　なおここで用いた統計は、厚生労働省が把握している国費による永住帰国者や一時帰国者に限られている。私費帰国者や呼び寄せ家族が含まれないことを予め断っておきたい。

4 なお一九七二年以降の中国政府の政策に関する記述は、中国東北三省の地方誌を参照している。一次資料は未確認である。

5 一九九三年九月五日、日本政府の身元引受人斡旋を待っていたら、生前に日本へ帰れないかもしれないとして、中国残留婦人ら一二人（日本国籍保持者）が、身元引受人がないまま強行帰国した事件である。受け入れ先がなかったため、一二人は成田空港で立ち往生した。この事件は多くの新聞に取り上げられ、話題を呼んだ。

6 内的国境は姜尚中（姜（尚）一九九六）の論考に負うところが大きい。姜は、戦後の日本の民主主義はフィヒテ的な内的国境の動的な境界設定を通じて排除あるいは周縁化されるべき異質な集団の位置を選択的に確定してきた（姜（尚）一九九六：三四）と喝破する。このような異質な集団の根拠を問い直し、その内部の複合性をも明らかにしたとき、ラディカル・デモクラシーの地平がはじめて拓かれ、内的国境を揺るがすデモクラシーの端緒となる（姜（尚）一九九六：三六）。中国帰国者の存在はまさしくこの異質な集団であると筆者は捉えている。

7 これらの支援機関の設置は、初期の社会運動において、民間団体の要求事項にも挙げられていた。しかし政府はそれに応じなかった。その後、民間団体は自力による支援施設の設置を目指す一方、インドシナ難民（一九七〇年代後半、日本政府はインドシナ難民を受け入れるのに施設の建築を決定していた）との差異を比較することで、日本政府に要請した。民間団体の施設の完成を目前に、日本政府が施設の設置を決定した（ボランティアTさんの聞き取りによる）。現在、帰国者の永住帰国の減少にともなって、これらの機関は閉鎖されつつある。

8 「多文化主義」という名の下で、日本政府は外国籍住民の新たな包摂政策として、「日本国民の外延の拡大」ともいうべき方向で、生粋の「日本人」を内包として、日本にゆかりのあるものを「日本国民」の外延として組み入れ、さらにその外側に外国人労働者を置くという階層的な秩序の法案を二〇〇〇年以後にまとめている（文 二〇〇五：二一）。これまでの中国帰国者をめぐる包摂政策の流れはまさしく、この階層的な図式そのものである。その背景には単一民族の神話から多文化主義への日本社会の認識の転換がある。

9 中国残留孤児岡山弁護団のＨＰ（http://www.geocities.jp/czk_oka/index.html）を参照。

10 筆者の聞き取りによる（二〇〇四年九月）。

11 中国残留孤児兵庫弁護団のＨＰ（http://www16.ocn.ne.jp/~kojikobe/zanryukojitop.html）を参照。

12 竹沢（一九九四）は戦中日系アメリカ人の強制収容と戦後展開された補償運動を手掛りに、日系アメリカ人のエスニシティの変遷を論じている。中国帰国者の国家賠償訴訟運動を考察するにあたって、同書の議論はきわめて示唆に富んでいた。

13 二〇〇五年、裁判傍聴の際に残留孤児らの会話――〝自分たちは一体どんな存在なのか？〟――から聞いた話である。

14 ここは中国帰国者の集団化に注目しているため、運動に参加していない中国帰国者らの位置取りや異なる場においての位置取り実践について論じることはできていない。

15 沖縄人が日本人になろうとすればするほど、沖縄人としての自覚を深めてしまう（冨山一九九〇：二四二―二四三）ように、中国帰国者も日本人になろうとすればするほど、そのあいだに存在する差異や境界に対する自覚が深められていく。

16 中国帰国者集住地に関する調査は継続中であり、ここでの記述は南（二〇〇六ｂ）の一部を抜粋して、再考察したものである。

17 この推計は、京都府の行政関係者とボランティア団体から聞いた京都在住の中国帰国者人数（一、五〇〇人以上）を基にしている。

18 二〇〇五年三月、京都原告団主催の行事に参加する際、出席していた二・三世から聞いた言葉である。

19 「秧歌」とは中国の踊りの一種であり、現在の中国では、老齢者が健康維持のために公園などで踊っている。日本の他の地域においても、中国帰国者たちが「秧歌」を踊っているコミュニティがある。Ｍ団地への解釈がそのまま、他の地域にも当てはまるとは限らない。

20 ディアスポラという概念には、すでにエスニシティを包含しているという解釈も可能である。本来ならば、ディアスポラだけで中国帰国者を解釈することもできる。しかし本稿は国民国家との関係で構築されるエスニシティという観点を重視して、エスニシティを用いた。そうすることで、国民国家との関係で構築された社会的排除または差別構造がより見えやすいと考えたからである。なお蘭は中国帰国者のエスニック・アイデンティティに注目して、中国帰国者を「日本人である」ことと「中国人である」ことをミックスする新たなエスニシティを備えた人びととして捉えられることを指摘している（蘭 二〇〇〇）。

21 国家賠償訴訟運動は「新支援策」の成立（二〇〇七年七月）をうけて、二〇〇八年三月末をもって終結した。老齢基礎年金の満額支給、老齢基礎年金を補完する残留日本人独自の生活支援給付制度、および、地域社会における生活支援等を柱とする新しい支援策が二〇〇八年度より実施され、中国残留日本人の訪中も年二ヶ月ほどが認められるようになったことを見ると、国家賠償訴訟運動が一定の成果を得られたと評価できよう。しかし最後まで日本政府から謝罪が得られなかったことや、生活保護法に準じた「収入認定」と地域社会における生活支援の実態、および、残留日本人死亡後の配偶者の生活保障といった問題点も残っている。なお運動を通じて形成されたネットワークは現在も続いており、その後の展開については調査中である。

第七章

境界文化の政治学

本章の課題は、これまでの議論を踏まえつつ、中国残留日本人の呼称と語りを手がかりとして、アイデンティティが発話によって選択的に構築されるプロセスを社会学的に研究することにある。それを通して従来の研究で見落とされてきたさまざまな日常的実践を浮き彫りにし、中国帰国者の生活世界への新たな知見を加えていきたい。具体的には、既述したバトラーやホールの議論に依拠して、当事者のアイデンティティのパフォーマティヴィティについて分析し、中国帰国者の境界文化の諸相を明らかにしていく。

呼称に着目したのは、人は名付けられることによって社会的な場所と時間のなかに導かれ、その呼称に依存して「存在する」(Butler 一九九七＝二〇〇四：三一―四六）からである。中国残留日本人という呼称もまた、認知的なカテゴリー（片桐 二〇〇六）として意味が与えられ、再生産されてきた。そこには、発話の瞬間に想起、強化される意味、および、現代の意味を構成するようになった歴史的痕跡が孕まれている（Butler 一九九七＝二〇〇四：五六）。当事者の行為も、それによって方向づけられる（Strauss 一九六九＝二〇〇一：二九）。呼称の生成と定着の過程をたどることにより、カテゴリー化の権力関係や付与された物語も明らかになるのである。

一　命名のポリティクス

（一）「中国残留日本人」の命名

中国残留日本人の存在が日本社会で注目を集めたのは、一九七四年八月以降である。民間団体が実施した肉親を捜すための公開調査が新聞で大きく報道されたからである。ただし当初は、「生き別れたままの日本人」「中国に残った日本人孤児」「中国に残留している日本人孤児」等と表現していた。「中国残留日本人」という呼称が最初に登場したのは一九七五年六月一七日の公開調査に関する新聞紙上である。またこの呼称がはじめて一貫して用いられたのは、一九八〇年九月一九日に放送された『再会』（ＮＨＫ）というドキュメンタリー番組においてであった。さらに呼称としてこれが社会的に定着したのは、一九八一年の中国残留日本人孤児の訪日調査以降であった。

中国残留日本人は、法的には未帰還者として位置づけられてきた。しかしその存在は、戦後の日本社会で形成された引揚者の言説空間に埋め込まれたため、必ずしも直視されず、長年にわたって忘却、排除されてきたのである。このような状況の下での命名が、自然発生的なものでありえないことは、言うまでもない。それは、異質な他者と出会うときに生じる「宙づり」状況を解決するための一手段（奥村 一九九八：一〇八）であり、命名する者の定義や関係性によって構築された価値評価（Strauss 一九六九＝二〇〇一：二一―三二）である。具体的には、肉親捜し・帰国促進運動を行う民間団体と日本政府との複雑な交渉過程で生み出されたのである。

民間団体の社会運動は、中国に取り残されたすべての日本人を対象としていた。しかし行政は、身元に関する情報が乏しい幼少の「中国残留日本人孤児（当時一三歳未満）」だけを訪日調査の支援対象に認定した。いわば中国残留日本人の範囲をめぐり、両者のせめぎあいのなかで、訪日調査の支援対象である「孤児」へと視線がずらされていった。また民間団体は当初、「中国残留日本人孤児」という呼称を用いていた。しかし訪日調査が開始される際には、「日本人」が削除され、そのナショナリティをめぐる位置づけが曖昧にされたまま、「中国残留孤児」が呼称として定着していったのである。

このように生成した「中国残留孤児」という呼称は、三つの語素とそれに対応した歴史的背景を含む。まず「中国」は日中国交締結によって中国政府を承認したことに由来する。次に「残留」は、戦後の引揚げ事業や未帰還者処理のなかで用いられた概念であった。初期の帰国促進運動の主体が留守家族であったことから、この概念が援用されたと考えられる。最後に「孤児」は、「終戦前後の極度の混乱期に幼くして肉親と別れ『孤児』となった事がはっきりわかる言葉」（厚生援護局 一九八七）として採用された。このような認識によって、中国残留日本人孤児をめぐる記憶空間は「終戦前後」に限定され、ソ連軍の侵攻や敗戦直後の混乱状況下での家族離散等の被害者的な側面に光が当てられた。言い換えれば、それ以外の時期や側面は不可視化されたのである。

一九八〇年代半ばになると、援護対象から排除されていた当時一三歳以上の日本女性を救済する社会運動が活性化した。こうしたなかで、「中国残留婦人」の呼称が派生的に生み出されていった。そして一九九四年、「中国残留邦人等の円滑な帰国の促進及び永住帰国後の自立の支援に関する法律」が議員立法される際、中国残留日本人孤児や中国残留婦人を総称して「中国残留邦人等」という呼称が公式に使われるようになった。

社会運動やメディアの表象を通して「残留邦人等」の呼称が定着するにともない、中国残留日本人には日本人としての棄民・戦争被害者といった犠牲者的な言説が付与され、再生産されていった。これらの言説は、日本政府の責任を追及し、日本社会に訴えるための民間団体のレトリックであり、中国残留日本人を包摂するための統合戦略でもあった。同時に中国残留日本人をそれまでの引揚者と明確に区別し、他者化する行為であり、その意味では排除の過程でもあった。しかもそれまで戸籍によって処理された法的地位の問題は、日本政府の中国承認とともに国籍に基づいて処理されるようになった。つまり「家族の語り」より、「国家（祖国）をめぐる語り」が前面に出てきたのである。

以上のように、中国残留日本人をめぐる諸呼称は、一九七二年以降の社会運動やメディアの表象および行政との交渉過程において固定化されていった。またそこには暗黙のうちに、日本人としての棄民・戦争被害者であるがゆえに、異国で苦労し、喪失した祖国を熱望するといった支配的な物語が付与されていた。中国残留日本人の戦後中国での位置づけや生活世界は逆に捨象され、中国での生活世界それ自体が単なる喪失・「残留」としてネガティヴに語られたのである。

（二）　呼称変更と政治的正義

この過程で、中国残留日本人の呼称変更を求める動きもあった。その理由は、「孤児」という言葉の響きが「成人に不自然」で、「養父母の存在が不可視化」されており、「暗いイメージがある」等といったものである。代替案として、新聞紙上に一般読者から「残された日本人」「帰国日系中国人」「中国未帰還同胞」「残留孤人」「中国籍日本人」『残留子女』等の呼称が提案された。この波紋は、当時の中曽根総理が民間団体に「いい呼び名ないか」（『毎日新聞』一九八二・二・二一）と問いかけたように、政界にも及んだ。当時、政府内では「孤児」を「邦人」「同胞」で統一する意見が出されていた（一九八四年三月二日の衆議院外務委員会）。しかし、実際には婦人等を含めて「中国残留邦人等」に統一されたのは、既述のとおり一九九四年になってからである。だが二〇〇〇年以後の国家賠償訴訟運動でも「残留孤児」が主に使われたように、「残留孤児」という呼称がもっとも普及している。一九八〇年代の呼称変更の試みは、成功しなかったと言わざるを得ない。それが、いかなる位置やレトリックによって失敗したのかを、ここでは「日系中国人」への呼称変更を求めたふたつの試みを素材に検証する。

「日系中国人」の呼称は、まず一九八三年、神奈川県日中友好協会によって提起され、神奈川新聞（一九八三・八・一二）に掲載された。当時、中国残留日本人孤児の永住帰国にともなって養父母の扶養問題が生じ、中国政府は訪日調査への協力に消極的になっていた。これを背景に、「残留孤児」という呼称が実際には養父母がいることを考えると「実情に合わ」ず、また「法律的には残留孤児が中国公民」であり、「日本に永住帰国するのが当然であるという一方的な論理性」には問題があるといった認識から、呼称変更を主張したのである。これに対し、民間支援者の郡司彦（神奈川日中孤児問題連絡会）や山本慈昭（中国残留孤児協議会会長）は、「孤児に対する認識不足」「戦争孤児の人権を踏みにじる」「一方的な論理ではなく充分な配慮をしている」「養父母の問題は日中政府間の交渉によって解決済み」であると反発し、「日本政府の責任」を明確にする意味で残留孤児という呼称が重要であると強調した。

次いで一九九七年八月、訪日調査の終結に際して、中国残留日本人孤児の二世である大久保明男は、「行政上の対応だけではなく、社会認識も変える必要がある」として、「国の遺棄責任＝残留、暗いイメージ、養父母の存在」を理由に呼称変更を呼びかけ、マイナス・イメージの払拭や差別構造の解消のために、「中国文化」保持者としての残留孤児を顕在化させるような呼称への変更を提起した（『朝日新聞』一九九七・八・一二）。これに対して、民間支援者の庵谷磐は、「残留孤児」という呼称の問題性を認めつつ、呼称の変更によって「不可視化される日本人性、法務省の「中国人」扱いの容認、曖昧にされる支援策の根拠、差別構造の強化という逆効果」もあると反論した（『朝日新聞』一九九七・九・三）。

日中友好協会は、日中国交締結以前から日中友好に貢献していた団体であり、呼称変更を求めたのは、中国社会における残留孤児の立場や中国人の養父母を重視する「氏より育ち」の論理である。一方、大久保は雑誌『北辰』で「中国日裔青年」という呼称を提起していることからも分かるように、その主張はマイナス・イメージに対抗するためのアイデンティティ・ポリティクスである。両者のレトリックは残留孤児の社会的側面を重視しているが、これらに反論する民間支援者は日本人としての法的主体性に重きを置いていた。しかし改称を主張する両者も、日本政府の責任を追及する点においては、民間支援者と同じ立場に立っており、その点では本質的な政治的対立はなかった。そこで、呼称変更の運動はそれ以上展開されることなく、中国残留日本人孤児という呼称は、中国残留日本人の救済を喫緊の課題とする政治的磁場において、その後も使用され続けてきたのである。[1]

二　呼びかけられる行為体

（一）　位置づけの移行

これまでみてきたように、中国残留日本人と日本との関係は、呼称を介して再構築されてきた。だがその過程で命名の一般的条件である「間主体的な文脈」や「呼称を送るという様態」（Butler 一九九七＝二〇〇四：三二）、すなわち当事者に呼びかけ、対象を呼び出す必要が生じる。呼びかけは、私的呼びかけと公的呼びかけに分けられる。私的呼びかけとは、日中国交締結以降、両国の人的往来が盛んに行われるなかで、主にかつての満洲移民から分節した引揚者と日本人訪問者によるものである。一方、公的呼びかけとは、中国国内での残留孤児の認定作業、訪日調査や支援策の実施過程の統計データや行政書類などである。私的呼びかけにより、引揚者が中国残留日本人の「重要な他者」となり、そのつながりを通じて中国残留日本人は日本社会とその言説空間にアクセスできるようになった。また公的呼びかけにより、中国残留日本人は日本人としての法的地位を取得し、日本への移住が可能となった。これらの呼びかけに応じて中国に「残留」した日本人が中国残留日本人という位置を取り、中国残留日本人となっていくのである。

しかし、呼びかけられた中国残留日本人は日本語という言語資本をもたないため、日本社会に積極的に呼びかける術もなく、むしろ客体として取り込まれていくしかなかった。そのため、戦後中国での位置づけや生活世界が真正面から捉えられたとは到底言えず、支配的な物語を逸脱するような語りは慎重に選別され排除されてしまっているのである。

これまで中国残留日本人は、戦争加害者と被害者の二分法といった構図で解釈され、中国で差別されたことによって日本人性を保持してきたとみなされてきた。差別の物語として特に注目されたのは、中国社会で「日本鬼子」と名指しされた経験である。日常生活だけでなく、抗日戦争の映画鑑賞等によっても、日本人としての自覚が喚起された。しかし中国では、日本鬼子という差別的なまなざしだけでなく、むしろ日本人が法的に「日僑」として包摂され、優遇策が講じられていたという事実もある。このように、中国残留日本人は単に「日本鬼子」と差別されて日本人性を覚醒しただけではない。むしろ第三章で論じたような中国での包摂と排除に対する実践を通じて独自の生活世界を構築し、中国残留日本人（日僑）という位置を取るようになったのである。

そもそも戦後の中国において、「日本鬼子」（武田 二〇〇五：六―二三）とは抗日宣伝画に描かれたように、殺戮に加わり悪事を働いた日本軍人あるいは日本帝国主義者を指している。その呼称によって指し示されたのは、侵略者・加害者である。しかし本来、中国での中国残留日本人の位置づけは日本帝国主義の犠牲者であり、それを告発する存在である。もちろん日常生活では「日本鬼子」と呼ばれて、「恥」「罪」の状態に置かれる場合もある。しかしこうした状態に陥った中国残留日本人は、異なる位置取り実践をもって対処していた。たとえば、子どもが同級生に「日本鬼子」と呼ばれた中国残留婦人上村品子は、相手の家に行って、「日本鬼子がやった事はうちの子供がやったのではない。なのに、なぜ日本鬼子だと呼ぶの？」「どこの人だっていい人もいれば悪い人もいる」と抗議して、それ以降、子どもはそう呼ばれなくなったという。[2] それ以外にも、相手の身体的特徴（顔の痣等）や言葉の訛り（山東方言等）を反撃の手段として活用した人もいる。[3]

中国での戦争加害者と犠牲者のアンビバレントな位置づけに変化をもたらしたのは、日本での中国残留日本人という呼称による呼びかけである。加害者性を消滅させ、犠牲者としての位置だけが強調され、中国残留日本人は「恥」「罪」といった状態に陥らずに自己を語れるようになった。その位置づけは、中国国内での犠牲者的な位置づけとも共通している。こうした「戦争犠牲者」の物語は、中国帰国者コミュニティに流通しているモデル・ストーリーである。これに日中両国間の経済格差といった要因も加わり、その位置の変化が促されたのである。しかし、呼びかけられた中国残留日本人は、社会運動との関連で、政治的主体になるための支配的物語の再生産にほかならず、そのための選別も行われた。たとえば、同じ開拓団出身の中国残留婦人である斉藤（仮名）と安本（仮名）のケースは示唆的である。[4] 斉藤は中国残留婦人の象徴として一九八〇年代後半からメディアに大きく取り上げられ、日本人としての語りや祖国を思う彼女の語りは次々に報道されていった。一方、安本は取材されたものの、その語りはメディアには登場しなかった。斉藤の語りに比べ、安本は「私」という個や家庭を中心に自己を物語っていた。このように斉藤だけがメディアによって大きく取り上げられたのはまさしく、彼女の語りが中国残留日本人に付与された支配的な物語に合致したからである。[5] 中国残留婦人の救済を正義とする社会運動が活発になっていた当時の情勢を考えれば、そうした政治的正義を目指した選別は当然であったかもしれない。国家賠償訴訟運動という〈現れの空間〉においても、同様の現象が見られる。しかし、排除された語りも看過すべきではない。そこで次節では、具体的な語りを用いて、カテゴリーによって語られる自己だけではなく、看過されがちな語りにも注目しつつ、考察をさらに深めていきたい。その前に、公的呼びかけの一形態としての法による呼びかけと物語の構築との関連性を考察することにより、支配的な物語の再生産構造をもう少し明らかにしておきたい。

（二） 法と物語の構築

中国残留日本人の支配的な物語をおおざっぱにまとめると、戦争被害者と棄民といった犠牲者的なストーリーと、帰国を熱望する祖国のストーリーである。こうした物語は、中国残留日本人をめぐる位置づけと位置取りによって構築されたことは言うまでもない。その顕著な場として挙げられるのは、国家賠償訴訟という司法の場である。

裁判所に提出された陳述書や法廷内での口頭弁論を考慮してまとめると、そこで構築された物語のプロットは主に、①敗戦時の離散状況、②その後中国での生活状況、③永住帰国に至る経緯、④帰国後の生活状況、⑤帰国の意思の有無、が挙げられる。司法の場という特殊性によって、これらのプロットは被害実態や責任根拠を立証するために、自然と支配的物語に収斂していき、個々の物語は取捨選択を経て、法廷内に持ち込まれていった。だがこうした物語は当事者にとって必ずしも違和感がまったくないわけでもない。たとえば、自分と同じ年頃の他の中国残留日本人孤児の法廷陳述を傍聴した趙克（仮名）は、それを次のように語った。[6]

（当時）五、六歳の子どもに、当時（＝日本が敗戦し、混乱した状況のなか、開拓団が集団自決を決め、実行した後の現場およびその後）をどう感じていたのかを聞くのはナンセンスじゃないの。だって、子どもにはそんな気持ちを整理できるわけがない。生きるのに精一杯なだけだよ。それ以上もそれ以下もない。

このように、中国残留日本人の犠牲者的な物語がけっして自然発生的ではなく、むしろ半ば強引に構築されていったのである。そういった場において、中国残留日本人孤児らは過去の「悲惨」な記憶へのフラッシュバックが否応なしに要求される。それが一つの暴力として中国残留日本人孤児らを再び苦しませ、暴力が上塗りされていく。ある弁護士はそのような場面——原告から事情を聴取するとき——を次のように語った。[7]

話を聞くたびに（原告が）泣きますね。それ（話を聞くこと自体）がなんかすごく酷で、話を聞くのもつらい。話をどういうふうに聞いていけばいいのかは大変悩む。

中国残留日本人孤児に近い距離にある弁護士でさえ、このように感じていることから、法廷の場における暴力の上塗りを想像することに難くない。

だが支配的物語の再生産構造にとってもう一つ重要なのは、国籍取得（確認）の場である。日中国交が締結してから、中国の法律は準拠法として承認された。二重国籍を認めない日中両国の法律に準じれば、中国残留日本人はどちらかの国籍を選択しなければならなかった。このような状況に際し、日本政府は自己意思で中国国籍を取得した人の日本国籍の喪失時期を国交正常化の一九七二年九月二九日（一九七四年一〇月一一日 民五五六二三号回答）（法務省 一九八七：二三九）に定めた。この政策方針によって、中国国籍に加入した中国残留日本人は自己の意思が確認されることなく、日本国籍が剥奪された。

こうして日本国籍を一方的に剥奪され、中国のパスポートで帰国した人は、そのまま中国人として扱われ、外国人として登録された。このような取り扱いを不服とし、あるいは日本へ永住帰国するために、国籍回復（確認）の手続きを取った人は少なくない。その就籍裁判の主な認定理由として、日本に関する記憶（大阪家裁 一九七九年一月二七日審判）、中国が発行した証明書（東京家裁 一九八二年五月三一日審判）および中国での生活状況と処遇（東

京家裁 一九八五年七月二九日審判)、避難行の記憶(横浜地裁 一九八五年一一月一八日審判)(法務省 一九八七:二四〇―二四二)、日本の中国残留日本人孤児名簿の記載などが挙げられる。

ただし日本国籍を一方的に剥奪していく暴力とは別に、こういった就籍手続きの際に、犠牲者的な物語が求められた。すでに触れた通り、戦後の日本政府は、中国国籍の取得が強制的か危機回避であれば、日本国籍の離脱を承認しない方針を発表していた。そのため、中国国籍の取得がいかなる危機的状況においてなされたのかを立証する必要性があった。状況的危機をうまく証明できなければ、就籍は不許可になってしまう。その極端な例として、中国残留日本人孤児が幼少時代「近所の子供にいじめられた記憶がない」(竹川 二〇〇三:三〇三)という理由だけで、不許可になった人さえいる。このように、国籍取得においても、中国残留日本人の支配的物語が要求されたのである。[8]

三 境界文化の政治

(一) 事例・中川澄子(仮名)の概要

中川澄子の生年月日は推定一九四二年三月であり、養母の家に入った経緯は明確ではない。養父は京劇の芸人で、養母はかつて遊女をしていた。彼女は一九五〇年から学校に通い始め、中学校を卒業してから、小学校の教師になった。自由恋愛を経て一九六〇年に結婚し、三人の子どもを出産した。一九七九年、中国残留日本人孤児に認定され、一九八四年に訪日調査に参加した。肉親は判明しなかったが、一九八六年、支援者の援助を得て日本に永住帰国し、所沢定着促進センターで四ヶ月間を過ごした後、K市のT団地に定住した。その後、就職して自立生活を送っていたが、二〇〇二年、六〇歳で定年退職した。地域の国際交流活動や中国残留日本人孤児の社会運動、二〇〇二年以降の国家賠償訴訟運動にも積極的に参加し、K市の中国残留日本人孤児の中心人物の一人として先頭に立ってがんばってきた。

中国残留婦人を祖母にもつ筆者は、二〇〇一年末から国家賠償訴訟運動の支援活動に参加して、参与観察を行ってきた。その過程で数人の中国残留日本人孤児に聞き取り調査を実施した。中川はそのうちの一人である。参与観察のなかで筆者は、それまで公の場に表出されることの少ない多様な個別の語りが、中国残留日本人の支配的な物語に回収されていく過程を確認した。これに対して中川は、以前から社会運動に参加しており、さまざまな社会的な場を経験している。従って彼女のアイデンティティのパフォーマティヴィティは、中国残留日本人が体験しうる多くの場において構築されたものであり、その多様性において一定の代表性を持っていると考えて、本章の事例として取り上げた。

中川の日本語は日常生活に苦労しない水準に達しているが、中国語で会話するときの表情は明らかに生き生きとしており、語彙も格段に増える。そのため筆者は、中国語を用いて二〇〇三年六月から翌年一月までのあいだ、計三回・約七時間の聞き取り調査を行った。アクティヴな行為体としての対象者を捉えるために質問項目を用意せず、彼女の語りたいトピックに任せて聞き取り、語られたことを踏まえて質問を投げかけたりもした（Holstein and Gubrium 一九九五＝二〇〇四）。また国家賠償訴訟運動の場でも、彼女と会話を交わす機会があった。以下の考察は、聞き取り調査や参与観察で得たデータのほか、彼女に関する手紙、新聞・雑誌記事や法廷での陳述書をも用いた。なおこれらの資料には彼女の本名が記載されており、資料へのアクセスも容易のため、参考文献は明記しない。

（二）「中国残留日本人孤児」への位置取りと抑圧の構造

訪日調査や国家賠償訴訟運動の場において、中川は犠牲者的な物語として「わずかな金で売られた自分、同級生からの孤立、右派として批判された養父、下放される自分」や、祖国の物語として「祖国を思う気持ち、祖国に帰りたい思い」を語っている。これらの語りをもって解釈すれば、彼女の日本人としてのアイデンティティが確認されたことになるのであろう。しかしこれはけっして本質的なものではなく、発見と想像のプロセスを経て実践されたものである。一九七九年、自分が日本人孤児だと知ったときの気持ちを、彼女は次のように振り返る。

日本人孤児だと知らないときはとても幸せだった。知った後はいろいろ悩み始めた。このように社会に差別され、夫からも見下される。友人がなく、社会的地位も上昇できない。これらは私の歴史背景によってもたらされたのだ、と。そのときから、私の心に暗い影が生まれた。

後にも触れるが、彼女は幼少時代から日本人だと知っていたと語る時期もあった。「知らないときは幸せだった」と語るのは、中国残留日本人という位置を取るか否かの悩みがなかったからである。だがいったん位置取りを意識すると、自己の過去はそれに規定され再定義されるようになり、過去の体験が中国残留日本人の犠牲者的な物語へと回収されていく。こうした犠牲者的な感覚や位置取りの悩みが「暗い影」として自己を悩ませるようになったのである。この影に光をもたらしたのは訪日調査である。

訪日調査の一五日間は映画スターみたいな生活を送っていた。毎日が豪華で。人生のなかでもっとも幸せなときだった、その一五日間はね。永遠に忘れられないよ。厚生大臣とも会って一緒に踊ったり、宴会で発言したりもした。

訪日調査の一五日間は、中川に新たな希望を与えた。だが訪日調査の際、彼女は日本への永住帰国を意識していなかった。永住帰国の動機に関して、彼女は中国国内の政治と日中関係の悪化への恐れ、苦痛に感じていた婚姻生活からの脱却、子どもたちのためだと語っていた。しかしそうした多様な動機のなかでも彼女がとりわけ重視したのは、永住帰国によって自分の人生に新たな道が開けると思ったことであった。

私はただ日本に来れば、中国にいるときみたいに蔑視されたり、良い仕事に就けなかったりすることがなくなると思っただけだ。人生の道が開けられると思った。

以上のような内的変容を経て、中川は中国残留日本人という位置を取り、日本に永住帰国した。社会運動といった公の場では支配的な物語に従った形で自己を語り、社会での発言権を獲得していった。ところが彼女は、この位置づけによって、自分を含む中国残留日本人孤児が必ずしも語られたとは言えず、語りを抑圧する社会構造も存在すると認識している。

私たちの生涯は語れないのだよ。法律がわからない、日本語もわからない。真ん中に誰かが入って来ないとだめ。しかし、その人は私たちを駒みたいに利用し、自分の名声、政治的立場を獲得しようとしているかもしれない。自己を語る機会は自由に与えられていないんだよ。

国家賠償訴訟の最中での聞き取り調査であることを考慮すれば、彼女のいう法律は社会習慣にも置き換えられる。こう考えると、語りを抑圧する要因は、中川の言葉で表現すれば、「三座大山（三つの厚い壁）」――法律（習慣）、言語や仲介者[9]――である。このような構造にある限り、中国残留日本人は必ずしも語られたと言えない。また、中国残留日本人を語る際、必ずと言っていいほど「満洲」が持ち出される。戦後の中国で中国残留日本人らが加害者としてのスティグマを背負って差別されるという解釈は、ここに由来する。しかし中国残留日本人にとっての満洲とはいかなる存在であろうか。「日本が祖国、中国が故郷」と語った中川に、筆者は「満洲」について質問してみた。

考えたことはない。突然聞かれて……。考えたことはまだないね。一般の日本人に聞かれるのは、あなたは日本人なのか中国人なのかである。日本人と答えると、それならなんで中国語が話せるの（と聞かれる）。それで、中国の、満洲で生まれたと自己紹介する。しかし、私は満洲について知らない。

このように、個のレベルでは満洲が必ずしも意識されているわけではない[10]。彼女の意識にあるのは「日本帝国主義」で、それは実体験ではなく、中国メディアから得た知識にほかならない。中国でも日本でも、彼女は満洲を直に問われる事はなかった。「一般の日本人」に聞かれるのは満洲や中国残留日本人ではなく、「日本人なのか中国人なのか」である。

（三）パフォーマティヴィティの流動性

日本に帰ってきてから、日本人は私を中国人と呼ぶ。それが原因で会社の人とけんかしたこともあった。本当に悔しい。日本人孤児はこんな苦労してやっと帰って来たのに、なぜ認められないのか。なぜ私を中国人と呼ぶのか。それは私に対する最大の侮辱である。

訪日調査や民間団体の支援活動といった囲い込まれた空間において、中国残留日本人というアイデンティティは、周囲と何ら摩擦を起こさない形で表出されていく。また、永住帰国することによって日本人としての法的地位を獲得し、行政による定着と自立促進の支援（日本語教育等）を受けて日本人アイデンティティも芽生えていく。しかし、これらの場を離れて自立し、日本社会と対面する空間が拡大していけば、異なるまなざしも向けられるようになる。

中川は、自立して清掃の仕事をしていた。現場が変わるたびに新しい出会いがあり、彼女を「中国人」とみなすまなざしに直面することが少なくなかった。なぜなら「日本人＝日本語を話す」という支配的な規範から、中川が逸脱しているとみなされたからである。日本社会におけるこれらの体験は、社会運動や訴訟の場において政策の誤りを訴えるレトリックとして用いられ、アイデンティティ・クライシスをもたらす要因として問題視されている。しかし、このような場を中国残留日本人孤児らがいかなる実践をもって克服していったのかはほとんど注目されない。

何年か経つと、日本人に「あんたはチャイイナ？　どうやって日本に来たのか。日本人と結婚したのか」と聞かれると、「はい、私は日本人と結婚した、チャイナですよ」と答えるようになった。

今はもう全部認める。なぜなら、もうどうでもいいんだよ。中国人でもいい、日本人でもいい。それがどうかした？　自分が日本人だと言っても日本政府が認めないし、今はもう成り行きに任せた。もう考え抜いた。もうどうでもいいんだ。中国残留孤児と言っても誰もわかってくれないし。

職場でのまなざしによって、中川はチャイナ（中国人）という位置を取るようになっていく。この際、自己がカテゴリー化されるのと同様に、彼女自身もまた他者をカテゴリー（中国残留日本人を知らない日本人）化して位置を取っている。このような位置取りは、単に受動的ではなく、能動的に行われたのである。彼女が自己を「清掃天使」と揶揄し、同僚に「私は日本語がわからないけど、じゃ中国語を話してみなさいよ」と逆に聞いたように、自己の中国文化資本を強調して、職場の差別克服のために能動的に位置取り戦略を用いたのである。

また中川は、日本に永住帰国してから、日本人に中国語を教えたこともあった。聞き取りの最中、彼女はかつて生徒を紹介してくれた方と出会い、挨拶を交わした。戻ってきた彼女は、「今後も機会があれば、また誰かに中国語を教えたい」と話し、その意欲を見せた。このように、多文化共生や日中友好を目指す日本社会において、中国人としての位置取りは、中国残留日本人の社会適応にも役立っているのである。

以上のように、日本社会で生活する中川は自己の位置を、それぞれ異なる実践の場において、中国残留日本人孤児、日本人、中国人という三つのアイデンティティを使い分け、それによって問題に対処してきた。その一方、彼女は、中国にいる中国人との関係も変化させてきた。かつての差別的なまなざしは、今、羨望のまなざしに変わっている。このようなまなざしもまた、中国残留日本人の位置取りに影響していると言えよう。

中国人との付き合いも変わった、二つの国をよく行き来するからね。日本では経済的に苦しいが、中国に戻ったら、全然問題ない。

（四） 自己物語化の試みと語りの戦略

私たちの体験はさまざまであり、みな戦争によってつくられた。誰もが知っている、歴史によってつくられたのだと。だが私が言いたいのは、そのような状況下、日本人が中国を侵略し、言い換えれば日本帝国主義の侵略、中国でやった三光政策等で中国人民は多大な苦痛を受けた。私もその一人であり、遺棄され、九死に一生を得たのだ。この生き残った意味は大きい。なぜなら日本人ではなく、中国人によって救われたからだ。私が言いたいのは個人の体験ではなく、中国人養父母の養育の恩だ。

聞き取り調査に訪れた筆者に対して、中川はこのように話し始めた。筆者は参与観察や聞き取り調査のなかで、つらい過去へのフラッシュバックに耐えられず「語るのがつらい」「もう語りたくない」、あるいは犠牲者的な物語を持たないために「話すことは何もない」と語る中国残留日本人の存在を確認した。これらの態度は、中国残留日本人の支配的な物語に枠付けられて語られることへの抵抗を示すものでもある。しかしそれにもかかわらず、中川の語りにもあるように、戦争犠牲者であることは中国残留日本人の共通認識であり、彼（女）らのコミュニティに流通しているモデル・ストーリーである。

このように話を切り出し、過去の再定義を試みる中川の語りから、オールタナティヴの生成の可能性、語りの戦略やカテゴリーによって不可視化された問題が読み取れる。

たとえば中川は、養母がかつて遊女をしていた関係で、中国社会で差別されたことがある。この立場を超えていくために、彼女は、小説『椿姫』を引用して、養母の「貧困のために売られた生い立ち、家庭持ちの国民党幹部との実らぬ恋、自暴自棄になってアヘンに手を出した」といった物語を語った。また養母との二人だけの生活については「養母が親切にしてくれたし、泥棒に入られたときは金目のものよりも自分を守ってくれた」と語り、「幸せだった」と振り返っている。

しかし、遊女だった養母に関する語りには、異なるパターンが存在する。一つは、「この養母から第二の養父母に売られた」パターンで、訪日調査時の新聞やボランティア宛の手紙に書かれている。もう一つは、「この養母が自分を拾った後に養父と結婚した」パターンで、二〇〇〇年以降、中国人留学生や筆者の聞き取りに対して語られた。さらにこれらが統合され、「第一の養母から安い値段で第二の養父母に売られ、第二の養母が遊女だった」という三つ目のパターンが、国家賠償訴訟運動の場で語られた。このように中川は異なる場において、他の参与者に受容されやすいと思われるパターンで養母を語っていた。殊に三つ目のパターンは、中国残留日本人の支配的物語に合わせたかたちで語られたのである。

その一方、支配的な物語を回避するため、語り直しも行われた。「日本人だと知ったのは幼少時代から」と一九八〇年代後半のボランティア宛の中川の手紙に書かれていた。しかし現在に至っては、「一九七〇年以降養父母の死ぬ間際に知らされた」と語り直されている。「養父母の死ぬ間際に知らされた」というのは、中国残留日本人孤児の語りにしばしば登場するパターンである。この語り直しによって、中川は支配的な物語を逸脱することなく、政治的／社会的に求められがちな、幼い頃から祖国を求め続けてきたという語りを回避できたのである。また中川は、幼少時代の生活は「苦しくて食べものがなく、養父に怒られた」と公の場で語ってきた。だが聞き取りの場では、養父は地域の有名人であり、一九五〇年代の月給が百元を超え、当時の生活は「楽しくて今、思い出しても忘れられない」とも語られた。中国残留日本人カテゴリーに合わせて語られた悲惨なストーリーには、ポジティヴな意味が付与された。同様の語りは文化大革命時代のストーリーにも現れる。

文化大革命のとき、みなお金がなかったからそれ（石炭の燃え殻拾い）をしていた。早朝三時か四時頃、近くの工場に拾いに行く。銅を盗んだりもしたね。それらを売ったりして野菜を買った。そのときは幸せだった。後ろに子ども三人が付いてきて、ゴミ姫、香港映画にあったよね。ある貴族のお嬢さんがゴミ拾いに変わっていくのね。そのときの生活はまさにその状態だった。

以上のように、中川は政治的主体性や発言空間の構築および社会適応をめぐって、異なるアイデンティティの物語で迎合／回避し、場に合わせて語りのパターンを変えたり、語り直したりしてきた。また「椿姫」「ゴミ姫」といったパロディーを用いて、喪失の物語に対抗して過去を肯定するオールタナティヴを創造し、能動的な行為体として自己物語化を試みている。だがこれらの語りから落ちこぼれた問題もある。

中川が永住帰国した動機の一つとして、夫との婚姻生活が良くなることへの期待もあった。しかし夫は相変わらず家庭を顧みず、暴力を振るったりしたため、二人は結局、離婚することになった。その離婚の原因は、公の場では中国残留日本人の犠牲者的な物語に合わせて「中国人の夫の日本への不適応」であると語られた。そこから女性の孤児が置かれた固有の立場は見えてこない。それは中川にとどまらず、他の女性の孤児にも見られる問題であるという[11]。

四　境界文化の諸相

「中国残留日本人」という呼称が形成されてから、中国に「残留」した日本人はそれによって認知されるようになった。また彼（女）らは呼称の呼びかけによって、はじめて中国残留日本人になったのである。このような認識に立脚して、本章は呼称を手がかりにアイデンティティ・カテゴリーの生成や定着過程を明らかにし、当事者のアイデンティティのパフォーマティヴィティについて考察してきた。具体的な語りをもとに、異なる場における戦略を明らかにした。中川の語りを手がかりに考えると、中国残留日本人のアイデンティティのパフォーマティヴィティには三つの位相が存在する。

第一に、カテゴリーや一定の政治的正義に従って行われる政治的位相である。何らかの目標に沿って設定された場において、カテゴリーを参照して自己が物語られていく。この際、同一化が要求され、語りを抑圧する構造も存在するが、当事者は支配的な物語を乱さない範囲内で、異なる語りのパターンや語り直しの戦略を用いた実践を行う余地がある。

第二に、囲いの場を離れ、日本社会との対面空間の拡大にともなって出会う、多様なまなざしに対処するための社会的位相である。中国残留日本人を知らない人びとと出会うとき、あるいは言語の違いによって中国人とみなされることに対して、当事者はその位置を取りつつ、社会適応の戦略を確立していく。

第三に、他者に理解されず、語られたとしても聞き取ってもらえずに、自己の内面で潜在化している対自的位相である。ここには、カテゴリーに回収されない「語りの力」（桜井〔厚〕二〇〇二）が胚胎されている。同一体験であっても支配的な物語とは異なる意味付け、パロディー化による抵抗、犠牲者的な物語における否定から肯定へのオールタナティヴな読み替え、カテゴリー化によって不可視化された問題が看取される。
これらはいずれも、日本に永住帰国した中国残留日本人らが「日本人であること」を問われたり、「日本人になること」を要求されたり、あるいは「中国人である」とみなされたり、そういったさまざまな場を生き抜く戦略として編み出されたのである。三つのいずれか一つだけを取り上げて、中国残留日本人のアイデンティティであると断定することはできない。これらが総じて中国残留日本人のアイデンティティの束を構成している。容器としての行為体に貯蔵され、場に応じて戦略的／暫定的に表出されていくのである。場の参与者による力関係に一方的に規定されるのではなく、当事者の知識の在庫と状況定義、さまざまな場で培ってきた経験が、パフォーマティヴィティのかたちを規定する。

【注】

1 『北辰』は中国帰国者二世・三世によって編纂された雑誌で、一九九六年から二〇〇〇年までのあいだ計六冊発行されている。
2 上村品子さんの聞き取り調査は中国帰国者支援・交流センターの資料収集調査員として行った。そのライフストーリーは当センター発行の聞き書き集（南 二〇〇九b）に掲載されている。
3 筆者は聞き取り調査のなかで、複数の当事者からこれらのエピソードを聞いた。
4 筆者の聞き取り調査による。
5 なおメディアに表出された斉藤の語りからも、「私」という個や家庭に関する物語を看取することができる。しかしそうした語りは、制作者の編集や中国残留日本人の支配的な物語によって不可視化されている。
6 筆者の参与観察――法廷傍聴の後の雑談（二〇〇四年一〇月）――による。
7 筆者の参与観察（二〇〇七年）による。

8 中国残留婦人の「売られた」語りや、女性の中国残留日本人孤児の「童養媳」といった語りも、こうした法の場あるいは社会の場において求められた支配的物語の一形態である。そこでは売られた物語が注目されているが、なぜ売られたのかは問われていない。

9 日本語ができたとしても語られたとは言いがたい。一つは日本の言説空間による制限がある。もう一つは中国の体験を語る際、中国語でしか伝えられない場合が多々ある。これは残留婦人への調査で特に感じた問題点である。

10 もちろん満洲に関する意識の有無は、敗戦時の年齢や、肉親が判明していたかどうかによって大きく異なる。年齢が比較的大きく、かつ肉親が判明していれば、その語りは戦後の日本社会で形成された満洲や引揚者の言説空間に回収されやすく、満洲に関する意識を強く語る傾向にある。

11 中川は、中国で別の女性と共同で家を購入した夫の金銭を管理するために中国に戻った女性孤児が、脳梗塞になって向こうで急死した事例を挙げて、この問題の普遍性を訴えた。

終章　生成的な境界文化

マルクスは、人々は歴史をつくるが、それは彼らの選択のもとにではない、と述べた。このテーゼを、「ライフ・ポリティクス（life politics）」の時代の要請に応えて更新し、人々は自分たちの人生をつくるが、それは彼らの選択のもとにではない、と述べてもいいだろう。

――ジグムント・バウマン――

一　「中国帰国者」の歴史／社会的構築

本論は中国残留日本人をめぐる包摂と排除の歴史的経緯を明らかにしつつ、それによって形成された制度的／意識的な境界線を手掛かりにし、中国帰国者の境界文化へアプローチする新しい枠組みや視角の提示を試みてきた。その歴史／社会的な文脈を顧みて、中国帰国者をめぐる境界は、三つの段階によって構築され、固定化されていった。詳細については本文中で論じたので、終章ではその歴史的過程を簡単にまとめてみたい。

第一段階は、中国残留日本人が戦後の日本という国家の再建や国民統合の過程のなかで「残余カテゴリー」として扱われ、排除、忘却されたことによって中国に「残留」した歴史的経緯である。

一九五三年から一九五八年までのあいだ、日本政府と中国政府は「人道主義」に基づき、赤十字会や民間団体に委託して後期集団引揚を行った。しかし「人道主義」の背後には、人民外交と人道外交という異なる外交戦略が衝突していた。こうした異なるふたつの外交戦略と引揚問題、および国民の統合問題（留守家族など）との関係が複雑に絡むなかで、日本政府は後期集団引揚の終結を決断した。その後、日本人の帰国問題に関する日中間の交渉が不可能という言説を流通させ、未帰還者特別措置法によって、死亡宣告や自己意思残留認定が行われていった。従来の未帰還者をめぐる救済の共同体は弔いの共同体となり、中国に取り残された日本人の存在は忘れ去られていったのである。また個別集団引揚の時期においても、日本政府は消極的な態度を取っていたため、これらの日本人の永住帰国は不可能となった。

こうした一連の「特別」措置によって、今日の言う中国残留日本人が歴史的に形成されたのである。一方、中国に「残留」した日本人は、国籍の変更あるいは日僑として包摂されていった。しかしそれは必ずしも人民とみなされたわけではない。そのため、政治運動のなかで批判の対象にされたことも多い。このように、彼（女）らの日本人としての法的主体性は日本政府に抹消（無視）される一方、中国でも常に人民であるか否か問われるなかで、その生は、剥き出しの状態となり、ホモ・サケル化したのである。日本政府から保護されることもまったくなかった。これが「残留」の意味するところである。

第二段階は、中国残留日本人が「再」包摂される際、国民化の試みや内的国境の設定のメカニズムによって外的境界——（その子孫を含める）中国帰国者の（エスニック）境界——が政治的／社会的に構築されていく過程である。

一九七二年、日中国交が締結されてから、従来の日中間交渉が不可能という言説はその効力を失い、また中国は従来の人民外交的な考えに立ち、中国にいる日本人の永住帰国と里帰りを援助し始めた。その一方、日本国内では手をつなぐ会といった民間団体による肉親捜し・帰国促進運動が行われ、従来親密圏家族の問題と規定された中国残留日本人問題は公に認識されるようになり、それを通じて感傷の共同体が形成されていった。またメディアを通じて、支配的物語が生成したのである。これが政治的カテゴリーとして社会的に再生産され、当事者はそのパフォーマティヴィティを通じて自己を表出していった。

さらに社会運動の変遷にともない、中国帰国者という境界が生成し、それが社会的カテゴリーとして定着した。「日本人であること」を前提とする中国残留日本人という政治的カテゴリーに比べ、中国帰国者という社会的カテゴリーは、その中国的な側面に着目している。しかし中国帰国者という呼称はしばしば中国帰国者二世・三世に限定され、議論されがちであった。

いずれにしろ、中国残留日本人というカテゴリーの形成によって、日本人やそれまでの引揚者との境界線が引かれていった。中国残留日本人の定義は、一九四五年を時期区分に用いているが、一九七二年までに引揚げた人はこのかぎりではない。その一方、中国帰国者というカテゴリーの形成によって、在日中国人との境界線も引かれた。こうして、中国帰国者という外的境界線が生成し、固定化されていったのである。

第三段階は、中国帰国者の境界が国家賠償訴訟運動を通じて、集団化することによってエスニシティ（コミュニティ）としての中国帰国者の存在が顕在化していく過程である。

第二段階の社会運動によって、中国帰国者に関する日本政府の政策の諸規制が緩和されていった。そうした過程で、約一〇万人の中国帰国者が日本に永住／定住した。しかし彼（女）らの生活は私的関係やネットワークといった親密圏を中心に構築されていたため、その存在は必ずしも社会的に認識されたわけではなかった。その存在を顕在化させたのは、二〇〇〇年以降に展開された国家賠償訴訟運動である。

国家賠償訴訟運動の全国展開にともなって、約九割の中国残留日本人孤児が原告団に参加しただけではなく、中国帰国者二世・三世も多く支援活動に参加した。法廷内では中国残留日本人という政治的カテゴリー、法廷外ではこれを中心にしつつも中国帰国者という社会的カテゴリーを用いた。こうした〈現れの空間〉において、中国帰国者は社会的リアリティや発言権を獲得するために、外的境界線を受容するしか方法がなかった。そうしたなかで、中国帰国者というエスニシティへの所属感、構成員間の同胞感や一体感が芽生えた。このようにして、中国帰国者というエスニシティが国家賠償訴訟運動を通じて、社会的に顕在化していったのである。

以上のように、中国帰国者は、日本との相互関係において、日本国民と引揚者、中国人といったカテゴリーとの節合と区分によって構築されたカテゴリーである。そうした境界線はけっして本質的なものではなく、中国帰国者と他のカテゴリーとの相互関係によって固定化されたものである。本論で議論してきたように、境界線の包摂と排除をめぐって構築される国民像やエスニシティが虚構化されたものであることも容易に分かる。

しかし、より重要なのは、こうした境界線に沿って中国帰国者を理解するのはけっして充分ではないということである。第七章で議論したように、そこにはさまざまな社会的実践が存在する。中国帰国者の生活世界を把握するには、それらの実践を含めて考察する必要がある。その実践こそが、中国帰国者の生活世界の豊かさである。しかしなぜ中国帰国者をめぐる境界線がこれほど固定化されたのだろうか。それについて、以下、「よき国民」と社会的排除との関係を手掛かりとして、中国帰国者の貧困問題をも含め、さらに論じてみたい。

二 「よき国民」と社会的排除

中国帰国者の貧困問題は、果たして個人の問題かそれとも社会の問題なのか、あるいは国民国家の問題なのだろうか。これまでの議論を踏まえつつ、国民国家の論点に、社会のなかの個人を問うと同時に、社会そのものをも問う社会的排除の概念（岩田 二〇〇九：四九）を用いて、この問題について考えてみたい。

近代の国民国家は常に、「よき国民」の創造を試みている。その「よき国民」像はけっして一定不変ではなく、時代の要請に応じて変化しうるものである。「よき国民」像を逸脱したとみなされた人びとは、排除や管理の対象として認定されてしまう。中国帰国者の貧困状況はまさしく、このような「よき『日本』国民」の創造過程において排除され、社会的排除の弁証法（Young, J. 二〇〇七＝二〇〇八）の悪循環に陥れられたことで生まれたのである。こうした社会的排除の弁証法によって、中国帰国者の境界線が固定化されている。その起点となったのは、戦後の国民包摂作業である。

戦後の日本はそれまでの「混合民族論」ではなく、「単一民族論」を採用するようになった（小熊 一九九九）。そこにおける「単一民族」とは、制度的には既述の通り、戸籍制度（内地戸籍か外地戸籍か）を基準に区分していた。外地戸籍であった人びと（主に台湾人や朝鮮人）は、これによって排除されていった。しかし日本人であるはずの中国残留日本人は、なぜ台湾人や朝鮮人と同様に、「残余のカテゴリー」として排除されたのであろうか。そこには、「よき国民」像の想像が大きく関係していた。

「単一民族」にとっての「よき国民」は、血統的に純粋で、日本に定住し、異質的な要素を持たない存在であった。しかし、中国にいる日本人の移動は常に「異質要素」を携えて入国してくる可能性があった。そのため、後期集団引揚は、日本での定住を前提とする人びとのみを援護対象にしていた。中国人と結婚した日本婦人の里帰りは、明らかにこうした「よき国民」像を逸脱しているため、その排除の対象となったことはきわめて理解しやすい。一方の日本人孤児の存在は、巧みに「よき国民」像の想像に利用されたのである。彼（女）らは特別措置法の死亡宣告によって社会的に忘却されたのではなく、むしろ記念碑に名が刻まれたように、国のために命を捧げた戦争被害者の「よき国民」として祀られた。

このように、中国残留婦人と中国残留日本人孤児は、両極端であるが、よき国民像の想像を通じて、法の例外状態に置かれ、ホモ・サケル化されたのである。そうした例外状態は、規範そのものとなる空間であり、一時的な宙づりではなく、永続的な空間である（Agamben 一九九六＝二〇〇〇：四五）と、アガンベンが指摘したように、これが中国帰国者という人たちを社会的に排除していく契機となったのである。それが歴史的に累積されて、今日の貧困問題につながっている。[1]

一九七二年以降の再包摂でも、中国残留日本人はよき国民像を想像するための言説として用いられた。一九七〇年代後半のインドシナ難民という「黒船」（田中宏 一九九五）の到来や、在日朝鮮人の社会運動といった要因が影響し、日本人というアイデンティティや境界が揺らぎ始めていた。そうしたなかで、中国残留日本人はこうした揺らぎに歯止めをかける存在として、戦後長い間中国に「残留」し、祖国を目指す日本人として表象されたのである。第六章で分析したドキュメンタリーのなかでは、そういった表象が多く見られる。

そうした表象にはふたつの意味が存在する。一つは中国残留日本人を「祖国」「日本」を目指す「よき国民」として表象することで、日本という想像の共同体を強化することであり、もう一つは中国残留日本人を除いた日本人の共同体の強化である。中国残留日本人関係の番組でよく見られる感想の一つに、「同じく満洲にいたが、戦後実父母につれられて帰ってきて本当によかった」というものがある。こうした感想が家族レベルに止まっているのは、多くの番組が日本国の関与を語っていないか、あるいは受動態的に語られたからである。いずれにしろ、こうしたコメントから分かるように、中国残留日本人と日本人とのあいだに、一つの境界線が引かれており、中国残留日本人が置かれた例外空間はけっして消滅したわけではない。しかし中国帰国者を包摂するには、「対処」が必要であった。

こうした国民国家の「対処」の仕組みを、西澤はピーター・L・バーガーとトーマス・ルックマンの議論を参照しつつ、治療（教育や訓練）、隠蔽（施設や特定場所への隔離や、逆に空間的分散など）と抹殺（追放など）の三つに類型化している（西澤 二〇〇五）。中国帰国者を包摂するために日本政府が行った「対処」はこうした類型に当てはまる。まず日本語教育や職業訓練といった治療であり、次に一時的であるが施設への入所や、適切な離散といった隠蔽が行われた。これらの「対処」は、「よき日本人」の創造を目標にしていた。そのため、彼（女）らの「中国人」的な部分は抹殺される存在として扱われたのである。[2] しかし自立支援策が講じられたように、その政策自体が当事者を「自立できない」国民と再画定する機能（西澤 二〇一〇：二七）を持っている。そのようにして、貧困問題は国家の「対応」が充分であったか否かではなく、再び個人要因に帰せられていく。序章で触れたネットの書き込みはそれを如実に表している。自立できない当事者に対する批判が身近にいる支援者から起こるのは、まさにこうした巧妙な「対処」があったからにほかならない。

しかしより重要な問題として注目すべきなのは、こうした「対処」空間における当事者の存在である。彼（女）らは常によき日本人としての振る舞い（日本語を話す、自立している）を求められる。それは彼（女）らがよき日本人ではないことが前提となっている。このような「対処」空間とは当事者にとって、中国的部分の抹消と、よき日本人ではない自己を確認する自己否定の空間でしかない。こうした自己否定空間において、中国帰国者は存在論的不安にかられるのである。存在論的安心感（Giddens 一九九〇＝二〇〇六）を得るために、当事者は政治的正義のための支配的物語に依拠して、自己を語っていく。しかしそれが逆に自己否定の空間をさらに強固なものにしていくのである。こうした弁証法的な再生産によって、中国帰国者の境界線を、あたかも本質的に固定しているかのように表象している。

ただし従来中国帰国者を中心に語られてきた支配的物語は、最近異なる傾向を見せはじめている。それが顕著に現れているのは、城戸久枝の『あの戦争から遠く離れて』である（城戸 二〇〇七）。個別引揚者の娘である城戸久枝は、その父を中国残留日本人孤児という位置で父と自己の関係を辿りつつ物語化を試みた。この著書に基づいてドラマ『遥かなる絆』が制作され、放送された。山崎豊子の『大地の子』に継ぐ中国残留日本人の好著と言われ、大きな反響を呼んでいる。その父城戸幹も自伝『「孫玉福」三九年目の真実』を執筆している（城戸（幹）二〇〇九）[3]。城戸久枝のこうした位置取り戦略、二冊の著書に垣間みられる表象のずれや、そこに潜む批判的普遍性はきわめて興味深いものである。ただしそうした位置取りによって、当事者の立ち位置が益々見えにくいものとなってしまう危険性を孕んでいる。また支配的物語の増殖や、努力して日本語を習得し本を著した城戸幹という「よき中国残留日本人孤児」と、その対極にいる中国残留日本人孤児との線引きが行われることで、社会的排除の構造が益々深まってしまう恐れもまったくないとも言えない。

三　今後の課題

バウマンは、人生と物語との関係性を「語られる人生、生きられる物語」と表現し、生きられる人生と語られる人生とのあいだを媒介する物語化の重要性を強調した。人がいかなる人生の物語を紡ぎ出せるかは、生きられる人生そのものに影響を与える。だからこそ、人間の諸々の可能性を「選択の余地なし」の状態へと硬化してしまわないように注意を促さなければならないのである（Bauman 二〇〇一a＝二〇〇八a）。

中国帰国者は社会的排除の弁証法的過程において、政治的正義を目指した支配的物語が前提とされたため、犠牲者というネガティヴな物語を語りがちである。それは社会的承認を目指す当事者の論理だけではなく、国家や社会の論理もそれを求めている。日本政府の言う戦争被害者にしても、社会の言う棄民や戦争犠牲者にしても、犠牲的であればあるほどその位置づけが立証される。[4] そのため、中国帰国者は多くの場において、支配的物語以外を語る可能性が予め排除されてしまっている。

本書では、そうした可能性を予め排除してしまう社会的構造が歴史社会的に形成されてきたことを鳥瞰図的に描写することを試みてきた。それはまだ充分ではないが、従来の閉じられた自己否定的な空間ではなく、より開かれた空間への想像が可能になったと言えよう。中国帰国者というカテゴリーが、歴史的社会的に構築されたものであることも明らかになった。

またそうした空間に位置づけられた当事者が、いかなる境界文化を実践してきたのかを描いてみた。第七章で明らかにしたように、当事者は日本社会の実践の場においては日本人だけではなく、中国人、中国残留日本人といった位置を戦略的に取っている。第六章では、ディアスポラとしての中国帰国者を垣間みることもできる。そうした日中間にわたって自分たちの生活圏を構築していく様子を中国帰国者三世である原田静は、『二つの祖国・一つの家族』をもつ「〈我（中国語の私）〉と〈わたし〉を向き合わせ」（原田 二〇〇三）ていると表現した。中国帰国者の多くはこのように同様な思いを抱き、越境する家族の関係を維持しながら、日本社会での実践を遂行している。

もちろん中国帰国者は日中両国に限らず、第三国にも移住している。[5] 日本社会での実践も十人十色である。そこには、「我」や「わたし」のほかに、新しい「自己」が加えられていく。それはけっして消去法的な計算ではなく、常に新しいものが加わり、生成的である。本論で境界文化への生成的アプローチを提唱したのは、まさにこうした生成的な境界文化を捉えようとしたからである。そこから現れてくるのは、何らか予め設定され、将来が決定されているかのような起源（roots）ではなく、その境界を構築する歴史／社会的な構造のありようや、そうした構造内の合理性と合法性に隠された暴力の超克と想像力の場の再・発見／設定、および、将来の無限の可能性を示してくれる経路（routes）である。その「境界空間」は抑圧された場であると同時に、闘争の場であり、ラディカルな開放可能性や、新たな文化の生成可能性をもつ場でもある。境界文化がもたらす知見は当事者だけではなく、それ以外の人びとにも向けられる。なぜならすべての人が否応なしに、積極的にしろ消極的にしろ、その境界の構築に関わっているからだ。こうした構築のメカニズムを理解して初めて一見分断されているかのように見える人びとの間に、新たな連帯を創り出し、より良い共生社会の構想の道が拓かれる。

だが境界は本書で論じてきた対外的な境界だけではなく、中国帰国者コミュニティの内部には性別、階級や文化資本といった境界線も潜んでいる。今日、国家賠償訴訟運動が終結し、NPO法人として中国帰国者日中友好の会が、東京や京都に設立された。こうした新しい動きによって、中国帰国者の境界文化はさらに変化していくに違いない。

今後は、これらの動きに加え、本章で敷衍した社会的排除や、地域社会における境界文化の実態に関する研究調査を行いつつ、中国帰国者の定住によって生成した新たな社会空間や、中国帰国者の内部の境界線にも注目して考察をさらに深めていきたい。本論で議論できなかった中国との関係で実践された境界文化や、複数形の境界文化に関する詳細な研究分析や分厚い記述もあわせて行っていく。さらに、境界文化をめぐる理論的検討や、その有効性に関しても、他の事例との比較研究を踏まえつつ検証していきたい。こうした境界文化の概念化は、境界が重層的に交錯する現代社会を生きる人びとのあり方を詳らかにし、新たな共生社会の構想を展望する可能性を有している。

【注】

1 浅野は、中国残留日本人孤児の貧困問題が歴史的に累積された剥奪——①最初の剥奪（侵略戦争と東西冷戦）、②二度目の剥奪（肉親捜しと永住帰国）、③三度目の剥奪（現代日本社会）——によって創出された（浅野（慎）二〇〇六）と指摘している。

2 こうした日本政府の「対処」に関しては、更なる調査や厳密な議論を要する。

3 興味深いことに、城戸幹が自伝のなかで、自分を中国残留日本人と称する箇所は皆無であった。そうした物語化の試みから、個別引揚者の持つ意味を読み取ることが可能である。筆者は別論文で、個別引揚者と中国残留孤児の自己物語化を比較検討している（南 二〇一一）。一九八〇年より前に試みられた個別引揚者の自己物語化における「祖国の語り」は明らかに、生活過程で獲得されたものを示している。一九八〇年代以降の中国残留日本人の「本質的な祖国の語り」とはまったく異なる意味を持っている。

なお誤解のないように付け加えるが、筆者は城戸親子の物語化を否定しているわけではない。むしろそうした物語化の試みから読み取れる世代間継承をめぐる社会的拘束性、支配的物語の覇権性やそれを超えていく可能性があるとして注目している。ただし、そうした可能性は城戸親子が中国残留日本人の文脈で解釈されてしまっているがゆえに、不可視化されている。

4 こうした犠牲者の物語は、中国でも同じように求められている。特に政治運動や社会運動の場において、顕著に見られる。

5 これに関する具体的なデータはいまのところ存在しない。筆者は研究調査のなかで、自分の娘がヨーロッパに移住していることを話してくれた中国残留日本人孤児や、海外在住経験を持つ中国帰国者に出会っている。

あとがき

本書は京都大学大学院に提出した学位論文『「中国帰国者」をめぐる包摂と排除の歴史社会学―表象と実践の境界文化の政治学―』（二〇一一年、京都大学人間・環境学博士）をもとにしている。

幸か不幸か、中国残留婦人を祖母に持つ当事者として、私は中国帰国者研究を志した。しかし研究対象がはっきりしていても、それに対していかなる理論的枠組みでアプローチしていくべきかは分からずにいた。本書は博士課程に編入学してから七年間苦悩の末にたどり着いた一つの着地点であり、一つの新たなスタート地点である。この間、多くの方々からご協力やご助言を頂いてきた。これらの方々との出会いがなければ、私は依然として彷徨っていたに違いない。すべてのお名前を挙げることはできないが、ここで感謝の意を表したい。

本稿は社会学の体裁をとっているが、しかし博士課程への編入学を目指すまで、私は社会学について勉強したことが皆無に等しかった。そんな私を温かく受け入れてくださったのは、中国残留日本人研究のパイオニア的な存在である蘭信三先生であった。不勉強の私は長年、先生に多くのご迷惑をかけた。にもかかわらず、先生はけっして私を急がせることなく、そっと見守ってくれた。また自己の研究に対する批判は思い切ってやってよいとのお言葉を頂き、私は勇気づけられてきた。先生が主催する「中国帰国者研究会」にも長年参加させて頂いてきた。先生には感謝の言葉が尽きない。「中国帰国者研究会」では、多くの先生や研究仲間に出会い、議論を通じて自分の考えを深めることができた。

思えば、研究に興味を持つようになったのは、横浜商科大学時代の恩師宮原義友先生のゼミにおいてであった。その後、早稲田大学大学院アジア太平洋研究科の修士課程に進学し、満洲移民研究を長年やってこられた小林英夫先生のご指導のもと、満洲や満洲移民の歴史について研究調査した。そのとき学習した歴史学の手法は、本稿の第一部を執筆するにあたって大いに役立った。

博士課程に編入学する前の一年間、私は浪人生活を送っていた。その間、当時の千葉大学の桜井厚先生、埼玉大学の福岡安則先生、明治学院大学の山脇啓造先生の授業を傍聴させて頂き、聞き取り調査の方法論や日本の多民族共生について教わった。

博士課程に編入学してからも、多くの先生にお世話になった。国立民族学博物館の庄司博史先生や陳天璽先生からお誘いを頂き、同館が主催した特別展示「多みんぞくニホン」の企画や共同研究会に参加することができた。これらの研究会において、中国帰国者と異なる他のエスニック・マイノリティの歴史や生活状態について多くのことを教わった。また庄司先生は、国立民族学博物館の特別共同利用研究員や日本学術振興会の特別研究員の受け入れ教員にもなって頂き、いろいろとお世話になった。研究がなかなか進まない私を見かねて、先生は、ときに叱咤の言葉を口にしたり、ときに激励の言葉をかけてくれたり、ときに自分のフィールドワークでの体験を語ってくれた。そうした会話から私は多くのことを教わり、勇気づけられた。先生の温かいご支援がなければ、私の研究はすでに頓挫していたかもしれない。

京都大学人文科学研究所の共同研究班「満洲　歴史と記憶」に参加する際、同研究班を主宰する山本有造先生は私を温かく優しく受け入れてくれた。拙い日本語での研究発表や論文執筆であったにもかかわらず、先生はそれを好意的に評価してくれた。研究会の後の懇親会における先生の何気ない一言一言に、私は常に感動させられていた。また同研究班では、西村成雄先生、西澤泰彦先生にもお世話になり、多くの研究上の先輩と出会うこともできた。博士課程に編入学してすぐに参加できたこの研究会において、当事者であるという理由だけで研究者の世界に飛び込んだ私は、研究者としてあるべき姿、研究課題を追求する際の粘り強さなどを学んだ。

日中社会学会の先生方にもお世話になった。中国帰国者というマイナーな研究対象の論文をどこに発表すればよいのかは、私の悩みの種であった。そうした発表の場を提供してくださったのは、日中社会学会であった。幾度なく同学会で発表する機会を頂き、多くの有益なコメントを得た。また中村則弘先生は、私を研究集会に招待して下さり、おかげで中国の社会学者と交流することもできた。永野武先生や首藤明和先生にも度重なってお世話になった。

国際日本文化研究センターの劉建輝先生には、公私にわたってお世話になった。劉先生が主宰する共同研究会「満州学の再編」での議論を通じて、研究は学際的、国際的でなければならない必要性を痛感した。また同研究会において、中国清華大学の王中枕先生と出会い、台湾中央研究院の黄自進先生と再会することができた。両先生には常に励まされ、海外調査等の面においてもお世話になった。

黄先生のおかげで、台湾での研究調査が可能となった。これまで日中両国でしか資料調査ができなかった私にとって、台湾で研究調査できたのは、従来の研究調査の補充だけではなく、新しい視点をもたらしてくれた。台湾で研究調査を行う際は、台湾中央研究院の近代史研究所の黄克武先生、藩光哲先生、張哲嘉先生、社会学研究所の汪宏倫先生、台湾史研究所の陳姃湲先生にもお世話になった。

中国での研究調査も多くの方のお世話になった。資料を調査収集する際、中国外交部档案館、中国国家図書館、黒竜江省档案館、ハルビン市档案館、吉林省档案館、長春市档案館などの職員各位には、ご面倒をかけたにもかかわらず、常に親切に応対してくれた。黒竜江省社会科学院の笪志剛先生、東北師範大学の曲暁範先生、呂元明先生（故人）、劉春英先生、遼寧省社会科学院の張志坤先生にもお力添えをして頂いた。方正県での調査は、千葉県の奥村正雄さんと方正県友好交流の会の方々や、ハルビン市の石金楷さん、方正県政府の方々に助けて頂いた。また北海道の蓑口一哲さん、岩崎スミさんや鈴木則子さんらの麻山への調査旅行に同伴できたことは、何にも代えがたい体験であった。コロ島で主催された引揚六〇周年式典に参加できたのは、長野県の寺沢秀文さんのおかげであった。

このほか、日本国内での研究調査も多くの方のお世話になった。中国帰国者同友会代表幹事の庵谷磐さん（故人）からは、たくさんの資料やアドバイスを頂いた。大阪中国帰国者定着促進センターや日中友好手をつなぐ会大阪支部の竹川英幸さんは、約一〇時間にわたるインタビューにつきあって頂き、そのインタビューを通じて初期の中国残留日本人の社会運動に関する理解を深めることができた。またボランティアとして長年中国帰国者の支援に携わってきた京都の鎌田和弘さん、大阪の山本慶一さんと紙谷周三郎さん、奈良の井上芳昭さん、横浜の菅原幸助さん（故人）、東京の香山巌さんにも度重なってお世話になってきた。

言うまでもなく、聞き取り調査を行うにあたって、名前を逐一挙げることはできないが、多くの当事者の方々にもお世話になった。常に私を温かく迎えてくれた長野県の佐藤はるさん（故人）、中島千鶴さん……。私のインタビューにつきあってくださった奈良の上村品子さん、東京の野崎美佐子さん、京都の渡辺フミさん、増子静代さん、三木初代さん……。

また国家賠償訴訟運動の参与観察に関しては、京都原告団の奥山イク子さんと金井睦世さんや、京都弁護団の弁護士の方々から常に特別な配慮をして頂いた。通訳そして京都弁護団の準構成員として、京都原告団と京都弁護団の会議に参加できたことで、研究分野だけで中国帰国者を考えようとした私の視野は広がっていった。研究はけっして研究者のあいだで完結すべきものではないことを、社会的正義と法の再解釈を常に問うてきた弁護士たちの奮闘する姿から学んだ。

研究方法を模索するにあたって、アメリカノースカロライナ州立大学の戴エイカ先生や、神戸大学の浅野慎一先生にとりわけお世話になった。日本での短い滞在期間にもかかわらず、戴先生は私のために貴重なお時間を割いてくれた。私の研究の進捗状況を聞きながら、多くの有益なアドバイスやコメントを与えてくださった。浅野先生には、日中社会学会での発表だけではなく、多くの場面にてご教示を頂いた。同じく中国残留日本人を研究対象にしているだけに、常に適切なアドバスを与えてくださった。二人の先生に厚く御礼申し上げる。

いまさらながら、多くの方に支えられてきたことに驚くとともに、遅ればせながら、学位論文の完成を皆さんに報告し、心より深謝したい。また学位論文の審査を引き受けてくださった高橋由典先生、吉田純先生、岡真理先生、蘭信三先生に感謝を申し上げたい。先生方のご指摘を参考に、今後さらに研究を進めていく所存である。

今日に至るまでには、修士課程から博士課程までのあいだ、日本学生支援機構（旧日本育英会）から奨学金を貸与して頂き、二〇〇六年度は社会福祉法人さぽうと二一坪井基金の資金援助を受けた。また本稿は、二〇〇八年～二〇一一年度文部科学省科学研究費補助金（特別研究員奨励費）による研究成果の一部である。ここに謝意を表する。

本書の各章は、主に以下の論文をもとにして、加筆、修正や構成の変更を行っている。論文の初出は次の通りである。

まえがき　書き下ろし

序　章　書き下ろし

第一章　国民の包摂と引揚　・　第二章　不完全な国民統合

南誠二〇〇五「『中国残留日本人』の歴史的形成に関する一考察」『日中社会学研究』、一三号：一四八―一七四。

南誠二〇〇九「想像される『日本人』」蘭信三編『中国残留日本人という経験』勉誠社、四〇―六九。

南誠二〇〇九「『中国帰国者』をめぐる包摂と排除――国籍と戸籍に注目して」庄司博史編『国立民族学博物館調査報告八三　移民とともに変わる地域と国家』国立民族学博物館。

第三章　もう一つの包摂物語

南誠二〇〇九「戦後の中国における『日本人』政策」『二一世紀東アジア社会学』、二号：一二〇―一三五。

第四章　忘却と想起の痕跡

南誠二〇〇六「『中国残留日本人』の肉親捜し・帰国促進運動の社会運動」蘭信三編『中国帰国者の社会参加と戦後日本社会の社会統合』（B）（一）（研究課題番号：一六三三〇〇九八）研究成果中間報告書、二二一―二三八。

第五章　支配的物語の生成

南誠二〇〇七「『中国残留日本人』の語られ方」山本有造編『満洲　記憶と歴史』京都大学出版会、二五二―二九〇。

第六章　境界の集合的構築

南誠二〇一〇「『中国帰国者』の歴史／社会的形成」長野武編『日中社会学叢書2　チャイニーズネスとトランスナショナルアイデンティティ』明石書店、一一六―一四八。

第七章　境界文化の政治学

南誠二〇一〇「アイデンティティのパフォーマティヴィティに関する社会学的研究」『ソシオロジ』第五五巻一号、五七―七三。

終　章　書き下ろし

あとがき　書き下ろし

博士学位を取得してからはすでに、四年以上の年月が経った。本来ならば、論文の内容を大幅に修正した上で出版すべきだったかもしれない。しかし筆者の研究生涯の重要なる里程碑ともいうべき本論の意義に鑑みて、加筆と修正を最小限に止めることにした。

筆者は学位取得後も、日本学術振興会から科学研究費の研究スタート支援（二〇一一～二〇一二年、地域社会における中国帰国者の境界文化の実証的研究）と若手B（二〇一五～二〇一七年、中国帰国者の包摂と排除に関する総合的研究：境界文化の日中比較を手がかりに）、長崎大学高度化経費の若手研究者への支援事業（二〇一二年、地域社会における中国帰国者の境界文化の実証的研究）や、文部科学省の科学技術人材育成費補助事業「テニュアトラック普及・定着事業」（二〇一二～二〇一三年、近代東アジアにおける境界文化の生成と溶解：満洲の歴史と記憶を手がかりとして）の助成を受けて、中国帰国者と引揚の研究を深めてきた。このほかに、トヨタ財団からも研究助成（個人助成（二〇一一～二〇一二年）、歴史認識の対立を越える人びとのつながりの派遣と構築：満洲の歴史と記憶の日中比較研究を手がかりとして）をうけて、満洲の歴史と記憶の国際比較研究にも手をかけ、長野県下伊那郡「満蒙開拓平和記念館」や中国ハルビン市「養父母聯誼会」の資料保存と歴史記憶の伝承といった社会活動にも積極的に関わってきた。これらの活動で得られた成果と知見は部分的に公表してきたが、一冊の書物としてまとめるのはまた別の機会に委ねたい。またこの間、国際的な学術交流を目指して、中国でも中国帰国者関係の研究成果を発表してきた（南 二〇一四a；二〇一四b）。

戦後七〇周年という二〇一五年度に、本書を出版できたことはとても感慨深い。逆に「中国帰国者」の歴史化作業を試みるのに、長い歳月が必要だったとも言える。もちろん本書だけで中国帰国者の歴史と生活世界を充分に論じられたわけではない。最近の調査活動を通じて、ますますこの点を痛感している。殊に現在も中国に居住し、「中国残留孤児」の認定を求める方々の話を聞くと、戦後七〇年経ったとは言え、戦後がいまだに終わっていないことに改めて気づく。またこれらの人びとはほとんど女性で、本書で言及した一九五〇年代に分断された家族の子どもであることも明らかになった。彼女らは「中国残留孤児」支援枠から排除されているため、今でも、日本政府に向けて、出自に関わる認定などを求め続けている。その生活世界の歴史化作業はいまだ始まっていない。今後も継続してその実態についての調査をしていきたい。またこの間、韓国の研究者とも学術交流を行うようになり、今後は東アジア特に日本と中国、および、朝鮮半島とのあいだの人的流動についても、さらに研鑽していく予定である。

なお本書は、独立行政法人日本学術振興会の平成二十七年度科学研究費補助金（研究成果公開促進費）を受けて刊行するものである。出版するにあたり、明石書店の大江道雅氏、清水聰氏から多大のご支援を頂いた。深く謝意を表したい。

最後に、私のわがままを許し、応援し続けてくれた両親と祖父母や、妻の李偉に、感謝の意を表したい。中国の文化大革命を経験した両親は中学校さえ卒業できなかったが、子どもの教育に格別な熱意を持っていた。多くの孫（ひ孫）を持つ祖父母は、とりわけいつまでも「学生」である私を温かく見守ってくれた。同じく研究者である妻の李は日本文化と日中文化交流史が専攻であるが、いつも異なる角度から、私の研究に対して適切なアドバイスをくれた。また二〇一二年以降、近代中国東北地域の都市公園史を共同で調査するようになり、その過程でも多くの刺激を受けた。

しかし祖父の生前に本書を出版できなかったのは痛恨極まる。やっとの思いで出版できた本書を、二〇一四年八月に急死し、「異国」の地で眠る祖父の墓前に捧げたい。海外調査に出かけていたために、祖父の最期に立ち会うことはできなかったが、近代以降の日中両国の歴史の波に洗われた祖父がこの世からいなくなっても、子孫たちに語った数々のコトバは、いつまでも私の耳に残る。

二〇一五年十月　日本生活二十六年目にして

南　誠（梁雪江）

中国帰国者に関する年表

日本	日中関係と引揚		中国	
			「満洲国」(中国東北地域)	
1905年9月　日露戦争終結	満洲移民の送出			
1906年6月　満鉄設立、大連などへの入植				
				1912年　中華民国の成立
			1931年9月　満州事変(九一八事変)	
1932年10月　武装移民の送出			1932年3月　満洲国建国宣言	
			1934年　溥儀即位	
1936年　満洲移民の国策化(「20カ年百万戸送出計画」)				
		1937年　日中戦争の開始		
			1945年8月9日　ソ連軍の侵攻	
1945年8月15日　無条件降伏				
			1948年8月18日　満洲国の崩壊	
1946年3月　GHQ「引揚に関する基本指令」(軍人優先・民間人が次)	前期集団引揚			
		1946年5月　前期集団引揚の開始		
				1946年7月　国共内戦
1947年　衆議院に海外同胞引揚げに関する特別委員会の設置				
				1948年　土地改革
				1949年　国民党の台湾への敗退
	後期集団引揚			1949年10月1日　中華人民共和国の成立
				1951年　三反五反運動(〜1953年)
		1953年3月　後期集団引揚の開始		
1953年8月　未帰還者留守家族援護法				
		1954年11月　邦人帰国問題に関する懇談覚書		
		1955年7月　ジュネーヴ交渉の開始		
		1956年5月　天津協定		1956年　百花斉放百家争鳴(〜1957年)
				1957年　反右派闘争
		1958年5月　長崎国旗事件		
		1958年7月　後期集団引揚の終結		
	個別引揚			1958年　大躍進(〜1960年)
1959年3月　未帰還者に関する特別措置法				
				1960年　大飢餓(〜1963年)
				1966年　文化大革命(〜1976年)
	中国帰国者の永住と定住	1972年9月　日中国交の正常化		
1972年12月　日中友好手をつなぐ会の発足				
1974年8月15日　民間団体による公開調査の開始				
		1978年8月　日中平和友好条約の締結		
				1979年〜　経済改革開放
1981年3月　中国残留日本人孤児の訪日調査の開始				
1983年4月　(財)中国残留孤児援護基金の設立				
1984年2月　国籍取得を支援する会の発足				
		1984年3月　日中間口上書(孤児の永住帰国などについて)		
1985年3月　身元引受人制度の創設				
		1986年5月　日中間口上書(養父母の扶養問題などについて)		
				1989年　天安門事件
1994年4月　中国残留邦人等の支援に関する議員立法				
2002年12月　中国残留日本人の国家賠償訴訟運動の開始				
2008年4月　支援政策の改善と訴訟運動の終結				

参考文献（アルファベット順）

阿部安成・加藤聖文、二〇〇四、「『引揚げ』という歴史の問い方」上・下（『彦根論叢』第三四八・三四九号）。

Agamben, Giorgio, 1995, Homo sacer: il potere sovrano e la nuda vita, Torino: Einaudi.（＝二〇〇三、高桑和巳訳『ホモ・サケル――主権権力と剥き出しの生』以文社）

――, 1996, Mezzi senza fine: notes sur la politique, Torino: Bollati Borlinghieri.（＝二〇〇〇、高桑和巳訳『人権の彼方に――政治哲学ノート』以文社）

Anderson, Benedict, 1991, Imagined communities: reflections on the origin and spread of nationalism, London and New York: Verso.（＝二〇〇一、白石さや・白石隆訳『想像の共同体――ナショナリズムの起源と流行』ＮＴＴ出版）

安成浩、二〇〇六、「中国朝鮮族 国民化への道」『アジア遊学九二』勉誠社。

蘭信三、一九九四、『「満洲移民」の歴史社会学』行路社。

――編、二〇〇〇、『「中国帰国者」の生活世界』行路社。

――、二〇〇七、「中国『残留』日本人の記憶の語り」山本有造編『満洲 記憶と歴史』京都大学出版会。

――編、二〇〇九、『中国残留日本人という経験――満洲と日本を問い続けて』勉誠社。

Arendt, Hannah, 1962, Elemente und Ursprünge totaler Herrschaft, Frankfurt am Main: Europäische Verlagsanstalt.（＝一九八一、大久保和郎訳『全体主義の起源三』みすず書房）

――, 1958, The human condition, University of Chicago Press.（＝二〇〇七、志水速雄訳『人間の条件』筑摩書房）

浅野智彦、二〇〇一、『自己への物語論的接近――家族療法から社会学へ』勁草書房。

浅野豊美、一九九九、「蜃気楼に消えた独立――満州国の条約改正と国籍法」『日本人の自己認識』岩波書店。

――、二〇〇四、「折りたたまれた帝国」細谷千博・入江昭・大芝亮編『記憶としてのパールハーバー』、ミネルヴァ書房。

浅野慎一・佟岩、二〇〇六、『異国の父母――中国残留孤児を育てた養父母の群像』岩波書店。

――、二〇〇八、「中国残留孤児の『戦争被害』――置き去りにされた日本人の戦後処理被害」『神戸大学大学院人間発達環境学研究科紀要第二巻第一号』。

――、二〇〇九、「血と国――中国残留日本人孤児の肉親捜し」『神戸大学大学院人間発達環境学研究科研究紀要第三巻第一号』。

浅野慎一、二〇〇六、「取り残された人間――中国残留孤児にみる批判的国民主義と脱国民国家化」ヒューマン・コミュニティ創成研究センター『人間像の発明』ドメス出版。

――、二〇〇七、『増補版　日本で学ぶアジア系外国人』大学教育出版。

――、二〇〇九、「中国残留日本人孤児に見る貧困――歴史的に累積された剥奪」『貧困研究』。

浅田喬二編、一九九四、『近代日本の軌跡一〇　「帝国」日本とアジア』吉川弘文館。

浅田喬二・小林英夫編、一九八六、『日本帝国主義の満州支配――一五年戦争期を中心に』新潮社。

足立重和、一九九四、「〈語り〉のなかの社会運動――説得技法としてのレトリック」、『現代社会理論研究』第四号。

Barth, Frederik, 1969, "introduction Ethnic Groups and Boundaries," Frederik Barth, ed., Ethnic Groups and Boundaries: The Social Organization of Culture Differences, Boston: Littele Brown and Company.（＝一九九六、内藤暁子・行木敬訳「エスニック集団の境界」青柳まちこ監訳『「エスニック」とは何か――エスニシティ基本論文選』新泉社、二三―七一）

Bauman, Zygmunt, 2000, Liquid modernity, Oxford: Polity Press.（＝二〇〇一、森田典正訳『リキッド・モダニティー――液体化する社会』大月書房）

――, 2001a, The individualized society, Cambridge: Polity Press.（＝二〇〇八ａ、澤井敦・菅野博史・鈴木智之訳『個人化社会』青弓社）

ベスト、ジョエル（足立重和訳）、二〇〇六、「クレイム申し立てのなかのレトリック――行方不明になった子供という問題の構築」平英美・中川伸俊編『構築主義の社会学――実在論争を超えて』世界思想社。

Bourdieu, Pierre, 1984, Questions de sociologie, Minuit: Reprise edition.（＝二〇〇一、田原音和監訳『社会学の社会学』藤原書店）

Brubaker, Rogers, 1992, Citizenship and nationhood in France and Germany, Harvard University Press.（＝二〇〇五、佐藤成基／佐々木てる監訳『フランスとドイツの国籍とネーション――国籍形成の比較歴史社会学』明石書店）

――――, 2005, 'The "diaspora" diaspora,' Ethnic and Racial Studies, vol. 28-1.（＝二〇〇九、赤尾光春訳「『ディアスポラ』のディアスポラ」臼杵陽監修『ディアスポラから世界を読む――離散を架橋するために』明石書店）

Butler, Judith, 1990, Gender trouble: feminism and the subversion of identity, New York: Routledge.（＝一九九九、竹村和子訳『ジェンダー・トラブル』青土社）

――――, 1997, Excitable speech: a politics of the perfomative, New York: Routledge.（＝二〇〇四、竹村和子訳『触発する言葉』岩波書店）

中国中日関係史学会編（武吉次朗訳）、二〇〇三、『新中国に貢献した日本人たち――友情で綴る戦後史の一コマ』日本僑報社。

――――、二〇〇五、『新中国に貢献した日本人たち――友情で綴る戦後史の一コマ（続）』日本僑報社。

中国残留孤児の国籍取得を支援する会、二〇〇〇、『中国残留孤児国籍取得一〇〇〇人達成の記録』。

中共中央文献編集委員会編、中共中央ＭＬ著作編訳、一九八九、『周恩来選集』外文出版社。

趙彦民、二〇〇七、『満洲愛国信濃村の生活――中国残留孤児たちの家族史』三重大学出版会。

趙萍・町田玲子、一九九八、「中国帰国者の住生活に関する研究――阪神・淡路大震災の被災地の居住者の場合：京都在住者と比較して」『日本家政学会誌四九（七）』。

――――、一九九九、「中国帰国者の住生活に関する研究（第一報）――自治体における支援対策・施設がもたらす影響について」『日本家政学会誌五〇（五）』。

――――、一九九九、「中国帰国者の住生活に関する研究（第二報）――自治体における支援対策・施設がもたらす影響について」『日本家政学会誌五〇（五）』。

張嵐、二〇〇九、「日本における中国残留孤児のアイデンティティ」『千葉大学人文社会科学研究（一八号）』。

陳天璽、二〇〇一、『華人ディアスポラ――華商のネットワークとアイデンティティ』明石書店。

――、二〇〇五、『無国籍』新曜社。

Cohen, Anthony P., 1985, The symbolic construction of community, Ellis Horwood.（=二〇〇五、吉瀬雄一訳『コミュニティは創られる』八千代出版）

Cohen, Robin, 1997, Global diasporas, London: UCL Press.（=二〇〇一、角谷多佳子訳『グローバル・ディアスポラ』明石書店）

江口圭一、一九八九、「小論争　中国残留孤児問題と関東軍」『日本史研究』三一九巻。

江畑敬介・曾文星・箕口雅博、一九九六、『移住と適応――中国帰国者の適応過程と援助体制に関する研究』日本評論社。

Eriksen, Thomas Hylland, 2002, Ethnicity and nationlism, Pluto.（=二〇〇六、鈴木清史訳『エスニシティとナショナリズム』明石書店）

福岡安則、一九九八、『在日韓国・朝鮮人』中央公論社。

――、二〇〇二、『「中国引揚者」の私は中国人」』『埼玉大学紀要』三八巻二号。

藤原てい、二〇〇二、『流れる星は生きている　改訂版』中央公論新社。

藤沼敏子（一九九八）「年表：中国帰国者問題の歴史と援護政策の展開」『中国帰国者定着促進センター紀要第六号』。

外交史料館、二〇〇〇年公開、「太平洋戦争終結による内外人保護引揚［本邦人（軍人を含む）中共地区引揚（昭和二七（一九五三）年末以降）］（『昭和二七（一九五三）年末以降の中国（中共）政府統治地区からの邦人の引揚に関する記録』（K'七・一・一・三））外務省外交史料館所蔵。

Giddens, Anthony, 1990, The consequences of modernity, Cambridge, UK: Polity Press.（=二〇〇六、松尾清文・小幡正敏訳『近代とはいかなる時代か』而立書房）

ギンズブルグ、カルロ（上村忠男訳）、二〇〇三、『歴史を逆なでに読む』みすず書房。

Gilroy, Pail, 1993, The black Atlantic: modernity and double consciousness, Verso.（=二〇〇六、上野俊哉・鈴木慎一郎・毛利嘉孝訳『ブラック・アトランティック――近代性と二重意識』月曜社）

ゴフ、ジャック・ル（立川孝一訳）、一九九九、『歴史と記憶』法政大学出版局。

郡司彦、一九八一、『中国残留孤児——望郷の棄民』日中出版。

Hall, Stuart,（安藤充訳）、一九九〇a＝一九九九a、「ローカルなものとグローバルなもの」山中弘等訳『文化とグローバル化』玉川大学出版。

——, 1996, "Introduction: Who needs 'Identity'," Hall Stuart and Gay Paul D., Questions of cultural identity, Sage Publications.（＝二〇〇一、宇波彰訳「誰がアイデンティティを必要とするのか？」『カルチュラル・アイデンティティの諸問題——誰がアイデンティティを必要とするのか？』大村書店）

反差別国際連帯解放研究所しが編、一九九五、『語りのちから——被差別部落の生活史から』弘文堂。

班忠義、一九九二、『曽おばさんの海』朝日新聞社。

——、一九九六、『近くて遠い祖国』ゆまに書房。

原田静、二〇〇三、『二つの祖国・ひとつの家族』鉱脈社。

引揚援護庁長官官房総務課記録係編、一九五〇、『引揚援護の記録』引揚援護庁。

平野健一郎、二〇〇六、「国際移動時代のナショナリズムと文化」『インターカルチュラル第四号』アカデミア出版会。

兵庫県民生部援護課編集、一九六四、『兵庫県未帰還者引揚運動史』兵庫県民生部援護課。

Holstein, James A. and Gubrium, Jaber F., 1995, The active interiview, Sage Publications.（＝二〇〇四、山田富秋・兼子一・倉石一郎・矢原隆行訳『アクティヴ・インタビュー——相互行為としての社会調査』せりか書房）

法務省民事局第五課国籍実務研究会、一九八七、『新版　国籍・帰化の実務相談』日本加除出版。

法務省民事局法務研究会、一九九〇、『実務戸籍法　改訂版』民事法務協会。

——、一九九四、『改訂　国籍実務解説』日本加除出版。

市野川容孝・小森陽一、二〇〇七、『難民』岩波書店。

井出孫六、一九八五、「蒼氓は今もなお——『残留孤児』その歴史と現在」『世界』六月号。

——、一九八六、「公用語になった〈中国残留日本人孤児〉の曖昧」『朝日ジャーナル』五月号。

——、一九九一、『終わりなき旅』岩波書店。

イエン、アン（大久保桂子訳）、二〇〇一、「アンビヴァレンスの罠——中国系インドネシア人、犠牲、歴史の残骸」『別

冊　思想　トレイシーズ』岩波書店。

猪股祐介、二〇〇九、「満洲農業移民から中国残留日本人へ」蘭信三編『中国残留日本人という経験――「満洲」と日本を問い続けて』勉誠社。

井上俊、一九九九、『現代文化を学ぶ人のために』世界思想社。

Isajiw, Wsevolod W., 1974, "Definitions of Ethnicity," Frederik Barth, ed., Ethnic Groups and Boundaries: The Social Organization of Culture Differences, Boston: Littele Brown and Company.（＝一九九六、有吉真弓等訳「さまざまなエスニシティ定義」青柳まちこ監訳『「エスニック」とは何か』新泉社）

伊藤守、二〇〇二、「公共の記憶をめぐる抗争とテレビジョン」『社会学年誌』四三号。

――、二〇〇三、「抗争するオーディエンス」『思想』一二月号。

――、二〇〇五、『記憶・暴力・システム――メディア文化の政治学』法政大学出版局。

岩田正美、二〇〇八、『社会的排除――参加の欠如・不確かな所属』有斐閣。

伊豫谷登士翁、二〇〇二、『グローバリゼーションとは何か――液状化する世界を読み解く』平凡社。

――、二〇〇七、『移動から場所を問う――現代移民研究の課題』有信堂高文社。

鍛治致、二〇〇一、「『中国残留邦人』の形成と受入について――選別あるいは選抜という視点から」（梶田孝道（編著）『国際移民の新動向と外国人政策の課題:各国における現状と取り組み』東京入管の依頼による研究報告書）。

梶田孝道、一九九九、「乖離するナショナリズムとエスニシティ――『日系人』における法的資格と社会学的現実との間」青井和夫・高橋徹・庄司興吉編『市民性の変容と地域・社会問題』梓出版社、一三九―一六五。

嘉本伊都子、二〇〇一、『国際結婚の誕生――〈文明国日本〉への道』新曜社。

カプリオ、マーク、二〇〇四、「旧植民地出身者の処遇」マーク・カプリオ・杉田米行編著『アメリカの対日占領政策とその影響』明石書店。

姜尚中、一九九六、「内的国境とラディカル・デモクラシー」『思想　八六七』岩波書店。

姜麦瑞、二〇〇〇、「ルネサンスとしての帰国者文学」（蘭信三編）『「中国帰国者」の生活世界』行路社。

柏崎千佳子、二〇〇二、「国籍のあり方――文化的多様性の承認に向けて」近藤敦編著『外国人の法的地位と人権擁護』

明石書店。

片桐雅隆、二〇〇六、『認知社会学の構想』世界思想社。

川越史郎、一九九四、『ロシア国籍日本人の記録』中央公論社。

霞山会、一九九八、『日中関係資料集――一九四九年～一九九七年』。

城戸幹、二〇〇九、『「孫玉福」三九年目の真実――あの戦争から遠く離れて外伝』情報センター出版局。

城戸久枝、二〇〇七、『あの戦争から離れて――私につながる歴史をたどる旅』情報センター出版局。

木村清紹編、一九九六、『アルゼンチンからの手紙』麦秋社。

北崎可代、一九七三、『中国に生きる』講談社。

小林英夫、二〇〇五、『満洲と自民党』新潮新書。

――、二〇〇八、『〈満洲〉の歴史』講談社現代新書。

国会議事録、http：//kokkai.ndl.go.jp.

近藤敦編著、二〇〇二、『外国人の法的地位と人権擁護』明石書店。

近藤敦、二〇〇四、「『移民国家』化と家族呼び寄せの権利」『産業経営研究所報』九州産業大学。

高媛、二〇〇一、「記憶産業としてのツーリズム」『現代思想』一二月号。

厚生援護局、一九八七、『中国残留孤児』ぎょうせい。

厚生省編、一九九七、『援護五〇年』ぎょうせい。

厚生省援護局編、一九七七、『引揚げと援護三十年の歩み』厚生省。

厚生省援護局庶務課記録係、一九六三、『続々　引揚援護の記録』厚生省。

厚生省引揚援護局総務課記録係編集、一九五五、『続　引揚援護の記録』厚生省。

栗原彬・小森陽一・佐藤学・吉見俊哉、二〇〇〇、『越境する知三――言説：切り裂く』東京大学出版会。

栗原俊雄、二〇〇九、『シベリア抑留――未完の悲劇』岩波書店。

間庭充幸、一九九〇、『日本的集団の社会学――包摂と排斥の構造』河出書房。

満州移民史研究会編、一九七六、『日本帝国下の満州移民』龍渓書舎。

Martiniello, Marco, 1995, L'ethnicité dans les sciences sociales contemporaines, Paris: Presses Universitaires de France.（＝二〇〇二、宮島喬訳『エスニシティの社会学』白水社）

松田素二、一九九九、『抵抗する都市――ナイロビ移民の世界から』岩波書店。

南誠、二〇〇六a、「『中国帰国者』の表象をめぐって」（庄司博史・金美善編『多民族日本のみせかた』国立民族学博物館）。

――、二〇〇六b、「エスニック・マイノリティに関する実証的研究――『中国帰国者』を中心にして」（国立民族学博物館特別共同利用研究員（平成一七年度）研究成果報告書（研究指導教員：庄司博史））。

――、二〇〇九a、「『満洲移民』経験再考――引揚者と中国残留日本人を中心に」（日本大学国際シンポジウム）。

――、二〇〇九b、「置き去りにしないで」『二つの祖国の狭間で――中国残留邦人聞き書き集　第三集』中国帰国者支援・交流センター。

――、二〇一一、「国籍とアイデンティティのパフォーマティヴィティ」陳天璽・近藤敦・小森宏美・佐々木てる編『越境とアイデンティフィケーション――国籍・パスポート・IDカード』新曜社。

――、二〇一四a、「従〝国民〟到〝移民〟――中国帰国者的歴史形成和身分認同」袁丁編『近代以来亜州移民与海洋社会』広東人民出版社。

――、二〇一四b、「残留中国日本人話語――以電視記録片為題材」『新史学8　歴史と記憶』中華書局。

三浦耕吉郎編、二〇〇六、『構造的差別のソシオグラフィ――社会を書く／差別を解く』世界思想社。

宮島喬／梶田孝道、二〇〇四、『国際社会学四　マイノリティと社会構造』東京大学出版会。

毛利和子、一九九八、『周縁からの中国』東京大学出版会。

モーリス＝スズキ、テッサ、二〇〇七、『北朝鮮へのエクソダス――「帰国事業」の影をたどる』朝日新聞社。

文京洙、二〇〇五、「戦後六〇年と在日朝鮮人」『思想　九八〇』岩波書店。

長野県開拓自興会満州開拓史刊行会編、一九八四、『長野県満州開拓史・総編』東京法令出版。

中島多鶴・NHK取材班、一九九〇、『忘れられた女たち――中国残留婦人の昭和』日本放送出版協会。

中河伸俊・北澤毅・上井隆義編、二〇〇一、『社会構築主義のスペクトラム――パースペクトラムの現在と可能性』ナカニシヤ出版。

中村雪子、一九八三、『麻山事件――満洲の野に婦女子四百余名自決す』草思社。

中野謙二著、一九八七、『中国残留孤児問題――その問いかけるもの』情報企画出版。

成田龍一、二〇〇三、「『引揚げ』に関する序章」『思想』第九五五号。

――、二〇〇五、「忘れられた小説『灰色の丘』のこと」岩崎稔等編著『継続する植民地主義』青弓社。

Negri, Antonio and Hardt, Michael, 2004, Multitude: war and democracy in the Age of Empire, Penguin Press.（＝二〇〇五、幾島幸子訳『マルチチュード――帝国時代の戦争と民主主義　上』ＮＨＫ出版）

西原和久、二〇〇三、『自己と社会――現象学の社会理論と〈発生社会学〉』新泉社。

西川長夫・松宮秀治編、一九九五、『幕末・明治期の国民国家形成と文化変容』新曜社。

西川長夫、一九九五、『地球時代の民族＝文化理論――脱「国民文化」のために』新曜社。

――、一九九八、『国民国家論の射程――あるいは「国民」という怪物について』柏書房。

――、二〇〇六、『〈新〉植民地主義論――グローバル時代の植民地主義を問う』平凡社。

日中貿易促進議員連盟、一九六七、『日中関係資料集』。

西澤晃彦、二〇一〇、『貧者の領域』川出書房新社。

ＮＨＫ「留用された日本人」取材班、二〇〇三、『「留用」された日本人』日本放送出版協会。

ＮＨＫプロジェクトＸ制作班編、二〇〇一、『プロジェクトＸ挑戦者たち八――思いは国境を越えた』ＮＨＫ出版。

ノラ、ピエール編、二〇〇二、『記憶の場――フランス国民意識の文化＝社会史』岩波書店。

大江志乃夫ほか編、一九九三、『近代日本と植民地八　アジアの冷戦と脱植民地化』岩波書店。

小熊英二、一九九五、『単一民族神話の起源――「日本人」の自画像』新曜社。

――、一九九八、『「日本人」の境界――沖縄・アイヌ・台湾・朝鮮　植民地支配から復帰運動まで』新曜社。

岡真理、二〇〇〇、『記憶／物語』岩波書店。

大越葉子、二〇〇九、「中国残留婦人の生きられた歴史」蘭信三編『中国残留日本人という経験――「満洲」と日本を問い続けて』勉誠社。

奥田道大・田嶋淳子編著、一九九一、『池袋のアジア系外国人――社会学的実態報告』めこん。

奥村隆、一九九八、『他者といる技法』日本評論社。

大久保真紀、二〇〇九、「中国帰国者と国家賠償請求集団訴訟」蘭信三編『中国残留日本人という経験――「満洲」と日本を問い続けて』勉誠社。

大阪中国帰国者センター、二〇〇五、『中国残留日本人　孤児からの手紙』大阪中国帰国者センター。

大澤真幸・姜尚中編、二〇〇九、『ナショナリズム論』有斐閣アルマ。

大澤武司、二〇〇三、「在華邦人引揚交渉をめぐる戦後日中関係交渉――『三団体方式』を中心として」アジア政経学会『アジア研究』第四九巻第三号、五四―七〇。

――、二〇〇九、「『ヒト』の移動と国家の論理――後期集団引揚の本質と限界」劉傑・川島真編『一九四五年の歴史認識――〈終戦〉をめぐる日中対話の試み』東京大学出版会。

Oscar, Lewis, 1959, Five familier: Mexican case studies in the culture of poverty, Basic Books Inc.（＝二〇〇三、高山智博・染谷臣道・宮本勝訳『貧困の文化――メキシコの〈五つの家族〉』筑摩書房）

大脇雅子、一九九五、「『残留孤児・婦人』問題と国の戦後責任」『いま再び「満州開拓団」を問う』。

王柯、二〇〇五、『多民族国家　中国』岩波書店。

――、二〇〇六、『二十世紀中国の国家建設と「民族」』東京大学出版会。

Renan, Ernest, 1882, Qu'est-ce qu'une nation? , Euvres Completes, Vol.1, Calmann-Levy.（＝一九九七、鵜飼哲ら訳『国民とは何か』川出書房）

ロウ、リサ、一九九六、「アジア系アメリカ――異質性・複雑性・複数性」『思想』一月号。

鹿錫俊、二〇〇五、「戦後中国における日本人の『留用』問題――この研究の背景と意義を中心に」。

――、二〇〇四、「東北解放軍医療隊で活躍した日本人――ある軍医院の軌跡から」『北東アジア研究第六九号』。

留日華僑総会組織組編訳、一九四七、『中国国籍法規彙編』留日華僑総会。

留守家族団体全国協議会監修、一九五九、『奪われし愛と自由を――引揚促進一〇余年の記録』光和堂。

坂部晶子、二〇〇八、『「満洲」経験の社会学』世界思想社。

酒井直樹ほか編、一九九六、『ナショナリティの脱構築』柏書房。

――編、二〇〇六、『ナショナル・ヒストリーを学び捨てる』東京大学出版会。

西条正、一九七八、『中国人として育った私』中央公論社。

――、一九八〇、『二つの祖国をもつ私』中央公論社。

坂元ひろ子、二〇〇四、『中国民族主義の神話』岩波書店。

坂本龍彦、一九九五、『満州難民　祖国はありや』岩波書店。

――、二〇〇一、「『母国』と『棄民』」『世界』二〇〇一年一〇月号。

佐久間真澄、一九九七、『記録　満州国の消滅と在留邦人』のんぶる舎。

作田啓一、一九九三、『生成の社会学をめざして――価値観と性格』有斐閣。

桜井厚、一九九五、「戦略としての生活――被差別部落のライフストーリーから」栗原彬編『差別 の社会学第二巻 日本社会の差別構造』弘文堂。

――、二〇〇二、『インタビューの社会学』せりか書房。

――、二〇〇五、『境界文化のライフストーリー』せりか書房。

桜井均、二〇〇一、『テレビの自画像――ドキュメンタリーの現場から』筑摩書房。

佐々木てる、二〇〇六、『日本の国籍制度とコリア系日本人』明石書店。

佐藤文明、一九八八、『戸籍うらがえ史考』明石書店。

佐藤成基、一九九五、「ネーション・ナショナリズム・エスニシティ」『思想 八五四』。

佐藤卓己、二〇〇五、『八月十五日の神話――終戦記念日のメディア学』筑摩書房。

Sen, Amartya Kumar, 1992, Inequality reexamined, Oxford University Press.（＝一九九九、池本幸生・野上裕生・佐藤仁訳『不平等の再検討――潜在能力と自由』岩波書店）

――, 1999, Reason Before Identity: the Romanes lecture for 1998, Oxford University Press.（＝二〇〇五、細見和志訳『アイデンティティに先行する理性』関西学院出版会）

『潮　八月号』潮出版社、一九七一年。

Silverstone, Roger, 1999, Why study the media?, Sage Publications.（＝二〇〇三、吉見俊哉・土橋臣吾・伊藤守訳『なぜメディア研究か――経験・テクスト・他者』せりか書房）

Spivak, Gayatri Chakravory, 1988, Can the Subaltern speak? : in marxism and the interpretation of culture, Urbana: University of Illinois Press.（＝二〇〇〇、上村忠男訳『サバルタンは語ることができるか』三陽社）

湘湘（横堀幸絵訳）、二〇〇六、『中国で成功した残留孤児たち』日本僑報社。

徐京植・高橋哲哉、二〇〇〇、『断絶の世紀　証言の時代』岩波書店。

創価学会婦人平和委員会編、一九八七、『永遠の大地もとめて』第三文明社。

Strauss, Anselm L, 1969, Mirrors and masks: the search for identity, Sociology Press.（＝二〇〇一、片桐雅隆訳『鏡と仮面』世界思想社）

杉原達、一九九六、「朝鮮人をめぐる対面――言説空間の形成とその位相」伊豫谷登志翁・杉原達編『日本社会と移民』明石書店。

杉田敦、二〇〇五、『境界線の政治学』岩波書店。

菅原幸助、一九八六、『旧満州　幻の国の子供たち』有斐閣。

――、一九九八、『日本の国籍をください』三一書房。

Suleri, Sara, 1992, The rhetoric of English India, Chicago and London: University of Chicago Press.（＝二〇〇〇、川端康雄・吉村鈴子訳『修辞の政治学――植民地インドの表象をめぐって』平凡社）

鈴木智之、一九八八、「中国帰国者の『子どもたち』――異文化環境への適応と自己の模索のなかで」『解放社会学研究』二号。

竹川英幸、二〇〇三、『捨てられた。生き延びた。負けてたまるか！』碧天舎。

竹沢康子、一九九四、『日系アメリカ人のエスニシティ』東京大学出版会。

高木武三郎、一九五六、『興安丸』鴻盟出版。

――、一九五八、『最後の帰国船』鴻盟社。

高橋三郎、一九八八、『「戦記もの」を読む――戦争体験と戦後日本社会』アカデミア出版会。

高橋哲哉、一九九五、『記憶のエチカ――戦争・哲学・アウシュヴィッツ』岩波書店。

――、二〇〇一、『歴史／修正主義』岩波書店。

田嶋淳子、二〇〇八、「国境を越える社会空間の生成と中国系移住者」高原明生・田村慶子・佐藤幸人『現代アジア研究1 越境』慶應義塾大学出版会。

武田雅哉、二〇〇五、『〈鬼子〉たちの肖像』中央公論社。

戴エイカ、二〇〇一、『多文化主義とディアスポラ』明石書店。

――、二〇〇八、"Multiethnic Japan and Nihonjin," Michael Weiner, ed., Japan's Minorities, Routledge.

平英美・中河伸俊編、二〇〇〇、『構築主義の社会学――論争と議論のエスノグラフィー』世界思想社。

玉野井麻利子、二〇〇六＝二〇〇八、「帝国時代の『海外日本人』、帝国崩壊後の『海外日本人』」足立伸子編著（吉田正紀・伊藤雅哉訳）『ジャパニーズ・ディアスポラ』新泉社。

田中宏、一九九五、『在日外国人――法の壁、心の溝』岩波書店。

――、一九八〇、『日本のなかのアジア――留学生・在日朝鮮人・「難民」』大和書房。

鄭暎恵、一九八八、「ある『中国帰国者』における家族――適応過程に生じた家族の葛藤」『解放社会学研究』二号。

佟岩・浅野慎一、二〇〇八、「中国残留孤児の移動・生活とナショナル・アイデンティティ」浅野慎一・岩崎信彦・西村雄郎『京阪神都市圏の重層的なりたち――ユニバーサル・ナショナル・ローカル』昭和堂。

時津倫子、二〇〇〇、「『中国残留婦人』の生活世界」蘭信三編『「中国帰国者」の生活世界』行路社。

冨山一郎、一九九〇、『近代日本社会と「沖縄人」』日本経済評論社。

――、二〇〇二、『暴力の予感』岩波書店。

塚瀬進、二〇〇四、『満洲の日本人』吉川弘文館。

上野俊哉、一九九九、『ディアスポラの思考』筑摩書房。

上坂冬子、一九九六、『三つの祖国』中央公論社。

若槻泰雄、一九九五、『戦後引揚げの記録』時事通信社。

Weiner, Myron, 1995, The Global Migration Crisis: challenge to states and human rights, HarperCollins College

Publishers.（＝一九九九、内藤嘉昭訳『移民と難民の国際政治学』明石書店）

和田登、一九八七、『望郷――中国残留孤児の父・山本慈昭』くもん出版。

呉万虹、二〇〇五、『中国残留日本人の研究』日本図書センター。

八木晃介、二〇〇〇、『「排除と包摂」の社会学的研究――差別問題における自我・アイデンティティ』批評社。

山本慈昭・原安治、一九八一、『再会――中国残留孤児の歳月』日本放送出版協会。

山本有造編、二〇〇七、『「満洲」・記憶と歴史』京都大学出版会。

山室信一、二〇〇六、『キメラ――満洲国の肖像』中央公論新社。

山下晋司／山本真鳥、一九九七、『植民地主義と文化――人類学のパースペクティヴ』新曜社。

山下知子、二〇〇三、「中国残留婦人における〈満洲の記憶〉――ある中国残留婦人の語りから」蘭信三『「中国帰国者」の社会的適応と共生に関する総合的研究』基盤研究（B）（一）（課題番号：一三四一〇〇四八）研究成果中間報告書。

――、二〇〇九、「『異郷の地で「私」を生きる』を読んで」蘭信三編『中国残留日本人という経験――「満洲」と日本を問い続けて』勉誠社。

山崎豊子、一九九一、『大地の子』文藝春秋。

山田昭次、一九七八、『近代民衆の記録 六　満州移民』新人物往来社。

山田富秋、二〇〇〇、『日常性批判』せりか書房。

山脇啓造、二〇〇一、「戦後日本の外国人政策と在日コリアンの社会運動」梶田孝道編『国際化とアイデンティティ』ミネルヴァ書房。

ヨネヤマ、リサ、一九九八、「記憶の弁証法」『思想』八月号。

――、二〇〇一、「メディアの公共性と表象の暴力――NHK『問われる戦時性暴力』改変をめぐって」『世界』七月号。

良永勢伊子、一九九六、『忘れられた人々――中国残留婦人たちの苦闘の歳月』新風舎。

好井裕明、一九九九、『批判的エスノメソドロジーの語り――差別の日常を読み解く』新曜社。

楊大慶（真保晶子訳）、二〇〇九、「中国に留まる日本人技術者――政治と技術のあいだ」劉傑・川島真編『一九四五年の歴史認識――〈終戦〉をめぐる日中対話の試み』東京大学出版会。
尹健次、一九九三、『「在日」を生きるとは』岩波書店。
――、一九九七、『日本国民論――近代日本のアイデンティティ』筑摩書房。
Young, Jock, 1999, The exclusive society: social exclusion, crime and difference in late modernity, SAGA Publications.（＝二〇〇七、青木秀男・伊藤泰郎・岸政彦・村澤真保呂訳『排除型社会――後期近代における犯罪・雇用・差異』洛北出版）
――, 2007, The vertigo of late modernity, Sage.（＝二〇〇八、木下ちがや訳『後期近代の眩暈――排除から過剰包摂へ』青土社）
Young, Louise, 1998, Japan's total empire: Manchuria and the culture of wartime imperialism, Berkley: University of California Press.（＝二〇〇一、加藤陽子・川島真・高光佳絵・千葉功・古市大輔訳『総動員帝国――満洲と戦時帝国主義の文化』岩波書店）

中国語文献

北京市日僑集中管理処、一九四六、『北京市日僑集中管理処工作概況』。

曹保明、一九九八、『第二次世界大戦収養日本遺孤紀実』中国北方婦女出版。

馮興盛、一九九七、『情糸華桑――日本孤児在中国』大連理工大学出版社。

関亜新・張志坤（浅野慎一等訳）、二〇〇五＝二〇〇八、『中国残留日本人孤児に関する調査と研究』不二出版。

高華、二〇〇七、「新中国五十年代如何社会統合――十五個〝小人物〟的回憶録研究」『領導』（二〇〇七年八月）。

黒龍江省地方誌編纂委員会、二〇〇一、『黒龍江省誌・公安誌』、黒龍江人民出版社。

劉建平、二〇〇八、「戦後中日関係之〝人民外交〟的生成：過程与概念」広州市社会科学院『開放時代』。

――、二〇〇九、「中日〝人民外交〟的挫折：過程研究与結構分析」広州市社会科学院『開放時代』。

梅桑楡、一九九一、『侵華日俘大遣返』済南出版社。

――――、二〇〇四、『三百万日俘日僑遣返実録』中共党史出版社。
曲暁範、二〇〇二、「戦後中国対東北地区日本僑民的安置和遣返」東北師範大学『日本学論壇』。
王歓、二〇〇四、『帰根――日本残留孤児的辺際人生』世界知識出版社。
完顔紹元、一九九五、『大遣返』上海遠東出版社。
政治協商委員会黒竜江省委員会文史資料委員会・政治協商委員会方正県委員会文史資料委員会編、一九九一、『夢砕満洲――日本開拓団覆滅前後』黒龍江人民出版社。
曾文星・江畑敬介・箕口雅博、一九八八、「日本孤児移居日本後的異文化適応（第Ⅰ・Ⅱ部分）」『中国心理衛生雑誌』第二巻第五・六期。
中国社会科学院近代史研究所訳、一九八一、『馬歇爾使華』中華書局。

▒著者紹介

南　誠（みなみ まこと）

中国名：梁雪江（LIANG XueJiang）

1976年中国黒竜江省生まれ。1989年12月日本に定住、今は永住。

現在は長崎大学テニュアトラック助教（多文化社会学部）。専門は歴史社会学と国際社会学。歴史記憶、人の移動（特に戦後の引揚と中国帰国者に着目）とエスニシティなどを題材に、境界文化の生成と溶解について研究。

2000年横浜商科大学商学部貿易・観光学科卒、2002年早稲田大学アジア太平洋研究科国際関係修士課程修了、2008年京都大学人間・環境学研究科共生文明学専攻単位取得退学、2011年5月京都大学博士（人間・環境学）学位取得。

日本学術振興会特別研究員（PD、2008年4月～2011年3月）、日本学術振興会海外派遣研究員（中国清華大学、2010年6月～12月）、京都大学文学研究科グローバル研究員（2011年4月～9月）、長崎大学テニュアトラック助教（水産・環境科学総合研究科、2011年10月～2014年3月）を経て現職。

▒主要著書・論文▒

「越境する中国帰国者の生活世界」『21世紀東アジア社会学　第5号』(2013)、「中国『方正日本人公墓』にみる対日意識の形成と表出」駒井洋監修　小林真生編『レイシズムと外国人嫌悪』(明石書店、2013)、『近代都市公園史：欧化的源流』(白幡洋三郎著、李偉・南誠共訳)(新星出版、2014)、「中国帰国者と多文化共生：アンケート調査の結果を手がかりに考える」『21世紀東アジア社会学　第7号』(2015)、「中国帰国者の境界文化における国民性の表出」『日中社会学研究　23』(日中社会学会、2015)など。

中国帰国者をめぐる包摂と排除の歴史社会学
境界文化の生成とそのポリティックス

2016年2月25日　初版第1刷発行

著　者　南　　　誠
発行者　石　井　昭　男
発行所　株式会社　明石書店

〒101-0021　東京都千代田区外神田6-9-5
電　話　03（5818）1171
ＦＡＸ　03（5818）1174
振　替　00100-7-24505
http://www.akashi.co.jp

組版／装丁　明石書店デザイン室
印刷／製本　モリモト印刷株式会社

（定価はカバーに表示してあります）　ISBN978-4-7503-4314-3